青岛科技大学学术专著出版基金资助

中外影视广告创意

元素、原则与方法

CREATIVITY OF CHINESE AND FOREIGN
FILM AND TELEVISION ADVERTISING

ELEMENTS, PRINCIPLES AND METHODS

陈海英　著

社会科学文献出版社
SOCIAL SCIENCES ACADEMIC PRESS (CHINA)

序

国内研究影视广告的书不多，专门研究影视广告创意的书更少。本书对于业界来说，是一本不可多得的参考资料。

中国影视广告起步比较晚，仅有几十年的时间，而西方影视广告已经有近百年的历史，所以中国影视广告从创意手法、制作方式来说，较西方落后不少。1999年，中国广告才开始走出国门，跟国际接轨，但能在国际五大广告节上获奖的影视广告凤毛麟角。随着数字化时代的到来，中国影视广告的传播方式和接收方式也发生了很大变化，人们已经不再满足于传统的电视广告，更多的新媒体需要多种形式的视频广告。因此，中国影视广告业者迫切需要壮大自己的实力，设计出具有自身特色的作品，既需要借鉴一些国家优秀的广告创意方式和表现技法，也需要结合本国国情，才能使作品更加优秀。

本书选取了近20年在戛纳广告节、莫比广告节及其他广告大赛上的部分获奖作品，以及泰国、中国的部分经典广告，对几百个广告创意案例进行了精辟分析，可以让业界的影视制作者获益良多。

本书分析得非常细致，第一章从影视广告创意的基本理论入手，分析了广告创意的基本要求和创作原则，影视广告的优、缺点，及数字时代的来临对影视广告的影响。第二章到第五章，从影视广告的基本元素入手，分析影视镜头的使用、蒙太奇视觉艺术效果的应用，从构图、色彩、光线、音乐、通感、主题、节奏、情节等方面结合案例进行深入探讨与分析。第六章到第九章，主要从影视广告的叙事元素选择和叙事方法上进行研究。叙事元素主要探讨了广告中的三大法宝：女人、动物和儿童。叙事方法主要从理性和情感及二者的综合运用进行探讨。第十章分析了影视广告创意的各类思维方式，尤其是逆向思维法，是中西方广告创意差距最大的地方。第十一章到第十三章，分析了影视广告的创意类型及各类表现手法。第十四章，对广告中的价值观进行了深入研究。

本书既可以作为影视广告爱好者的参考书，也可以作为各大影视公司的工具书，还可以作为影视专业学生深入研究影视创意，进行剧本创作的参考书。

目　录

第一章 创意也出窍

第一节 创意起程

听过灵魂出窍，你听过创意也出窍吗？很多精彩的创意给人们留下美好的印象，引起大家的共鸣，并带来了出奇制胜的传播效果。

但你又可知设计出让人出窍的创意，要如何想，怎样想，要想到什么程度？以广告人而谈，过去在业界流行一段话："不去做总统，就去做广告人。"这是多么激励人心的一句话，于是人们浮想联翩。广告人的地位很高，可以和总统一样。可谁又能知道其背后的辛酸历程。全世界著名的广告中心——美国纽约的麦迪逊大道还有一个别称，那就是"溃疡大道"。起早贪黑的广告人忙得连吃面包的时间都没有，一个个在饥一顿饱一顿的状态中得了"胃溃疡"。在另一个世界著名的广告中心——东京，凌晨四点在大街上活动的动物只有三类：醉汉、狗和广告人。

看过电影《黑客帝国》的人也许应该记得其中的一个细节：男主角碰到一个小孩，小孩能让手中汤勺随意弯曲成各种形状，男主角却怎么也做不到。后来小孩告诉他："你已经在头脑中把这个汤勺看作汤勺了，所以不能让它随意弯曲，而我头脑里没有这个固定的概念，它甚至就是一根面条，所以我就能让它随意弯曲。"不光如此，小孩的其他创作作品，也总有独特之处。比如儿童用橡皮泥制作各类包的模型，很特别，让人感觉很意外。但大人做出的东西却总有相似之处。可见创意，需要打破头脑中的条条框框，而当我们的思维已经被条条框框束缚住的时候，创意就难上加难了。

创意是什么？

创意是传统的叛逆；是打破常规的哲学；是大智大勇的同义；是导引递进升华的圣圈；是一种智能拓展；是一种文化底蕴；是一种闪光的震撼；是破旧立新的创造与毁灭的循环；是宏观微照的定式，是点题造势的把握；是跳出庐山之外的思路，超越自我、超越常规的导引；是智能产业神奇组合的经济魔方；是思想库、智囊团的能量释放；是深度情感与理性的思考与实践；是思维碰撞、智慧对接；是创造性的系统工程；是投资未来、创造未来的过程。简而言之，创意就是具有新颖性和创造性的想法。它是指对现实存在事物的理解以及认知所衍生出的一种新的抽象思维和行为潜能。它是想法、主意、欲望、灵魂、有利的、有趣的、有故事的、有情感的、鲜活的组合、崭新的关系、怪异的、有言语的、批判的……从字面上理解，"创"，指创新、创作、创造……将促进社会经济发展。"意"，指意识、观念、智慧、思维……

第二节 广告创意的基本要求

广告创意是广告人在广告活动中进行的创造性思维活动，被公认为是广告的灵魂和生命，是广告信息传播的关键。因为广告是一种重实用、讲功利、以成败论英雄的市场经济行为，所以广告创意看似天马行空、无拘无束，其实却受制于诸多"清规戒律"，必须遵循特定的原则进行。而逆市场的规律，或仅凭创意者的思路做事，很快就会被市场所淘汰。

一 原创性

创意，此词见于詹姆斯·韦伯·扬（James Webb Young）的著作 *A Technique for Producing Ideas*，其中文被译作《产生广告创意的方法》。[①] 近年来，广告界流行一种提法"Big Idea"，中文表达是"大创意"或"好的创意"。"Idea"一词英文原意为思想、意见、想象、观念等。

很多业内人士会想当然地认为这是谁都会的，看起来平常的事做起来并不容易。所谓的创意想法，每个广告人脑海里都会有千万种，但纵观众

---

① 李娜：《广告创意》，百度文库，https://wenku.baidu.com/view/b78e5e62f5335a8102d220a0.html，最后访问日期：2008 年 11 月 22 日。

多出街的作品，经典的创意却没有几个。

很多时候，在开创意会的过程中，人们大多是想得天花乱坠，但真正能用的创意很少。这是为什么呢？从广告对消费者产生的作用来分析，一个广告首先要吸引消费者眼球，否则便可以说是一个失败的广告。因为没有人注意，便谈不上广告信息传递给消费者。从消费者角度去看，现在消费者面对的是海量信息，不可能去接收一切信息，所以会选择性接触，选择性理解。一个广告没有创意，消费者可能就会忽略掉，甚至如同废纸一样丢掉，或者逃避式地不去接触。只有大约 20% 的广告能影响到受众。

所以要引起消费者注意，广告就必须注重创意。同时从受众的心思来分析，受众对于新颖的、怪僻的事物往往会产生本能的兴趣，并且会情不自禁地把注意力集中到这个事物上。所以影视广告的前 5 秒非常重要，要综合一切视觉、听觉元素来吸引受众的注意力，调动他们的积极性。原创性是消费者注意力被成功吸引的源泉。广告怪杰乔洁·路易思说："广告没有一成不变的法则，它需要灵活的思考。"[①] 创意要突破旧规，善于寻找创意的诉求。

（一）背离传统定义的角色

人们对传统定义的角色比较熟悉，而且往往设定的角色循规蹈矩，有特定的模式。但是一旦反常态设定角色，将收到意想不到的效果。

广告项目：百事可乐广告

一则电视广告，获得 2000 年第 41 届克里奥广告奖的金奖。

广告的内容是在一个退休士官们常去的酒吧里，一个小女孩想喝百事可乐却没得到，就痛斥了侍者一番，接着小女孩走出酒吧，所有的顾客都跟着小女孩离开了酒吧，酒吧变得萧条很多。用小孩教训大人的方式来推销可谓用心良苦。这引起人们深刻联想，是否家庭教育就是这样，大人的教育方式存在很多问题，才造就了孩童心灵从小就受到伤害，进而模仿大人的行为，骂人，粗鲁，没养成好的礼仪习惯。人们在痛心的同时，不仅记住广告的主角小女孩，更记住了导致小女孩失控的原因，"罪魁祸首"

---

① 李娜：《广告创意》，百度文库，https://wenku.baidu.com/view/b78e5e62f5335a8102d220a0.html，最后访问日期：2018 年 11 月 22 日。

是百事可乐。

（二）错位移植传统角色出现的场景

将常见事物出现的位置改变，换到奇特的、意外的地方，像火星，以此产生新鲜感。

广告项目：宜家床广告

广告前 5 秒钟已经塑造了足够的悬念。在万米的高空飘浮着一张床，一个女子坐在上边。这张床拥有怎样的魔力，像云彩一样飘浮在空中，如此轻薄？然后镜头转向女子，从高空中一跃，跳往空中飘浮的另一张床。就像做游戏一样，如此轻松，如此自在。结尾是床自动复位到家中，女主人安稳躺在床上。梦中的场景被演绎得逼真无比，像看视觉大片一样，带来亦幻亦真的效果。

（三）改变人们的常态动作，想法离奇古怪，视觉体验惊险刺激，犹如坐过山车

1. 广告项目：系列果汁饮料广告一

该系列广告每个都很搞笑。人被绑在椅子上，背上放火箭燃料，人被发射出去，一头撞进盛满橙子的木桶中，将橙子撞烂，橙汁流出来，然后那个人喝了口橙汁，很开心。

2. 广告项目：系列果汁饮料广告二

一个人用果汁机榨出的果汁填充在充气床垫中，然后躺在这个水果汁做的床上很享受。这时，屋里突然来了一只刺猬，满身飘扬着锋利的刺。很轻松就刺破这个水果汁做的床，这个床慢慢地扁下去，而躺在床上的人，喝着溢出的果汁，潇洒得意，非常享受。

3. 广告项目：系列果汁饮料广告三

场景回到室内，实验者躺在地上仰望天花板，天花板滴了几滴汽水。随后，天花板破了一个大洞，上层汽水倾盆而下，把实验者淋得非常湿，他异常兴奋，顺便用舌头舔一下果汁，一脸的享受状。

（四）背离传统定义的观念

在传统的意义上，人们总觉得男人是世界的主角，在某种程度上更具有话语权。而有的服饰广告倡导女人是世界的主角，男人尽在她掌握。这种带有女权主义色彩的反传统表现，自然与众不同。

（五）背离传统意义的表现方式

一个小儿感冒药的广告，没有产品，没有包装，没有商标，也没有成分，画面上只有黑底白字的两句简单的对话："约翰，是比利在咳嗽吗？""起来，喂他吃咳定。"这则不像广告的广告打破了传统的药品广告模式，像人们闲聊家常一样，不自觉地形成了自己的广告语。人们读此类广告，心情很轻松，没有压力。

同类广告应用广泛。像成年人在镜子面前一照，立刻返老还童，像孩子一样起劲地跳着舞。不同的大人在镜子前照一照，都发现了自己小时候的身影，让人感觉非常神奇。还有的广告表现人从高空中摔下，钢管插身上，却若无其事地走在大街上。这种特立独行、超现实的夸张表现方法，让人记忆犹新。

还有的广告，故意增大产品的尺寸。比如一则巧克力糖广告，一人拖着一人多高的巧克力糖包装纸盒，坐电梯的时候，因为包装纸盒的尺寸太大了，把其他的人都挡到后面；在公共座椅上也拿着硕大无比的糖盒，其他人都无法坐到椅子上；在看电影的时候，拿着糖盒，挡住其他人的视线，其他人都无法正常看电影。无法忍受的怪异行为，让人们牢牢记住了它。像必胜客广告，塑造了一个个性奇特的外星人，长着神奇的触角，鼻子非常小，只看到鼻孔。眼睛硕大，黑黝黝的，有些吓人。浑身是绿色的皮肤，长着蛙状的手，风格异样，让人印象深刻。

1. 广告项目：纯净水广告

妈妈正在叫宝宝吃饭，而宝宝不见了。当找到宝宝的时候，妈妈发现宝宝正在澡盆里洗澡。妈妈与宝宝争论的焦点是水不干净，宝宝却说水非常纯净。两人争论不休，最后宝宝指着身后的一大堆瓶子给妈妈看，妈妈看到后异常惊讶，既可气又感动。一方面，为宝宝的调皮所气愤；另一方面，为宝宝的聪明所惊讶。画面戏剧性地让观众记住了品牌。

2. 广告项目：鱼肉罐头广告

一只狗熊跟人抢鱼肉罐头，狗熊和人相互攻击。人熊大战场面颇为壮观，人跟狗熊力量悬殊，但人没有丝毫畏惧。狗熊和人相互较劲，互踢对方要害来争夺食物，最后人通过智慧赢得罐头。

（六）广告中出现特殊的声音，语音刺激

广告项目：巧克力棒广告

男主人公拿着巧克力棒，去动物园看动物，当看到猩猩打架的时候，拿出巧克力棒吃。当猩猩打得激烈的时候，男士的嘴里发出"嗯哈哈"的声音，非常吸引大众的注意力。而且在广告画面中，"嗯哈哈"故意拖长了语调，提示人们发生了一些不同寻常的事情。像一些感叹词，常用在广告中，比如"哇""啊""太……了"，配合夸张的表情、异样的动作，直接就吸引住了观众。

二　新奇性

广告中总要描述点与众不同的事情，造就不平凡。广告中常用 USP 理论。20 世纪 50 年代初，罗瑟·瑞夫斯（Rosser Reeves）提出 USP 理论，要求向消费者说一个"独特的销售主张"（Unique Selling Proposition），而且这个主张是竞争者所没法做到的,[①] 或让人惊讶，这样才能吸引人们的注意力。

（一）USP 理论的三个特点

1. 必须包含特定的商品效用

每个广告都要对消费者提出一个说法，给予消费者一个明确的利益承诺，让消费者明白他们即将得到的好处。

广告项目：薄荷糖广告片《逃命篇》

这个广告运用冷幽默的表现手法，讲述一位男子在野外钓鱼，这时后面来了一只大熊。男子设想种种方法逃过大熊的追踪。比如在大熊面前装死，跟大熊一起打电动，化作小熊跟大熊一起共进午餐……但都被他一一否了。就在大熊怒吼时，他急中生智，拿出包里的薄荷糖，自己吃了一半，给水中的鱼吃了一半。鱼吃了糖变得异常兴奋，跳得又高又有劲，一下子吸引了熊的注意力，将熊引走了，这位男子得救。该品牌的主题为：超强的薄荷感，帮你冷静应对一切难题。诉求非常到位。福莱仕薄荷糖的功效一目了然。

2. 必须是唯一的

唯一的就是其他同类竞争产品不具有或没有宣传过。比如 Teahouse 茶房的花草茶，味道和功用都很独特，其他厂家不易模仿，而且还可以治愈心情，修养心性。又如 M&M's 豆广告，小朋友抢着吃，小男孩吃完绿色豆豆，舌头就变成绿色；小女孩吃完黄色豆豆，小脚就变成黄色；小狗吃了

---

① 卢彩秀：《浅谈 USP 理论》，《时代经贸》2010 年第 9 期。

最后一颗粉红色豆豆，整个脸都变成粉红色。奇妙的变化让人们对产品印象深刻。

3. 必须有利于促进销售

这一说法一定要强有力，能说服数以百万计的大众，吸引住他们，最好能让他们产生购买欲望。像"洗脑"广告脑白金，播出的时间多，广告效果持续。

（二）新奇性描述的三种方式

1. 塑造一个具有特异功能的人

人物本身就具有神奇的人格魅力，且具有常人所不具备的品质。

广告项目：牛奶广告

广告中的小男孩有神奇的预言能力。一次让司机停车，救下暴风雨中穿过车前的小狗，使狗侥幸躲过一劫。一次在下雨天，小男孩预言前面的树会倾倒，结果刚让司机停下车，前面一棵百年老树横倒在他们面前，小男孩救下了自己和司机的生命。最后一个事情是小朋友们在一起聚会，兴致勃勃吃巧克力蛋糕。但吃到中途，这个男孩告知大家可能没有牛奶了，大家不以为然，谁也不听他的，继续狂吃。吃到起劲的时候，另一个小男孩拿着牛奶的空瓶给大家看，人们才意识到问题的严重性。画面突出广告语：去买牛奶。

2. 描述一个不平凡的事

这种事可以是事实，也可以是为迎合剧情刻意编造的故事。但是它的艺术创作来源于现实，又高于现实。选取的描写对象，最好具有典型特征。典型人物的真实性，不是逻辑思维的真实性，而是想象中的真实性。

（1）广告项目：饮料广告

一孕妇难产，医生们急得团团转，等了好几小时也不见动静。这时一位护士进来，拿了一瓶饮料，在孕妇肚子前晃了晃，结果一只小手竟然伸出来，抢饮料。医生们的顾虑没有了，孩子顺利生出来了。

（2）广告项目：饮料广告

一个人骑着自行车疾驰，疯狂地追逐一只豹子，然后从豹子口里争夺一瓶饮料喝。人与豹子疯狂争抢，最后人战胜豹子，可见饮料对人的吸引力非常大。画面异常震撼，节奏紧凑，带给人一种速度感和激情感。

3. 运用一些特技手法

这种手法包括镜头的使用，比如拍汽车广告，可能把整个汽车的内部空间来一个360°展示；还包括某些镜头的拼贴或使用软件特效等，这些都能给人不一样的感觉。

（1）广告项目：牛仔裤广告

广告用了一种追求随意、摇晃的镜头拍摄手法，给人一种奇妙感。

广告首先映入眼帘的是故事的"主角"——牛仔裤，有两个好姐妹穿着牛仔裤在镜头中展现，吸引人来围观，他们欣赏牛仔裤的款式，表明穿这样的裤子将有高的回头率。

（2）广告项目：Photoshop宣传广告

这则广告通过幻灯片播放各种各样Photoshop修改过的奇异的照片。其中包括各类人物的合影，将对象换成狗熊；有女子摄影，将其头发变成不同的颜色以及背景修改；等等。广告向人们展示了Photoshop的强大的修图功能，它主要具备颜色调整、照片分解、照片修整、局部复制、合成等功效。

（三）新奇性对人审美的影响

这是人天生的一种本能。它促使人对新奇的事物进行不断的探索。当人们不断获取知识的时候，就促进了内在的成长。在人们探究新事物的同时，内心会获得愉悦感和满足感。

三　目的性

广告是有目的的商业活动，每一次广告活动都有它特定的目标。广告创意是实现广告目标的有力手段。在广告创意的前期策划环节，就要确立清晰的广告目标，以便为接下来的创意指明方向。广告目标可以是销售倾向的，也可以是传播倾向的。如果是销售倾向的，目标就体现为创意实施以后销售量提高的具体幅度。如果是传播倾向的，就要通过广告创意来增加产品或品牌认知，使消费者更倾向于支持产品或品牌，或者是增进消费者对产品性能的了解。很多广告让明星参与，就是借助明星的光环来照亮产品，让消费者把对明星的好感转移到产品上来。很多新产品消费者不了解，但是消费者了解明星，往往会把对明星的好恶带到产品中去。因为崇拜明星而去买产品的例子不计其数，因为偏好而去买产品的例子也比比皆是。这属于带有强烈意识的追风一族。

广告创意不能随心所欲，它必须"戴着镣铐跳舞"，是有明确目的的创造性思维活动，这一点也是广告创意与艺术创作之间最大的区别之一。①创意都是为广告主服务的，广告主满意才叫好创意，不满意再好的创意等于零。不同的广告主有不同嗜好，广告就需要迎合广告主而不是迎合创意人员。有时广告主提的想法与创意人员的冲突性非常高，或者广告主的个人意愿非常强烈，沟通时对创意设计者提出新的修改要求，创意设计者要对创意项目拿得起来，也放得下去。被迫放弃好的创意，屈从一个一般的创意。一旦遇到对画面的镜头、色调还另有要求的广告主，创意人员必要的时候，要跟其协商。或者有的时候创意受制于成本，要根据设定的预算来考虑创意。创意很好，造价昂贵，广告主接受不了，创意稿就会被反复修改。

四　传承性

对于一个品牌而言，在没有形成品牌之前，一般带有创始人的情感色彩或是创立理念。换而言之，很多客户在没有找广告公司服务之前，通常都为自身所创品牌附加一些品牌精神或是情感上的东西。比如说有的理财公司，在设计自己的企业理念之前，自己的主公司就有一定的理念。比如要求标志要体现钱币的概念。因为这能让人自然联想到圆形方孔钱。也能取其意会，这是一家与钱财经营相关的企业。后面成立的分公司，既要体现钱币，又要体现理财，就选取了貔貅的形象。貔貅在古代是龙的九个儿子之一，且有只吃不吐、能够存钱的含义。而且是古代的一种猛兽，还是转祸为祥的吉兽，能够守财。于是追求金碧辉煌的感觉，虽然这些东西没有传播出去，但是从客户角度考虑，这是他们想把品牌做大的初衷，让消费者体会其内涵。再比如谭木匠，以诚实、劳动、快乐为宗旨与使命，奉行"我善治木"的质量方针，经过不懈努力，成为世界知名的好企业。因而，当广告公司服务客户时，在广告创意过程中，就应该把品牌的传承性考虑进去，而不是泯灭客户的所有，将全新创意附加在品牌之上。相反，只有了解创始人的想法，即内在的东西，在传承的基础上，打造更精准的创意，才能满足客户的需求。有的时候，从客户手里接手一个项目做品牌推广，会发现这个品牌在此之前是由别的广告公司运作的。在别的公司运

---

① 闫承恂：《浅析广告创意的基本原则》，《艺术与设计》（理论）2013 年第 3 期。

作过程中，有关品牌传播口号、视觉形象、包装等很多方面的风格已经形成，显然这些东西都是经过客户确认的。因此，当广告公司接受任务时，很多东西要调整。这是必然，也是客户找到广告公司的理由。但这并不代表是全盘否定，推倒重来，因为这个品牌已经运作过，很多东西能通过，这都是客户认同的。所以，当广告公司在进行全新影视广告创意时，就需要把品牌以往的调性考虑进去，这不仅从某些方面可以延续品牌原有的特质，也能起到事半功倍的效果。

五 简洁性

影视广告属于电子媒介广告，是以视觉为中央来流传商品信息的。影视广告往往是由镜头形成的影像，受众在对影视广告进行分析时，要依靠镜头言语。与印刷广告相比，影视广告不能传达很多的商品信息。因为影视广告时间短，并不能用文字去表达大量的信息。在影视广告中，画面是主体，音乐等元素是辅助性的。所以运用影视广告传递大批信息是不现实的，受众吸收不了这些信息，起到作用的信息更是少得可怜。我们生活当中的影视广告有些是自卖自夸，并且运用一定量的文案。这些创意疏忽了影视广告的视觉特点，效果不理想。因为电视是用画面来讲故事的，所以画面比声响更主要。语言和画面必须相互合作。语言的唯一功效是说明和弥补画面所要表现的内容。因为时间很短，为了让受众记住信息，必须把影视广告重点要表现的内容展现出来，不可能面面俱到，要有所侧重。正如奥格威所说"可是最有用的电视广告是只就商品的一两处重点用简练的语言展开，一则电视广告堆砌很多的东西只会使观众麻痹"[1]。以宜家的广告为例，画面的重心只有人与床，没有其他的物品，比如沙发、柜子等，广告的主题非常明确。广告忌讳画面设计天花乱坠，让顾客只记住画面，没回想起任何产品。其就广告效果而言，是一个失败的广告。

六 相关性

广告和产品没有相关性，广告只能"叫好不叫座"。在进行影视广告创意时，必须把握广告创意与商品之间的关系。如果商品与广告创意没有

---

[1] 闫承恂：《浅析广告创意的基本原则》，《艺术与设计》（理论）2013 年第 3 期。

较强的联系性，会导致人们只从广告中获得娱乐而不能把信息与商品联系起来。人们往往记不住是哪个品牌的商品。像这样的例子也有很多。

广告项目：牛仔裤广告

该广告曾获 1997 年戛纳广告节影视全场大奖。其广告是一个部队授课的场景。教官聚集队员训练。要讲解的内容是，如何进行人工呼吸。在学员眼前的是一幅画，画中展示进行人工呼吸的对象是一位美女。这时候，一个穿着牛仔裤非常帅气的小伙子离开队伍，毛遂自荐，去练习人工呼吸……但他进行人工呼吸的对象不是美女，而是一个邋遢的老头儿。小伙子感到委屈，也无可奈何，只好闭上眼睛，进行人工呼吸。但同时想象施救对象是美女，以及两个人浪漫的邂逅。结果观众过于迷恋故事情节，记不住牛仔裤，无疑广告失败了。

目前影视广告创意正堕入了这样的误区：为创意而创意，为获奖而创意。这种状态急需改变。创意者要努力做到，将创意与商品、产品定位、诉求等元素联合起来，从多个角度来思考。

七　震撼力

伯恩巴克说过："出色的广告创意不是夸大，也不是虚饰，而是要竭尽创意职员的智慧使广告信息单纯化、清楚化、戏剧化，使它在消费者脑海中留下深入而难以磨灭的记忆。"[①] 关于震撼力，多数人以为是指画面视觉的冲击力，而依照伯恩巴克的观点，震撼力不只表示在画面上，还体现在如今创意的外延之中。因为一种创意固然要通过画面表现，但能震撼心灵的往往是在创意当中所包括的思维。

1. 广告项目：微波炉 3 秒钟烹饪广告

广告展示在极短的时间内，大虾被涂上油和面粉，像子弹一样被发射出去，奔向微波炉。一眨眼的工夫，大虾已经被烹饪好了，并且色、香、味俱全。周围的人看得目瞪口呆，极其渴望得到这样一台"神器"。

2. 广告项目：Lurpak 黄油广告

广告极具大片品质。画面只局限于厨房，所有器具与食物构成了一个特别的宇宙，蛋黄的投入、燃气灶的启动和胡萝卜入水的刹那间更会让人

---

① 成毅涛：《浅谈影视广告创意的原则》，《电影评介》2007 年第 21 期。

联想到太空、火箭和飞船，具有极强的画面感，视觉冲击力也很强。

3. 广告项目：公益广告

有的广告看起来极不舒服，甚至让人作呕。三个女子在聊天，其中一个打扮时髦的女子的包是用皮子做的。而这时这个女子恰巧接到一个电话，女子急忙在包里找手机。一时找不到手机，于是从包里往外掏东西。掏到的东西有动物的心脏、肝、肾脏、肠子、皮毛。越往外掏，满手沾的鲜血越多。画外音：保护动物。这则广告设计非常血腥，看完之后让人心情低沉。如此，人们还会使用动物皮毛做的包吗？所以，广告给人极大的刺激，同时兼具警醒功能。

有些电影或广告片就喜欢用大的阵势。常见的手法是突出数量之多。成千上万的人，成千上万的物件，气势宏大，广告画面异常震撼，观众想置身事外都很难。人物一出场就非常具有特点，甚至运用一些特殊的布景，比如在电影《满城尽带黄金甲》中，铺天盖地的菊花，人物身上戴的头冠有 10 多千克重。这样一看出场的人物就非常有分量，甚至让我们感受到王的尊严与不可亲近感。画面给人的感觉是富丽堂皇，凸显王具有与生俱来的大气和尊贵的身份。在场景渲染上，也是使用东西多且密。如从天上射来的密密麻麻的剑，犹如蜂窝一般。这些曾经出现在电影中的大制作场景，同样适用于广告。比如从直升机上投射数量众多的玩具，给人极大的视觉冲击。还有的为了塑造两伙人争比萨，两伙人的数量多如千军万马，阵势浩大。奥迪车的修车广告，私人修车工多如牛毛，其气势犹如饿狼扑虎一般，每一个都来者不善。

有的广告选择难得一见的场景或者在想象的空间中建立的虚拟物象。全新奥迪 Q5L 的广告，更是让人大开眼界。以千仞绝壁为屏、崇山峻岭为幕，用超过一万平方米的巨幅裸眼 3D 投影秀描述想象中的在山中巨楼中开汽车，路遇触目惊心的通天瀑布、一只鲸鲨破水而出的画面，以表现宇宙的神奇。把产品融入自然，把自然融入创意，一幅震撼人心的画面就会呈现在世人面前。在不可能的地貌上创作出不可思议的画面，充分体现奥迪敢想敢为、于不可能之处开拓新的可能的特色。

八　艺术性

广告的诉说通常不是平铺直叙，而是采用特殊的手法进行表现。

（一）广告作品需要具有旺盛的生命力，让读者获取无限的表现空间，引发多层次想象

古典美学讲究"气韵生动"，艺术作品不仅要描写各种物象，而且要描写作为宇宙万物的本体和生命的"气"。[①] 精彩的作品往往给人们带来"象外之象"。它带给人们一种意境联想，通向所谓的"道"。从有限到无限。比如说"美"，不是单纯指美丽，而是指广告能带给我们对外界的感知空间，由此引发我们的兴趣。比如说问未来是什么样子的，让不同的小朋友回答，有人说未来是一片用巧克力做成的海，很大很大，没有边际。这种充满想象力的作品具有挖掘潜力。

1. 广告项目：亚麻布的诞生广告

它被评为 2018 中国广告影片金狮奖最佳广告影片。此片展现晨风集团亚麻布的工艺之美，整体延续集团《晨风之谜》的音乐律动感，展现一根根亚麻线如何变成一块块亚麻布的过程。此外，片中对于鱼的特别设计，既完美表达了环保概念，又为片子增加了灵动的艺术力。金鱼来回摆动其鲜艳的尾巴，是为了衬托布的颜色鲜艳，丝滑顺畅。特别是鱼尾的摆动跟布在机器上流动有相似的美感。把产品和自然界的事物联系起来，符合中国美学的特征。中国美学要求艺术家不限于表现单个的对象，而是要胸罗宇宙，思接千古，要仰观宇宙之大，俯察品类之盛，要窥见整个宇宙、历史、人生的奥秘。[②] 这种广告的创作只有在平日对事物的观察达到一定的深度和广度，才能找到表现产品创意的精妙之处，创作的东西要概括、注重整体性，达到让人流连忘返、回味无穷的艺术境界，并能让人浮想联翩。

2. 广告项目：青草茶广告

产品的定位就是清新自然。整个广告用了淡绿色的画面，优雅含蓄。它的广告语也多围绕着让人凝神静气，调养生息，如沐春风，容颜焕发阐述。广告用了一个女子打拳的方式，暗示各类茶对人的身体健康非常有帮助。

（二）广告作品必须讲求艺术性与真实性的完美结合

一是将有关产品或服务的经济信息与文化元素有机地结合在一起，

---

① 叶朗：《中国美学史大纲》，上海人民出版社，1985，第 218 页。
② 叶朗：《中国美学史大纲》，上海人民出版社，1985，第 224 页。

使受众在娱乐和欣赏中得到启示并产生购买行为，达到形式和内容的统一。二是可以运用多样的表现手法，广告作为一门综合艺术，在表现手法上比较自由，它可以创造出极具个性化的画面，妙趣横生的文案或情节，从而给目标消费者或者潜在的顾客留下深刻美好的印象。

广告项目：公益广告——告诫人们不要酒后驾车

这则广告构思精巧，采用了穿针引线的叙事方法。从男主人公放下酒杯、拿起钥匙开始，一系列的不幸事件接踵而来。从在视频中出现一条真实的粗壮的线，引到了警车的鸣笛，到拘留所的拍照，到法官的判决，到监狱牢门的关闭，到妻子的无助，到孩子的痛哭，到最后裹尸袋拉上，整则广告叙事新颖，发人深省，颇具艺术性。

（三）广告作品应注意"虚"和"实"相结合

"真"的事情和"假"的事情不仅要并存，而且要相互融合。"假"，这里主要指的是虚构。"真"，是指广告中带有真情实感，对真实事情进行了艺术加工、提炼、升华，变成我们现在看到的面貌。很多广告来源于日常。比如一个小姑娘和母亲吵架，离家出走后发现身无分文。这可能是真实存在的事。但是在小街里碰到一位卖饭的阿姨，给她做了饭不收取分文，并告诉她，她母亲已经提前预付了。这个画面突出母亲的爱心，是虚构的。母亲为了这个女孩跑遍整条街，挨家挨户找，都给卖主饭费，这个不现实。而且也不可能知道这位离家出走的小女孩在这家吃饭，母亲不可能先知先觉，料到女孩一定会来这里。这有点太夸张了，广告选取了一个典型案例，借此来说明母亲对子女的关爱。

（四）广告作品艺术形象越鲜明，越具有创造力，人们对其关注的时间越长，陌生化程度越高，它的审美价值越高

要使自动感知变为审美感知，就需要采取"陌生化"手段，创造出新的艺术形式，让人们从自动感知中解放出来，重新审美感知原来的事物。作家要尽可能地延长人们这种审美感知的过程。[①] 广告中经常使用各类特别的形式，就是为了增加大家的审美时长。比如广告可以选取长调拍摄，这样会使色调的对比更加明显，广告产生的变化越大，受众感受越

---

① 朱立元：《当代西方文艺理论》，华东师范大学出版社，2005，第28页。

明显。

（五）广告作品在传播过程中，含有一定的艺术性审美价值

这种艺术性更多的是带有强烈的人文色彩，有别于其他的艺术门类，但可以借鉴其他门类的理论方法。比如说绘画讲求传神，画人物讲究形神兼备，这样才具有艺术魅力。顾恺之认为画人物不仅要表现人的四肢，更重要的是表现眼睛或身体其他出彩的地方，这样才能传神。反映人物的个性特点和人物生活情境，或者是把人置身于一定的环境之中也能传神。广告也要有传神的地方，也就是说广告中要有亮点，广告创造的作品不应该平庸，只要故事有一定的跌宕起伏的情节，就会感人心肺。在此情节中故意夸张地安排冲突。矛盾对立的双方斗争越激烈，广告片越有看点。在场景选取上也极为讲究。多选用知名景点，知名的电影或电视剧用过的景点，巧妙地选取一两个点，借鉴过来。比如埃菲尔铁塔、凯旋门一类的人造景观，或者像张家界的御笔峰一样，有着笔直山脉的自然景观。

（六）广告效果可以借鉴很多的审美理论

从审美主体人来讲，它要在广告中获取一定的"味"，要从整体上感发、激励、汲取精华和升华。广告要带给人一种艺术美感，进一步说广告要带给人们趣味。比如说"妙"，文人经常用"妙极""神妙之极""象外之妙"来形容文学或艺术作品。广告中也要追求"妙"，它指的是构思巧妙，表现巧妙，形式和内容能达到完美的结合和统一。

广告项目：公益广告

同样是表现先天有缺陷的孩子，但是替代他们的表现形式的是错位的字母，虽然字母的位置颠倒错位，但是不影响我们对它的解读。其实对有缺陷的孩子，大部分人是不了解这种病的，但是对错位的字母比较清楚，借以引申到孩子，这样更容易引起人们的共鸣。从而对这部分孩子进行关注，帮助他们。

第三节 广告创意的创作原则

一 务实原则

我们在了解了该知道的信息以后，再开启智慧思想，一定要有耐心去探

15

求消费者心理、市场情况、产品的详细说明以及制定下来的广告策略，不要让客户感觉到我们的广告是外行人做的广告。比如手机广告，一定要了解它的主题。比如潮色手机，首先要明白潮色指的是什么，才能根据主题制作广告策略。

二　易于理解原则

很多广告创意精彩，但是受众不一定能够看明白。1979 年，美国普渡大学杰可比教授在对 25 个经典广告片被误解程度的研究中发现，这些广告片没有一则被完全准确理解，误解程度高达 40%，最低的为 19%。① 所以广告首先要满足受众需求，用通俗的画面、语言让顾客明白广告所讲的内容。

三　骨气原则

每个创意人都渴望"叫好又叫座"的广告，个人天分固然是关键，客户能否接受以及个人的机遇也是影响因素。无论你的天分是否被埋没，无论你是否自认平凡，既然你选择了创意这个行业，要有"别人也会想到的想法，我不用"的骨气，目的在于激励自己超越平凡，避免满足自己 60 分创意的惰性。澳柯玛广告的内容是，猫每天跑到邻居家睡午觉，被主人责备后，不知悔悟，却指着邻居家的空调，调皮地说："澳柯玛空调，睡得舒心，用得放心。"猫这种动物，有好的东西就会跑去享受，对主人不够忠心，特别适合以幽默方式表现产品。

四　效率原则

由于创意是主观的思维产物，如果把时间都花到苦思冥想上，容易钻进牛角尖而不自觉，即使想法有问题，主观上对这个想法的执着，往往会阻碍其他想法的产生以及难以接受其他想法。所以，在思考创意的时候，不妨先360°思索一下，从不同的角度切入生成不同的想法，不要着急思考一个想法的文字和视觉表现。宁可多想一些点子，再筛选出较好的几个进行仔细推敲。我们会发现，这种先求广再求精的原则，会让创意事半功倍。

---

① 相喜伟、刘志甜：《解读广告创意中童话的运用》，中国论文网，https://www.xzbu.com/7/view-2983156.htm，最后访问日期：2018 年 11 月 22 日。

五 余地原则

创意人求好的心理是不容置疑的，一般是不到最后时，坚决不拍板。等到有问题被发现的时候，却没有时间修改了，只有硬着头皮照做不误，这有违专业精神。所以我们设立"创意审核会议"，针对提案事先审定创意概念和创意草稿。所以一般情况下，任何创意，都应该在流程上留出两天时间，冷静反省再做决定。有时临时想出绝妙的创意，可以把原来的创意替换掉。

六 负责原则

想法和执行之间还有很长的一条路要走，很多想法在转为设计稿的时候没有什么问题，但在执行的时候因为技术限制或者预算限制根本无法完成，如果不在创意成型要实现的时候估量执行因素，会在后期出现很多麻烦。记住，想到的创意，要卖得出去也要做得出来。比如拍动物广告，让动物摆动作是一件非常困难的事，本来一两天干完的事可能费上一个星期也干不完。甚至总是会出现一些意外情况，有时不得不根据现实调整创意。毕竟动物是活的，它们可能会做出意想不到的动作甚至极不配合，这时需要多拍几个镜头，剪辑的时候就不会捉襟见肘。

第四节 影视广告的创意流程

一 广告创意草图阶段

首先，这一阶段要生成创意构思。它可以是一个人的冥思苦想，也可以群体相互之间启发，还可以通过不同公司的比稿来产生。其次，根据创意，确定执行的可行性，即需要经过部门论证，创意是否符合主题需求、创意内容是否合理、创意表现方式如何等。再次，要确定导演，不同的导演适合拍不同风格的广告，一些品牌车对导演的要求很高，要求之前拍摄过百万的广告，有着很好的执行力。最后，需要根据需求筹募资金，有的是广告主提供的，有的是通过众筹方式筹集而来的。在此过程中，可能会反复修改创意稿。

在起草阶段要组建班子。会开几次制作准备会议，包括 PPM1、PPM2、

Final PPM。摄制组由导演、副导演、场记、演员、摄影师、摄影助理、美工师、置景师、照明师、作曲人、录音师、剪辑师、服装师、化妆师、道具师、制片人、剧务等工作人员组成。小型的广告片拍摄，用不了这么多人，一人会兼着几个人的工作来干。根据设定情节的不同，选择的搭配人员也不同。有的时候会安排不同的特效剪辑师。或将特效交给某一专业公司制作完成，或者根据不同公司的特长，包给几个公司。

（一）演员的挑选

挑选长相有特色的演员或者人气较高，适合代言的人。导演会考虑三个要素：他是否符合角色的要求、演技及市场号召力。[①] 有时演员试镜完了，还会根据选择演员的特性修改一下创意脚本。演员在拍戏之前，会由替身演员帮助走一下流程，用来让摄影师找准位置。替身演员会用好几天的工夫，甚至走位多遍，反复修改，来确定拍摄的方位和路线。等真正的演员来的时候，走一遍过场，他们不会花大把的时间来回修改，而且为减少出场费，尽可能压缩他们表演的时间。像拍汽车广告的某演员，片场呆的总时间不会超过半小时，所以拍到的镜头力求精准，一旦出现错误，后期不好修改。

（二）摄影师的选择

摄影师的技术也尤为关键，他要很好地对草图进行解读，包括人物特性塑造，整体的叙事风格了解，色调、光线、节奏、分场处理和镜头调度。他也通常会提出自己的一些观点，对脚本进行一定程度的修改。

（三）美术师的作用

美术师需要对整个画面的美感进行把关。他要对故事发生的背景进行美化，使空间的划分更具有艺术感。具体工作包括环境的塑造，背景板的制作，人物衣饰的选择，气氛的控制，时代感的把握，颜色、光线设计的整体把握，甚至为出场动物选择道具。

（四）导演的作用

导演会对整个广告片的风格进行把握，并且让各个分工小组了解自己的职责。导演最终在影像中形成自己鲜明的艺术风格。有的导演喜欢大场

---

① 陆绍阳：《视听语言》，北京大学出版社，2014，第3页。

面，有的导演喜欢灰色调，不同导演拍的风格不同，广告片选合适的导演显得尤为重要。

（五）分镜头脚本的绘制

导演需要在每个镜头上划分拍摄所需要的时间，还需要关注每个镜头的类型、每个镜头的组接，确定广告拍摄的重点。这个时候就反映了导演的艺术素养，对画面的组织能力和即兴发挥能力。由于广告的时间长短不等，镜头的多少会有较大差别。

二　实拍阶段

导演要对整体进行把控，对演员的动作、表情进行详细的指导。要善于调动演员的积极性，不能动不动就训斥演员。要给演员的表演尽量创造舒适的环境，让他们最大限度发挥自己的特长。有的演员不适应环境，哭戏要么哭不出来，要么哭得止不住，导演就要想办法制造气氛，安抚演员情绪，并且要善于听从周边人员的意见，对广告剧本进行微调，以便拍摄。有的时候，导演现场拍摄会发现原来创作者忽视的地方，于是他会多拍几个镜头，这样在后期剪辑的时候，选择的余地就大。而且要擅长拍一些非计划内的镜头，这些镜头往往带来一些意外的小惊喜。

三　后期剪辑阶段

剪辑是对广告片的结构、语言、节奏进行最后的定型。剪辑师需要从大众的审美出发，从众多的镜头中挑选合适的镜头。初剪，根据记录单，按顺序将镜头连接，了解大致的框架。精剪，剪辑师需要对画面进行细节的调整。比如要对需要突出的主题，对画面的构图、时空关系、色彩、节奏有所把握。广告时间短，镜头要精简，叙事要明确。

第五节　影视广告创意的优势、走向及新特点与劣势

一　影视广告创意的优势

（一）图像更加清晰，更有活力，视觉效果及感染力更强，宣传效果好

电视媒体始终以三维的画面吸引着人们，能够更好地表现空间感。而

且是视觉与听觉的完美搭配，是一种高级的试听艺术结合。影视广告的到达率和穿透力都很高，尤其是其利用听觉上的优势来表现广告主题和突出诉求重点。

（二）记忆效果好

观众同时接收视听信号，因此从这个意义上说，相对其他的媒体广告，影视广告拥有较好的记忆效果。它在听力和视觉上会产生一个平衡效果。

（三）受众广泛，销量广

现在越来越多的人在闲暇的时候盯着手机看，手机的微视频广告作用不可小觑。影视广告对受众有很强的引导作用，有的广告看完直接就产生了购买行为，可谓"奇效"。比如新品冰箱除臭器，恰好顾客就有这一需求，寻求很多年，一直没有合适的。而通过微信群转发的信息，有图有影像使用效果，可信度高，让顾客心动，直接网购。

高质量的品牌广告更具有持久效果。高达七成的青少年的梦想便是拥有一双耐克鞋，他们都以穿耐克鞋而感到荣耀，耐克"离经叛道"的广告，塑造的"体育先锋"的形象，深深根植于青少年消费者的心中，使耐克成为他们喜爱的品牌。而耐克广告的着眼点正是与消费者建立忠诚而持久的关系，这来源于源源不断的品牌诉求，经得住产品质量和信誉的重重考验，并非单纯的交易与征服的问题。

（四）影视广告具有很强的艺术感染力

因为观众对影视广告的需求越来越多，人们期待的是诉求的新方式，诗化的巧语言，多姿的高演绎，美妙的奇旋律，所以更多更好的作品应运而生。如万宝路广告构思就很独特，美国牛仔粗犷豪迈的形象，壮丽山河、骏马奔腾的画面，使人百看不厌。这种信息与艺术的融合，使人在接受广告的同时得到艺术享受。有些微观世界的东西，放大以后就会震撼心灵，像在一场大雨中，雨水打到叶子上，将一只七星瓢虫打落……而这时一只大手出现，将它扶了起来……即使是幼小的生命也值得大家去重视，人们更对有这样一家体现人文关怀的公司肃然起敬。

（五）影视广告可以选择不同的时段，播出不同类型的广告

广告学上讲，19 点到 22 点是广告播出的黄金时段，这个时段收视率是最高的，广告费也是最贵的。周末的黄金段和某些热门节目时段都

是黄金时段中最热的时段。像湖南卫视的《快乐大本营》、江苏卫视的《非诚勿扰》。收视率越好，广告的价位也越贵。铺天盖地的脑白金广告，虽然有点烦冗、啰唆，但收到的广告效果不错。广告语反复出现，加强广告效果。再配上经典的剧目，老头儿跟老太太跳舞，无比诙谐，让观众忍俊不禁。

（六）广告效果好，易于与收视者建立亲密感情，增加产品亲和力

张国荣曾为某制造商拍了一个 *To You* 的电视广告片，广告播出后，巧克力的销量飙涨了 300 倍，稳居当地巧克力的榜首。群众对广告的追捧度远超过你的想象，电视台被迫在报纸上，预告了一周广告播出时间。观众激愤不已：我们要看广告！

二 影视广告的创意走向及新特点

（一）通过多种方式赋予产品情感、文化、品位等非同质化特征，注重个性表达，注重形式与内容的统一

1. 植入广告

它是把产品及其服务具有代表性的视听品牌符号融入影视或舞台作品中以达到营销的目的的一种广告方式。很多企业的标志、吉祥物等经常会出现在剧情中。营销美学讲究引导消费者的购物潜意识，让消费者不由自主被带入其中。比如在情感剧中放一瓶矿泉水，某明星人物戴的手表和手链，嘴上涂三维口红，耳朵上戴的耳饰，让人在收看的过程中无意中就接收到了品牌的宣传。更有的广告商做得风生水起，人们难忘"神剧"《欢乐颂二》中的"吃货"邱莹莹，从第一集吃到最后一集，只要是她心情不佳，三只松鼠的零食就上场了；《深夜食堂》第一集出现的"泡面三姐妹"一言不合就吃统一老坛酸菜泡面，即使三姐妹不出现，其他顾客也点泡面，剧情中还植入了百威、妙洁、江小白、华为、永丰源骨瓷、薇风面膜、安久居、金龙鱼等品牌；《三生三世十里桃花》里面有一条街叫"蘑菇街"；《烈火如歌》中的女主角用的酒杯、酒瓶；《杜拉拉升职记》中多次出现的益达口香糖；《楚乔传》里面买首饰的地方叫"唯品阁"（唯品会的别称）……《欢乐颂二》中隐含各类广告：打电话使用的是荣威8，女演员使用的是娇兰、佰草集，小蚯蚓有个男朋友还是"搜狗"程序员，冰箱内的矿泉水换成大众品牌康师傅优悦……无数的品牌广告隐藏在电视

剧中。另外，还有对白植入，比如"我家特好找，就在欧陆经典"。

2. 中插广告

（1）中插广告内涵

它是前几代广告形式繁衍、变体而成的新一代广告形式，也被称为小剧场广告。小剧场由正剧的演员出演，通过一定故事情节对产品进行植入，穿插于正剧之中成为正剧的一部分，多以幽默或者恶搞的方式来吸引观众注意力。它流行于网络。一旦进入电台播放，就必须被剔除，所以它相对植入广告来说受播出平台的制约。创意中插因其具有故事性而更为清晰，品牌传播更加具有渗透力，成为一部影视的"黄金点"，具备合适的播出时长，强档的播出时段，以及趣味化的播出形态，可谓为品牌量身定制的广告 VIP。其这几年的价格也是水涨船高，从《暗黑者》单条五十万到《欢乐颂二》的三条一千万，两年间价格涨了好几倍，可见发展迅猛。所有点击量预计超过十亿的剧集，几乎在出售创意中插。越受追捧的剧的中插广告越好出售，很快就被竞价拍完。中插广告的一个最大特点是由剧组来拍摄，剧中演员直接出演，不用再请新人，广告创意也通常和剧情有一定联系，但是一线演员不一定到位，成本相对较高，选用原剧场景，一般不请广告公司介入。中插广告适合为塑造品牌形象或为融资做广告的客户，中插可以作为植入的辅助。广告追求的就是剧中有趣，中插追求的是趣中有趣，无疑比普通硬广传播效果更佳。

第一，利用观众观影过程中的剧中休息，通过老剧情的人气带动新剧的宣传。它用类似于"大家休息一下""前方高能，正片来袭"等字样来打断观众，观众的注意力离开正剧进入一个与剧情毫无关联的小剧场，或者说是花絮。看完《花千骨》，紫薰上仙出现在视频中，提醒大家继续追剧，收看杨颖演的《云中歌》。紫薰上仙以炼香成名，整部剧透露出的闲情雅趣吸引了不少人关注。

虽然两部剧都是古装剧，但是风格各不相同。当观众对原剧结束后，追剧感觉意犹未尽的时候，中插广告恰到好处地对新剧进行了描述，杨颖同样具有一种清新风格。一部为仙侠剧，一部是由历史题材改编的，陈述上也具有一定的相似性，都是仙气十足，因为汉代服饰夸张，尤其是袖子部分，能引起观众很多的联想。

第二，广告创意的形式多种多样。有贴片、有冠名。随着创可贴、原创贴成为平台内容营销的标配后，花絮贴（以爱奇艺为例）、短视频（片花＋花絮，即专辑内15秒以下的视频）、大头贴（以腾讯视频为例，指的是正片开头，除片头部分，比如说化妆品广告，占据视频左下角位置，时长5—15秒）、片尾贴（正片结束前1分钟左右开始）等视频广告也是颇为流行。这种创意从尺寸、异型、动态、互动等多方面进行升级，如时间贴（基于生活时刻和重要节日，品牌给用户提供的生活小贴士广告）、天气贴（基于第三方天气数据而显示的创可贴）、花絮贴等的新玩法，载入下集预告（像优酷的下集预告浮层）、前情提要、弹屏等新切口。

　　第三，选用离剧情最近的元素，来卖产品或服务。伊利优酸乳沿用了《春风十里，不如你》军训的大背景，伊利优酸乳邀请剧中女主角肖红的扮演者周冬雨出演创意中插广告，搭上红姐天不怕地不怕的性格特点，通过"与男同学PK正步""宿舍夜聊""小卖部争抢"的故事情节，充分解读"酸酸甜甜"的感觉，各种美妙自在其中。在《秦时丽人明月心》第六集的创意中插广告中，嬴政的心腹李仲和手足成蛟在赶路途中盘缠尽无，弹尽粮绝之际，成蛟打开陌陌直播，让李仲表演了一套皇家才能看到的龙虎拳，结果附近的人看到直播，给饥寒交迫中的他们送来了馒头，由此不仅点出了直播社交对年轻人交友的重要性，更直接传达了年轻人都爱在陌陌上"玩"的品牌感染力。而不断积极布局年轻化营销的陌陌，主打青春和时尚的主题，制作了一组"视频社交，就在陌陌"的广告，通过当下受年轻人喜欢的网红明星出镜以及炫目花哨的视觉效果吸睛无数。小猪短租在该剧第十一集的植入，是其所有单个创意中插广告中播放量最高的，接近千万。小猪短租在《楚乔传》中有四段创意中插，第四十三集中的中插广告，是《楚乔传》中最不出戏的原生态了。仲羽帮楚乔找住所，月黑风高之夜与侠客文绉绉的对话就直接把观众带入了古装武侠情境。"来者何人？""燕北仲羽。""所谓何事？""出差至此，愿询雅居一处，听闻阁下是咸阳万事通，特来请教。""愿闻其详。"以为还在剧中之时却话锋一转，"窗外景美、室内舒适、适合隐蔽训练……最重要的是盘缠没带够"，随后带入小猪短租App，直指"花钱少、档次高"。而这并不是小猪短租第一次以这种形式出现，2016年底播出的《鬼吹灯之精绝古城》中，小猪短租与其联手打造浸入式主题民宿，2017年6月更是以戏中戏的形式植入腾讯S级独播剧《逆袭之星途璀璨》，足见原生态戏中戏的广告模式为品牌带来的好处。

广告项目：味全广告

味全针对其两款产品"放肆点"优酪乳和"简单点"优酪乳进行营销宣传，分别从产品名称和产品功效入手，以趣味性和脑洞大开著称。"放肆点"优酪乳片中各种夸张搞怪的动作，非常吸引观众眼球。而"简单点"优酪乳片中最后的剧情反转，甜蜜温馨，秀恩爱的画面给用户撒出一大把狗粮，堪称情侣必备优酪乳。味全中插广告中，人物通过直接施法，让场景从古代变成现代，非常震撼。这一"被封印"的"穿越"大招虽然已经不能在电视剧中直接使用，却仍然可以在创意中插里展现出非常好的效果。味全"放肆点玲珑杯"获得《醉玲珑》形象授权，杯盖上有经典台词，以及盖膜上融合年轻人生活中的十七种不同玲珑术，如被小朋友喊哥哥术、理发师剪出想象中发型术等。这些与剧集紧密结合的元素，都增强了产品与电视剧、明星与粉丝之间的黏性。在此基础上，其联合剧中演员开展直播秀，并在2017年9月开展了大型线下粉丝互动活动，最终达到销售同比增长约20%的营销效果。

广告项目：自然堂广告

它的广告利用《楚乔传》中提到的"素颜霜"，主打"给我一分钟，华丽变身"，通过两个剧情（美女选秀和约见意中人）的植入，突出自然堂这款产品对肌肤的改善，是青山院美女的"神器"。

广告项目：爱钱进广告

在《老九门》中，正剧演到一半，突然画风一转，陈皮阿四从墙角后钻出来，陆建勋拦住问道："陈皮，吗呢？"陈皮："我把钱投给那个富商，让他帮我做理财，但是我不太放心，所以我跟踪他，想看他拿我钱做什么。"镜头一转，陆建勋从兜里掏出手机说："要不然你试试这个爱钱进理财。"陈皮阿四还特别录制了一段视频说："我的，我的，我的，我的，我的钱在哪？我的钱，我的钱，我的钱在哪？"这种广告的特点是让顾客觉得非常有趣。《老九门》《鬼吹灯之精绝古城》《楚乔传》《外科风云》《春风十里，不如你》《白夜追凶》《将军在上》等纷纷采用了这种形式。另外，P2P理财等多为这类广告的忠实拥护者。《老九门》中，就有十二条不同创意的爱钱进广告。这类广告的穿插，容易让观众轻松接受。

在《楚乔传》中，向上金服的中插广告与剧情内容也毫无违和感。现在腾讯视频独家包装的创意中插广告，仅有十秒的蛋黄广告。非常受大众的欢迎，探探、派派、必胜客、宾果消消乐，多种品牌青睐此类广告。在《鬼吹灯之精绝古城》十三集中，王胖子与楚健在沙漠中苦苦挣扎，心心念念要吃一顿美味的早餐时，一根"阿拉灯神钉"实现了他们的愿望，带他们吃了必胜客，让他们燃起对生活的希望。有些中插广告非常含蓄，直接融合在剧情之中。像《萌妃驾到》里面皇帝吃了多味鸡，奖励萌妃去淘宝，然后萌妃获得无数珍宝，意在鼓励网购。并且描述了热门多元化需求的价值观。

（2）中插广告加定制化服务

腾讯视频早就利用大平台优势，对企鹅影视所拥有的优质 IP 进行深度挖掘。为广告主提供品牌营销定制化服务。不论是蛋黄广告还是如意贴，形式上自由灵活、元素多样，实现品牌系列化定制。如《鬼吹灯之精绝古城》脑洞时间，设定特殊场景，使品牌和剧情融合，每一位金主都有自己的专属空间，有些品牌得到"中插连续剧"特殊定制。第四集中介绍派派可以"偷红包"，第六集中介绍派派可以联系微信好友"抓好友做'奴隶'"。一集一个新的卖点，培养系列品牌意识。

（3）中插广告的合理运用

中插广告绝非越多越好，要掌握使用的度。一集一个中插，一部四十集的电视剧有四五个品牌中插是比较合理的。太多了会让消费者接受不了，也记不住，甚至增加厌恶感。太少了，有点资源浪费，不能让资金合理配置。

（二）影视广告融合虚、实两种表现状态

既有虚的，完全靠创意者幻想，整个广告充满玄幻色彩；也有与生活非常贴切的广告。传播的内容很多是现实生活的延伸。这体现了广告具有真实感。还有两者的结合，虚实相生，使广告内容非常丰富，避免画面效果单一带来的乏味感。

（三）带有强制性

很多在手机上收看网络剧的人，在观影之前不得不收看几十秒的广告，一般不能跳过。不管你喜欢不喜欢，广告是一直持续不断播放的。有的人观影心切，连着看一下广告可能性非常大。这种广告的广告效果相对传统广告来讲就增加了不少。但是会员有特权免去广告，这也在一定程度上促进了会员制的运作。

三　影视广告的劣势

（一）时间短，观众不易进入状态

影视广告时间比较短，15 秒、30 秒，有时候观众还没有进入状态，就结束了，总会有种意犹未尽的感觉。而且内容凝缩，表现故事不会太具体，产品信息匆匆出现，让顾客留有遗憾。要是画面再不够出彩，观众直接就换台了。还有的时候观众稍不留意，一眨眼工夫，就错过了精彩内容。

（二）受收视环境的影响大，不易把握传播效果

电视机需要一个适当的收视环境，离开了这个环境，也就从根本上阻断了电视媒介的传播，在这个环境内，观众的多少、距离电视机屏幕的远近、观众的角度以及电视音量的大小、器材质量以及信号的强弱，都会影响到受众的收视效果。手机广告就更是依赖于信号，不管是在地下车库还是在楼道中，都会影响播出的效果。

（三）制作费用高

影视广告本身的制作费用就比较高。如果需要明星，明星的等级不同，费用差别很大。如果需要特技，周期会比较长，播出的费用也会比较贵。还要受制于电台，各个播出的时间段不同，价位差别也很大。有些广告做得过于性感，会被要求剪辑掉部分内容。

第六节　文化对影视广告创意的影响

人类学的鼻祖泰勒是现代第一个界定文化的学者，他认为：文化是复杂的整体，它包括知识、信仰、艺术、道德、法律、风俗以及其他作为社会一分子所习得的任何才能与习惯，是人类为使自己适应其环境和改善其生活方式的努力。[1]

---

[1]　李桦、董兵锋、王福甜、谭晓爽、彭恩：《新农村文化建设现状探析——以恩施市芭蕉侗族乡为例》，《科技创新导报》2015 年第 10 期。

一 文化认同

文化认同是广告沟通的桥梁，广告创意才能被赋予生命的翅膀。人类学家格尔兹在《文化的解释》中说："尽管世界和各时代的习俗有多样性，但到处可以找到几乎同形的普适性因素和一致性因素。"① 麦当劳在全球有几万家分店，人们普遍认可它是快餐店的代表。它的快捷、便利广为人知，并被大人、孩童喜爱。即使是国别、民族、传统习惯和宗教信仰不同，但在价值观上的某些方面总有共同点和相似点。而很多跨国企业，也是通过标志让人们对它建构相同的认识。比如三菱标志，三个圆圈代表天时、地利、人和，让各地人们对企业加深认识，增强好感。还有一些主题，比如"博爱""环保""和平""运动"，总能找到跨国界、跨民族的认可度。比如佐丹奴影视广告，在美国西部一个偏僻小镇，一女子穿中国的衣服，用二胡演奏音乐，吸引了不少美国人。在他们愉悦的倾听过程中，广告语"佐丹奴，没有陌生人的世界"出现。广告通过音乐进行沟通，无论在何地，人们都能找到朋友，不会感到孤单。

每当节日来临的时候，人们在电视节目中经常看到中国传统元素，像福娃、灯笼、喜字、中国结等具有传统吉祥含义的东西。每逢中秋节，人们就联想到兔子、嫦娥、月亮。可口可乐贺岁片中的风车、舞龙都是中国传统节日的元素，接着又推出广告片《泥娃娃阿福贺年》。在浓重的祥和气氛下，一家人喜气洋洋过年。泥娃娃带有浓浓的乡土气息，而且能突出场景热闹非凡。像孔府家酒，让人想家，很多漂泊在国外的异乡人士，闻到那浓浓的酒香味，感到淳朴又亲切。黑芝麻糊广告，以小时候开头，让人产生无限的联想与回忆，"一股浓香，一缕温暖"，给人非常暖心的感受。海尔广告语"海尔，中国造"铿锵有力。中华牙膏"四十年风雨历程，中华永在我心中"充分反映了中国人民的民族精神、爱国精神，体现了中华儿女的民族认同感和民族自豪感。"非常可乐——中国人自己的可乐"，折射出中国人民不屈不挠的民族精神。

（一）广告就是把产品的价值观、文化内涵传递给更多的人

1. 广告项目：手工皂广告

手工皂不只具有功用性，更重要的是，它的美观、香气宜人，也让人

---

① 贺建平：《广告文化的认同》，《西南政法大学学报》2002年第1期。

印象深刻。有一则手工皂广告画外音是这样的："如风，悄然而至，唤万物苏醒。似雨，散入四时。沐天地调和，三年采一葵，一葵生一皂。制皂，是一种修行。细心研磨，匠心独运。纯手工，六十五天自然造化。圆润剔透，终得一皂。洁净肌肤，去污归淳。润肤胜雪，焕颜如脂。川葵手工皂，造就健康生活。"使用这种皂给人的是一种生活体验，是一种脱俗的境界。整个画面清新自然，画风迷人。

2. 广告项目：宝宝金水广告

这则广告用了一首儿歌："妈妈，我要洗澡澡，宝宝金水少不了，滴一滴呀，泡一泡，没有痱子，没虫咬。妈妈，妈妈，你真好！妈妈，我要睡觉觉，宝宝金水少不了，没蚊子啊，没包包。妈妈，妈妈，你真好！"话语真切，诉求明确，号召力强。

3. 广告项目：绝对伏特加广告

最初为该品牌创建知晓度和流行度的方法是运用产品的瑞典 400 年传统文化这一特色。这种广告与美国其他酒的广告十分相像。后来创意总监认为，广告创意太传统、太可预见了，而且没有什么可以证明该产品是一个强势品牌。为什么不考虑用名字和瓶形的独特来表现质量和时尚呢？TBWA 的广告制作小组决定避开"瑞典"（Sweden），而力攻"Absolute"（绝对）这个具有双重意思的词。瑞典文"绝对"是品牌名称，英文"绝对"是绝对的、十足的、全然的意思。除了对瓶形进行设计以外，平面广告的设计也颇具特色。伏特加在不同地域的广告不尽相同，采用的是地域营销的方式。在中国，选用京剧脸谱做广告，不仅仅是形式上的体现，设计师要用这种形式达到获得中国人认可的目的，就如同京剧艺术深受人们的喜爱一样。这种做足文化味的广告总是让人印象深刻。因为它反映中国人的本质。

（二）影视广告中表现出民族意境美

这种意境应该包括"情境"和"物境"。"情境"重点反映的是人生的经历。"物境"主要是指广告发生的环境。重庆奥妮的"100 年润发"影视广告通过带有京韵京腔的背景音乐，讲述了一个百年好合的爱情故事：男女主人公的相识、相恋、分别和结合，都借助周润发丰富的面部表情——爱慕状、微笑状、焦灼状、欣喜状表现了出来。而白头偕老的情愫则在角色转换中表现得淋漓尽致：周润发演绎的男主人公一往情深地给

"发妻"洗头。这种通过几个画面所构成的意境，在表达了人们白头偕老的情愫的同时，让人们记住了"100年润发"。

二 文化的差异性

文化的差异是指存在于不同人的思想行为习惯里的不同。广告的目的就是让不同地域、不同文化背景的人对同一事物都有好感，似乎听起来有些异想天开，但是广告总是在保持一定文化差异性的同时，适应不同人的需求。

（一）西方广告文化

广告创意都是与文化紧密结合的。这使得中西方文化做出的广告具有显著的差异。比如西方人向来崇尚自由、个性，性格开朗活泼、热情奔放，所以他们的广告往往幽默、风趣，给人带来轻松随和的感觉，让人耳目一新。比如耐克的广告语"Just Do It!"，非常洒脱。

1. 广告项目：可口可乐广告

广告语是"Always Coca-Cola"。其广告非常滑稽，不走寻常路。它可以使我们联想到年轻、活力，充满动感。它经常运用一些巧妙的构思。比如说一男子在看书的时候困了，给自己定时十一点半起。他旁边放着一瓶没有开封的可口可乐。谁知书中的小人国人物在可乐的诱惑下都爬了出来，他们是一个国王的两派臣民，哪派拥有可乐，哪派就可以当政。于是两派厮杀起来，有一派甚至动用了热气球，飞到可乐瓶口上，把可乐瓶给启开了。正在这派兴奋之时，男主人公醒了，喝着可乐走了，故事结束。可见可乐的魅力之大，将虚幻世界的人物都吸引了。

可口可乐曾经为零度可乐打了一则广告，广告以一位老年人为主角，他发现自己错过了好多重要的事。这位曾经对着疗养院画像愁眉苦脸的爷爷，决定开始放飞自我。文身、高水跳台、参加游行，向多年暗恋的 Alice 表白，当然他也是第一次尝试喝零度可乐……当他赤裸上身，头戴头盔，忘情地喝着零度可乐时，他满心欢喜，放纵地追求自由与解放。人生变得充满希望，他重新规划自己的未来。

还有一则广告更令我们震撼。过去我们对北极熊的印象都是笨重，懒。但是没想到广告的主角北极熊为了一瓶可口可乐，与其他的北极熊进行较量，甚至大打出手，摔跟头。当它把所有对手都摔倒以后，它一脸得意，作为一名获胜者享受着可乐的美味。

从这三则广告中我们感受到趣味，自由，疯狂，挑战精神。

（二）中国广告文化

中国的广告文化是一种内敛型文化，重国、重家、重情，关注的对象往往是群体、团队。做饮料广告常是一群人争着唱着喝饮料，做食品广告常是一家人围坐在一起边吃边感叹，做洗衣粉广告则是洗衣服的人排成长队……这与中国传统文化中讲求集体的力量、关注集体的利益有关，也与部分人的从众心理有关。

有的广告中融入古典美学的观物取象价值观，渲染一种脱俗的意境，突出审美客体不应该是孤立的、有限的"象"，而应该突破孤立的、有限的"象"，由有限进到无限，而这就是取"境"。

1. 广告项目：一清堂化妆品广告

该广告选取了中国传统文化的水墨画作为背景，选取大雁南飞、烟雾缭绕、高山、白云等作为设计元素，把周杰伦的《青花瓷》作为背景音乐。广告的内容也恰如其分反映了古人的美学观，追求无穷的"道"，体现出宇宙的本体和生命力。"出世之心，入世之身……一心清净，曰一清堂。""修合无人见，存心有天知。"广告分别介绍了贡菊、灵芝、人参的各种功效，突出古典美学中的审美意象。

2. 广告项目：十八酒坊的广告

它主要包括福兴隆、德源涌、天成、恒德成、德昌、记兴、兴源祥、福聚兴、恒聚成、义庆隆、广聚、天丰等十八家商铺。有人提出将十八家酿酒的方法合到一起，酒会更加香醇。因此，十八酒坊就借酒的品质做文章。天有容，泽万物；地有容，育众生；人有容，掌乾坤；酒有容，集大成。最后突出广告语"十八酒坊，容者大成"。广告不只是在讲酒文化，更重要的是提及如何做人。

三 亚文化

如果说文化因素对消费者行为有着广泛深远的影响，那么亚文化对于消费者行为的影响更为明显。亚文化为广告定位的实现提供了更多的渠道，也增加了其实现的难度。广告的诉求如果能够契合其目标受众的文化特质，引起目标群体的共鸣，则能够更好地传递产品信息。反之，如果不了解其目标受众的亚文化特质，不了解某个亚文化群特有的符号系统，则很难得到目标受众的认可。比如某地区对某一快时尚品牌比较偏好，像优衣库、ZARA、H&M。它们的服饰偏时尚，偏实用，受当时流行文化元素影响，人们穿着舒适轻便。但是衣物的质量不高，没有多么上乘的面料和多么精美的做工。它们是典型的热销快时尚品牌。

（一）宗教亚文化群

在少数民族聚居的地区，有很多节日是与宗教信仰有关的，这些宗教信仰一旦被后人继承下来，就会逐渐形成一种模式，影响人们的观念，甚至是人们的消费。有人把宗教称为"人类精神的极限，罪恶得以休止的力量"①。比如说人们信奉某物能保常平久安、逢凶化吉等。柬埔寨一些人贫血严重，如果广告用常规的手法，光说某种产品的优点就不适用。让民众往铁锅内放铁块，受众不认可，就不会使用。而广告改造后，融合了宗教的图腾文化，就比较容易被当地人接受。铁块打造成"幸运小铁鱼"，代表吉祥如意，家家都供奉起来。

（二）地区亚文化群

不同地区的自然条件和气候以及传统的消费文化，都会影响人们的性格、审美观、生活方式和消费习惯。比如非洲有些国家一夫多妻，家中人员众多，生活水平不高，卫生医疗条件都维持在一个较低的水平。个别地区受到种族歧视，为了小孩心理健康，这些家庭通过父母对孩子的谈话，帮助孩子树立自信心。

（三）性别亚文化群

男女性别不同，也形成了相应的男性亚文化群和女性亚文化群。两大亚文化群的消费者在消费兴趣、审美标准、购买方式、购买习惯等方面都有很大的不同。

所以，文化是决定创意内涵、创意形式的重要方面。

四　文化使用不当带来的不良影响

品牌要尊重原来人们心目中的信仰，不能因为创意而轻易挑衅人们心

---

① 连东：《试论宗教存在的原因和信仰宗教的原因》，《山西高等学校社会科学学报》2005年第12期。

目中的形象。

一群清朝官员拖着又笨又重的电视走过，这时从他们身边走过一群妙龄美女轻盈地夹着又薄又轻的电视。广告本来突出的是电视的高品质，结果在栏目播出以后，红砖高墙，满清官服，让人联想到不好的事情，没多久广告就停播。

在福建综合频道的某牙膏广告中，两个穿着暴露的小孩学着一些成年人搔首弄姿，儿童天真、单纯的可爱形象荡然无存。之所以如此开心，是因为他们全家都使用某品牌的牙膏。儿童本有儿童自己的童装，可是广告中的儿童学着如今的一些成年人越穿越暴露。在实际生活中，性感一词也经常能从儿童的口中说出。儿童缺乏对信息的完全认知和判断能力，因此儿童在接收广告信息时不能完全对广告信息进行好与坏、是与非、对与错的判断，这样影视广告中所表达的某些世界观就会对儿童产生消极的影响。所以广告的创意，是需要肩负一定社会责任的。

第七节　数字化时代的创意广告特点

一　广告已经从单一的诉求转向人性化诉求

当今社会注重广告业的发展，这种低销售、高智能的创意产业，越来越注意人与人之间的和谐、人与自然的和谐。它要为人们树立正确的社会价值观，化解人与社会之间的矛盾，培养人良好的道德意识。影视广告业，充斥在社会生活的各个领域，犹如一张无形的网将先进气息带到社会生活的每个角落。其强烈的感染力、促进力和约束力，润物细无声地影响着大众。因此，把握影视广告业发展方向，对社会道德评价准则的形成、基本道德规范的养成、以和为贵人际关系的促成，有着不可低估的引领和促进作用。还有利于人内心矛盾的排解与释放。为排解高强度工作、繁杂社会给现代人的心理、生理造成的压力，人们往往愿意花更多的时间和精力去享受娱乐大餐，以期通过沟通和交流实现自身的和谐。人文关怀是影视产业的重要特点和要求，事实上文化市场早已成为满足人们日益增长的文化需求的主渠道。发展文化产业，有助于提供样式更多、内容更为丰富的文化产品和服务，能够更好地满足人民群众日益增长的美好生活需要。大力发展影视产业体现了以人为本的理念，维护了广大人民群众基本文化权益，是实现社会公平与正义的具体体现。

二 为构建和谐社会提供精神动力

影视产业的发展，有益于启迪心智、陶冶情感、砥砺意志、激励理想，这种力量的凝结就是构建和谐社会的原始动力。广告作为一种成果，融于整个经济、政治、社会建设的脉络之中，在实现经济更加发展、民主更加健全、科技更加进步、文化更加繁荣、社会更加和谐、人民生活更加殷实的目标中，起着积极推动作用。只有动心动情、尊重每一个人、减少矛盾、达到和谐，提升个人对社会、对群体的认同感和热爱度，才能调动方方面面参与社会主义事业建设的积极性和主动性。充满活力，既是和谐社会一个基本特征，也是构建和谐社会的必然要求。构建社会主义和谐社会是一项前无古人的创造性事业，只有大力弘扬与时俱进的时代精神，让尊重劳动、尊重知识、尊重人才、尊重创造成为全社会的共同理念，才能使人民群众始终保持昂扬向上的精神状态，才能使经济社会发展的创造活力竞相迸发。广告业为构建和谐社会提供了直接的智力支持。随着科学技术迅猛发展，人的科学文化素质直接影响劳动生产率。构建和谐社会要求加大文化育人力度。事实上，我们所受教育、与人交往、信息交流，甚至衣食住行无时无刻不受文化的熏陶；我们的专业技能、生产能力、社交能力、思维能力、创新能力，都与文化息息相关。文化育人即是智力支持。这种支持不但有助于公民获得知识、更新知识、应用知识，更为社会的长远发展奠定必要的教育、科技和人力资源基础，使社会具有更大的进步动力和可持续发展能力。

三 推崇创新，强调个人创造力

创造力本身就是一个卖点。而广告将这种创造力表现到极致。影视广告内容，小到标志，都是设计师精心酝酿的结果。

四 影视制作的新方法为创意广告提供更便捷的服务，也更加扩展了创意的空间

通过新技术，我们已经脱离了完全依靠摄像机拍摄的时代，运用3D技术我们可以制作动画形象，可以模拟真实的动物皮毛，可以打造群体动

画，我们只需建立一个模型，就可以克隆出很多动植物。我们还可以打造想象中的场景；可以见到我们以前无法去过的地方，比如未来世界；可以体验不一样的视角，比如水怪出现。通过模拟爆炸场景，我们可以节省拍摄资源，不用破坏场景，节约了大量的物力、财力。而且可以使用虚拟现实技术，对想象的空间进行建构。过去很难到达的领域，比如海底、太空，新的科学技术完全能到达。以数字化为基础的影视广告制作，可以实现无限层的合成，同时可以使图像的质量损失降低，产生令人满意的蒙太奇效果。听觉语言从乐器音乐和自然音乐到数字化合成音乐，内容从现实生活到多元化数字生活，都是数字时代影视广告后期创作多元化发展的特征。

五　多种国际语言的影视广告

中国影视广告正积极地迈入国际市场，融入多国语言，与国际受众一起享受美好生活，艺术无国界，与国际影视广告共同成长是我们追求的最终目标。

六　要求创意人才高端化，创意手法多元化

数字化时代要求创意人员为高素质人才，能使用高科技的表现手法，向大众传达信息。现代创意更是融合了多门学科，是一门综合性艺术。随着技术的进步，更多奇特的作品将展现在人们的面前。

第八节　数字技术对影视广告的影响

一　数字技术带来影视广告革命

这就如同生产工具推动着生产力的发展一样，新媒体的出现，新技术的运用，让广告产生了巨大变化。数字技术不单单是对前期拍摄的不理想的镜头加以修补，生成一些趣味的画面，也不是有些创作者认为的为追求时髦，在画面中故意添加一些数字技术特效镜头。形式化的数字技术，改变了广告整体风格和结构，本末倒置，这是不可取的。技术不仅是后期处理的工具，而且是贯穿广告生产每一道工序的重要手段，甚至是在编写和策划时都不能忘记的因素。

二 使用软件，就把广告需要表达的东西，扩大到一个非常广泛的层面

多范围、多角度地表达创意思路，可以使涉猎的范围达到一个以前无法想象的程度。过去是只能想不能做，现在是既可以想，也可以在想象的空间中做出虚拟现实的实物来。特技让人们了解广告更为简单，数字技术为我们创造虚拟现实，现在很多广告中应用二维或者三维动画。随着二维、三维技术的成熟，越来越多的物品可以被模拟制作，并且应用在广告中，节约成本。材质软件，可以模拟发射器、潜水艇、太空舱，可以模拟锈迹斑斑的物品，也可以模拟光怪陆离的灯光，还可以模拟机器的损耗，如刀子的破损程度，连不起眼的划痕都描绘得惟妙惟肖。有时候打斗器械的刀光剑影，模拟起来也是轻而易举。甚至动物的皮毛的质感、柔软度都很逼真，难分真假。模拟出来的车，与照片拍出的车，肉眼很难找出区别。还有的打造有特色的人物形象，比如人物的服装造型等。这些都是通过技术制作出来的。在《熊出没》中，熊大、熊二非常憨直可爱。还有很多卡通人物，比如大白，塑造起来就相对容易一些。甚至在动作上，运用动作捕捉仪，制造一些常规动作以外的动作。像《功夫熊猫》等动画片，想象合情合理，动作惟妙惟肖。在广告片中运用动漫形象的还有 M&M's 巧克力豆《爱上美女篇》。通过小人真实夸张的表现，巧克力豆"只溶你口，不溶你手"的特点被成功演绎出来。在《真心话大冒险》中，比如豆的内部结构，用三维的形式很容易就展现出来，由巧克力与花生构成，直接明了。在《优彼大战黑熊怪》中，虚拟的动物形象非常逼真、简单。而且连手机也是虚拟的三维形象。轻轻一句广告语"赢六一礼物，来宝贝家"更是让人感觉很贴切，直白简单的广告形象达到很好的广告效果。

另外，三维技术可以模拟风雨、雷电、光效、地震、黑洞，效果逼真，让人与过去幻想中的事物零距离接触。如果需要对形象进行变形，比如对形象加以夸张，膨胀或者缩小，甚至扭曲，实景拍摄难之又难的问题，三维特效都可以轻松解决。还可以表现一些抽象的东西，巧克力生成的海，一种个人的情感，人物丰富的内心世界，等等。

三 数字技术应用，更需要影视广告演员高超的演技

很多时候演员表演，全在蓝屏前面，主要是为了抠像和替换背景。什

么动作，什么神态，都要跟假想的对象表演。比起真人对真人的表演，难度上了一个档次。假想的标准不一样，演员跟导演想的可能完全不是同一个事物。稍微一个动作的偏差，可能导致后期技术处理非常困难。演员要想到后期的二维、三维的人物，也可能是二维、三维的动物放置在什么地方，所以好的处理方式是多拍几个镜头，后期合成的时候好用。关键的是后期特效技术要求很高。人物需要适应虚拟的对象。

四　数字技术的引用可以大大节约成本

过去请演员的费用可以用来做三维动画，既逼真，又省力。而且有很多高难度的动作，比如从豹子嘴里拿可乐，都是合成的画面。

五　数字技术帮影视广告实现了多元的表现方式

各种表现形式开拓了大家表现的层次。很多新的表现技艺带给了人们丰富的视觉效果。在数字化来临的时代，更多的传统产品需要表现中国特色，而中国很多传统的东西被搬上了荧屏。

水墨画就是一种新颖的形式，水墨画是中国传统的一种技艺方式，最大的特点是情景交融、虚实相生。水墨画这种新的艺术形态，本身就更具有灵动性和深刻寓意。而这种用水墨做出的画，通常能拉近与人之间的距离。勾、皴、点、染等手法，能产生别具一格的艺术风味。水墨动画更注重的是"以形写神""以墨为彩""虚实相生"等。央视动画《相信品牌的力量》，交通银行广告片《丝绸之路篇》，怀旧的气氛，复古的音乐，配合那淡淡的水墨，非常和谐。另外，水墨动画在切场的时候，非常自然。而且用动画表现，粗细浓淡总相宜，既洒脱又生态。

六　数字技术应用，增强受众的自主性和互动性

（一）互动电视广告

客户建立了数据库，所以观众的定位更精准一些。他们不仅可以自己点播电视节目，使电视真正成为自己的家庭影院，还可以在天花板上看，在墙上看，用户的自主性非常高。而且墙上投影也突破了清晰度不够高的关卡，不受媒介体的限制。还有专为孕妇设计的产品，体现了为人服务的人本思想。另外，一个很核心的作用是加强互动性。观众可以通过视

频在线同节目主持人相互交流，直接参与到晚会和谈话节目中去。还可以发表即时评论，投到大屏幕中去。很多人还可以形成讨论群。电视节目还可以链接到电脑上，形成频道转接，人们可以更好地参与互动。很多现场活动，让现场观众拿起手机，参与互动，谁摇得最快，谁就可以迅速"上墙"，参与节目的互动颁奖。这种活动可以在瞬间聚集人气。人们的激情、兴趣全都融合其中，此时人们的关注度和记忆度是最高的。

（二）视频点播（Video on Demand，VOD）功能

电视观众可以点播自己需要的影视节目，服务中心则将节目传送到用户的电视接收器或者机顶盒，供用户观看。VOD的高级形式，不仅可以提供视频信息服务还可以提供文字、数据、声音、图像等多媒体综合信息服务，形成一种全交互式电视系统，在数字技术的基础上，将计算机技术、电视技术、电信技术三种技术融合起来，真正实现电脑、电视、电话的"三电合一"。如果再加上家庭影院的电影，那就成为"四电合一"。

（三）增强现实（Augmented Reality，AR）技术

它是一种实时地计算摄像机影像的位置及角度并加上相应图像的技术，这种技术的目标是在屏幕上把虚拟世界套在现实世界里，并进行互动。厦门科技馆就大量运用了增强现实的技术，其中有一个项目叫作"与狼共舞"。站在屏幕前的人会被迅速捕捉到屏幕内，化身为一匹狼，脸部还保留人的基本特征。随后，与其他屏幕上的狼一起跳舞。还有的项目将人像捕捉到屏幕上后，替换人像后面的背景，比如替换成世界各地的著名景观，这样仿佛人游览了很多地方，还可以拍照留影。很多博物馆的动物展厅都在应用相同的技术，当人走到镜头前时，人的头像就会被自动捕捉，拍成照片。然后镶嵌在其他动物头的位置，可以跟其他动物一起合照，产生一种滑稽幽默的效果。

在一则阿迪达斯增强现实广告中，"一个男孩坐在屏幕前，用购买回来的阿迪达斯运动鞋激活屏幕里的虚拟建筑，仿佛在鞋子上生长出许多的建筑和文字，在不断变换角度和与屏幕的距离时，电脑中出现的景象也随之发生变化"[1]。利用虚拟现实技术，人们可以在虚拟的空间中穿上自己喜欢的鞋子和衣服，并且可以将衣服自由脱换，便利与速度同时实现。很多

---

[1]　魏东、白雪竹：《数字技术影响下的广告创意新趋势》，《现代传播》2011年第12期。

游戏，人们在虚拟的空间找到自己的定位，幻想成虚拟的那个人，进行驾车比赛、飞行模拟比赛甚至模拟射击等系列活动。

目前，虚拟现实在医疗、教育、广告中广为应用，最大的好处之一就是可以模拟现实的情景。该项技术涉及很多未开发领域，比如说月球的实际样子；还有现实中费劲不好操作的领域，比如说心脏手术，在模拟的虚拟现实中医生可以准确地找到血管的位置。在教育中，人们看三维图能更清楚地认识事物的本质，比如说化学实验过程。因为化学品有一定危险性，这样的操作安全性高。

在教育书中，一个一类出版社推出了上百种VR书。VR在视觉上真正实现了虚拟事物与现实世界的融合。人们可以在手机装上App后，进入虚拟的空间。比如说超级飞侠，人们可以来到虚拟的岛上，来到岛的任何位置，并且在重要的位置上会有字母提示地点。受众对这种新兴方式表示非常喜欢。

（四）数字化以后，广告越来越重视情感化的表达

广告越来越受看，越来越专业化，空间划分越来越细。在数字特效的广告中，场景、声音、音乐、灯效，都影响着受众，让受众觉得很新鲜。数字化给人们带来更为广阔的视角。

2012年底，聚美优品发布2012年新版广告，广告由其CEO陈欧主演。这则广告中闪现了考试录取、职场奋斗、恋爱表白等场景，穿插"你只闻到我的香水，却没看到我的汗水。你有你的规则，我有我的选择"的广告语，将一个女生的艰苦奋斗史通过几个简短的镜头表现得很清晰。并且展现了女性的坚强与自信。"你否定我的现在，我决定我的未来。你嘲笑我一无所有，不配去爱。我可怜你总是等待。你可以轻视我们的年轻，我们会证明这是谁的时代。梦想是注定孤独的旅行，路上少不了质疑和嘲笑。但那又怎样，哪怕遍体鳞伤，活得漂亮，我是陈欧，我为自己代言。"看完广告，信心满满。广告以梦之名来讲述奋斗故事，既道出了当前年轻人所遇到的困难，也展现了年轻人的梦想与憧憬，互动性强，引起很多年轻上班族和大学生的共鸣。整个广告很真实，贴近社会，贴近现实。

当今社会，人们关注的不仅是物质，更多的是情感。心灵上的快乐是很多物质所无法满足的。

第二章　影视广告画面元素创意研究

第一节　以人为视觉元素中心的创意

影像的构成元素包括人、景、物、光、色。广告中的主要人物形象，也在片中占据了重要的地位。主要人物的表现，影响受众的视觉与听觉，给受众留下深刻印象。而次要人物的出场，也能起到不同程度的衬托作用。但使用配角人物一定要注意，不能跟主角平分秋色，不仅在时间上、服饰上要有所区分，而且在出场的次序、安排的动作上也不能抢戏份，以免造成喧宾夺主的局面。

一　画面中的人物外形，为画面烘托气氛

（一）通过着装来表现，扮演的角色要符合身份

要表现职场女性，女性肯定是正装出场，穿戴考究，能够显示她的职业身份，像医生、空姐、律师、售货员、公务员、法官等。又如表现捣蛋的小孩，要借助各种道具把小孩的顽皮衬托出来。另外，人物最好被赋予无可替代的个性特征，充满生命力。

1. 广告项目：大众帕萨特广告片 *The Force*

广告中，小男孩身着演出服。此演出服属于一种战士夜战服，同时披了一件袍子，具有超强模仿性，扮演的是帕萨特部队战士，表现勇者无畏、敢于拼搏的精神。在小男孩屡屡向他的各种玩宠、熟悉物品发号施令都失败后，他没有气馁。终于在向汽车施魔法的时候，车子成功发动。在服装的衬托下，小男孩神气十足，展现出一种敢打敢拼的精神状态。

2. 广告项目：某洗衣机广告

它的主角是一位盲人，穿着白色服装，体态庞大，面带慈善，走路必须依靠导盲犬的带领，要不就会跌跌撞撞，在生活自理方面遇到不少困难，需要寻求他人帮助。白衣服容易脏。尤其是狗在他身上一顿狂蹭以后，脏得不堪入目。一台洗衣机对于盲人来讲，显得尤为重要。该广告选择一个典型人物的典型服装，视觉效果明显。

3. 广告项目：Old Spice 男士香氛广告

出场的是一个机器人去跟美女泡温泉，众位美女打扮得比较性感、娇媚，用来表明机器人喷上香氛后魅力强大。

4. 广告项目：卫生巾广告

卫生巾广告中小女孩穿着一件粉色上衣，显得非常稚嫩，为她第一次来月经做铺垫。而当她的外公穿着一身红色紧身演出服，从蛋糕里爬出来给她过生日时，小女孩连声大叫。这描述了女性第一次来月经的状态，足以吸引观众注意力。

（二）通过独特的外形装饰，烘托人物的气质

根据广告片需要，可以将人物的所有扮相归于一种风格。

广告项目：悠泡水饮料广告

广告片里面的女性大多扎两条麻花辫，从小女孩到女朋友，再到女朋友的外婆，让人看起来特别舒服。甚至外公仔细考查女子男朋友能力时，也扎了两条辫子，为了表明是同一类人，显得和蔼可亲，增加好感度，让观众感到很意外。

另外，人物形象塑造也不一定是实拍，可以借助一些视觉特效来打造。比如人物的头发完全是运用虚拟现实技术制作出来的，人物一边唱歌一边甩动头发。甩动都是动态的、无规律可循的，空间感非常强，给人一种外星生物的感觉。而观众只有带上 VR 眼镜才能体验这种奇妙。

（三）通过神态，反映人物的特征

神态能反映一个人的内心，反映一个人的特征。

1. 广告项目：药品广告

塑造一个病人，要把病人的精神萎靡状态刻画出来。病人连鞋带都没有系，就出现在公共场所。一个比较邋遢、个子不高的中年男子形象被刻画出来。他说不出话来，正是鼻塞的表现。同系列广告，一个鼻塞严重的幼儿园小女孩，一脸迫切，焦急地等待老师发剪刀，张着大口却失声了。小女孩的恳切、盼望、想说却说不出口的神态被刻画得惟妙惟肖。也为后面治鼻塞药的出现，做了很好的铺垫。

2. 广告项目：iPhone X 手机广告

广告凸显人脸识别系统，女主表情构成画面中心。女主因为拥有一部iPhone X 手机，就具有了特异功能。女主只要靠近任何有锁的东西，眨眨眼睛，锁就会自动解开。她表现出一脸惊讶，继续试验。她甩动着头发，迈着随意的步伐，两边存储柜全都自动开了，实验室大门的锁自动开了，体育馆储球柜的锁开了，汽车后备厢的锁开了……只要一个眼神，一切被锁的东西朝她涌来。因为拥有了一个物品，人竟拥有了神奇的魔力，漫无边际的夸张令受众大开眼界。

（四）刻画细节，衬托人物当时的状态

画面细节的描述，代表了画面的耐看程度。

广告项目：大众汽车广告

在没有牛奶的时候，家中的每个人都急匆匆上车，睡眼惺忪。通过一些细节的描述，我们能够看出大家都是刚起的状态，不由自主地揉鼻子、搓眼睛。头发凌乱蓬松，人们根本来不及整理。在这种状态下，人们表现出来的都是习惯性动作，进而表明了人们对该种产品的依赖性。

二　广告片中的动作，增强画面动态感

（一）动作为塑造不同的角色而来

广告项目：化妆品 ele tujaa 广告片《除了你，我不会看其他人》

男主跳舞，手一伸一张，表达了浓浓的爱意。女主用手在胸前画一个大大的心，表明爱情快要来临了。广告用这些动作配合歌词"即使天崩地塌，世界被摧毁，我的心永远不会改变……"来营造画面气氛。甚至男主离不开美貌女青年 Jeab 的眼神，带着一种奢望，带着一种暧昧，也成为画面画龙点睛之处，这是男主移情别恋的证据。最后女主飞起一脚，踢向男主达到故事的高潮……画面戏剧性的表现收效甚佳。

（二）动作赋予广告片的看点

动作可以消除画面的静态感，带来画面的起伏感。

1. 动作的出现要借助于道具

广告项目：Canal Digital 广告

在每段故事中出现一个动态的银手，起着穿针引线的作用。而且手具有强烈的抖动效果，让人眼前一亮。因为不知道银手是什么，男主才会反复受挫，最后丧失一条腿。

2. 通过对比，增加人们对动作的印象；通过安排特定情节，加快节奏

广告项目：运动品牌耐克广告片《伦敦人所向披靡》

广告塑造了一些热爱运动的人。一个等了一天朋友的人被失约，在超市很不爽，一肚子牢骚。他得知想见这个朋友还有一段路要走，并且没有自行车可以骑，非常失落。因为又懒又累，不愿意走路，旁边热爱运动的人嘲讽他，应把运动作为自己的追求目标，不应作为困难的事。于是，他觉得跑到终点比较容易，可以当作一种锻炼。画面着重强调人物穿上耐克鞋，在运动场踢球就会更胜一筹；一个小男孩背着沉重的书包，也敢于挑战跑步；有的女性体验打拳击带来的疯狂感觉；有的男生被逼在体育比赛争第一，努力练习，因为他们家族不允许有第二的出现；有的女生享受踢足球带来的刺激，在球场狂奔的乐趣；有的男生在伦敦挑战冰球，并且表示一个人就可以组成一个团队；有的女生挑战打网球……这些人都信誓旦旦，对自己的运动项目充满信心，认为如果停止了运动，就相当于结束了生命。运动成为这些人生命中不可缺少的一部分。广告采用经典的快速剪辑、多运动的电影风格为我们呈现了不可思议的运动魅力。动态的镜头让画面充满流动感，配合快节奏的音乐，感染力强。

三　演员的选择

广告中人物角色的设定，需要满足广告需求。角色挑选合适度非常重要。广告中有不少女演员，或装扮成清新可爱的样子，或装扮成女汉子，给观众留下了深刻的印象。但这些角色绝不是一成不变的，要根据企业、广告片制作风格来决定。年龄偏大的女演员，即使演技在线，也可能不适合演少女感强的角色。一些抬头纹会影响广告的效果，尤其是化妆品广告，拍不好会感觉脸部浮肿，让观众感觉不真实，甚至影响购买行为。另外，演员的表演功底和知名度也尤为重要。选角不慎对广告片而言，是毁灭性的。原定演员在有负面新闻时，会被迅速换角，以免影响企业声誉。

四　演员的演技表现

我国古代就主张画画要"传神写照"，顾恺之认为，画人物要想传神，不应该着眼于整体形体（自然的形体），而应该着眼于人们的某个关键部位。[①] 这样画风才能怡人。而在广告片的设计中，演员也要注意神态的刻画要突出这个角色带来的甜美度。赵丽颖为德芙做的《月光女神》广告，着粉红色连衣裙，眼神明媚，萌动可爱，演的是嫦娥私自下凡偷吃巧克力一幕。广告中演员表演自然，不做作。而有的女演员在代言的广告中，脸部表情被部分网友批评有些僵化，被形容是"法令纹挤着苹果肌，想笑但又笑得极其不自然，感觉随时要崩开"，做广告心有余而力不足。另一个德芙广告，由马思纯出演，讲述了一个关于过年的故事。她将女孩积极向上、废寝忘食的状态表现得非常精彩。父母叫她吃饭，她也无暇顾及，一心想着编琴谱，反复在屋子里排练。她还将女孩约见老师看谱欣喜若狂的状态及后来没见着老师的失落之情演绎得非常到位。但是当她最失落的时候，还有家这一港湾和父亲给她的安慰。女孩跟父亲一起吃德芙巧克力，感觉幸福无比。整个广告非常注重演员的真情流露，是广告能打动人心的重要原因。

第二节　场景设定在影视广告的创意

人物、动物在广告中的现身，要有一个合适的场景。就如黑格尔所说的那样："人要有现实客观存在，就必须有一个周围的世界，正如神像不能没有一座庙宇来安顿一样。"[②] 这些人物、动物出场的地方要别致一些，能在人们心目中形成一定的场域。根据出场的地方不同，可以分为室内场景和室外场景。根据导演安排的空间不同，可以分为写实的场景和虚拟的场景，各个空间段落之间可以没有关联，但是镜头可以将它们串联起来。

---

① 叶朗：《中国美学史大纲》，上海人民出版社，1985，第200页。
② 陆绍阳：《视听语言》，北京大学出版社，2014，第25页。

一　迎合主题选择场景

（一）选用特征明显的地域

泰国广告片《除了你，我不会看其他人》安排的场地是舞蹈练习大厅，场地开阔，没有过多装饰，能更好地烘托人物的性格。观众更留意剧中人的表情，而不会盯着场地看。iPhone X 春节短片《三分钟》选取的主要外景地是人多嘈杂的火车站，这也就预示火车乘务员的妈妈注定没有多少时间与自己的儿子对话，只能匆匆见一面。还有的外景地选择的是从南宁到哈尔滨沿途的风景，有崇山峻岭、草原牦牛，通过不同的风景，来衬托路途遥远，景色迷人，画面非常丰富，就是常说的过场戏要美，重场戏要平。过场的戏没有人物，没有带有强烈效果的动作，所以在景色上要有亮点；iPhone 7 Plus 复古广告片《理发店的成功秘诀》选用的场景是家庭理发店，靠近街区，比较平民化，所以人气十足；Dior 香水广告选择了风格华丽的宫殿，将此香水的大气表现得淋漓尽致；泰国 SUNSILK 广告选取的场景是跳舞的舞场、国王的宫殿，用来突出这种护发素的经典、高贵，是王室喜爱的用品。相反，选择幽暗封闭的场景会增加神秘的气氛，比如地下葡萄酒储存宫殿。

（二）为配合表现的主题，安排一些特殊的场景

《成功只属于少数》将汽车放在拉力赛场景中，描述众多汽车在山路上比赛，竞争激烈。该片非常有看点。曲折的盘山道、过弯道更能衬托出汽车的操控性好。深夜，黑暗的跑道，闪烁的大灯，更能突出车的各项功能。该小车是蒙特卡洛拉力赛三次冠军，轰轰的踩油门声给人强且有力的感觉，更让人们深信 MINI Cooper 性能卓越。妮维雅手环广告选取场景是海边游泳场，这里的风险系数是非常高的，有暗流且小孩不熟悉水性，安全性是家长最为关注的，所以给他们带一个妮维雅手环，家长下载 App，可以随时监控儿童动态。沃尔沃重卡广告选取了夕阳西下，一片宁静且宽阔的场地。辽阔的场地配重卡，更容易渲染重型卡车的性能与威力。圣诞节广告将外景地选为雪地。场景具有一定的提示作用，为主角的出现做一个铺垫，雪地塑造了圣诞节来临、漫天的雪花飘舞的浪漫场景。WWF 希望人们能留意全球变暖的问题，在巴拉圭首都的街头搭建起简易的餐厅，以大地为灶台烹饪食物，把"地面温度"和"煎锅温度"自然地联系在一

起。人们真实地体验到热，才会感受到气候变化问题的严重性。

广告项目：油烟机广告片《油烟情书》

广告将一对夫妻置于两人相互来往的情书背景中，讲述两人相遇相知50年的故事。所有背景都是放大的情书。白纸黑字，画面清晰。

第一幕：画面中出现男主情书内容"两个人相遇，就像两种食材，从天南地北，来到了一口锅里"及女主情书内容"那年下乡，我嘴馋，你嘴笨。每次你要讨好我，就会给我做一些叫不出名字的东西，果然食物中毒了"，将偌大的情书作为背景，真实的镜头是两个人物相遇了。

第二幕：背景是白色的情书，铺在地下，配着昏暗的灯光，上边是病床，让人感觉就是在病房，配合画外音"多亏了这次中毒，让我有机会跟你朝夕相处"。

第三幕：男主回城，女主苦苦期盼，对未来越来越没信心，摆放的笔犹如一条船，情书铺在底下犹如一条河，女主站在笔旁，犹如站在船上，思绪万千，担心此段爱情是不是到此了结，男主从此杳无音讯。

第四幕：将纸卷成时空隧道，配合画外音"想你的时候，就做个你爱吃的菜，思念和油烟也说不清哪个更浓"。

第五幕：情书中出现了"囍"字。配合画外音"记得那天，你突然出现在我面前，说结婚吧，要是我还敢吃你做的菜"，情书中出现甜美的话"我想要去创造我们的完美的爱情"，画面出现一张饭桌，配合画外音"就这样，我们过起了柴米油盐的日子，锅碗瓢盆里，装满了苦辣酸甜。你再忙也会回家做饭。你说你爱吃青椒，把肉丝都留给了我"。

第六幕：情书里出现"甜美"二字，配合画外音"后来，我们俩变成了我们仨。我就再也没有跟你吵过架。一对二，我赢不了的"，情书中出现了回忆那个时代的各种内容，那个美好的时代，造就了那样完美的爱情。

第七幕：画外音是"时间走得太快，我还没吃够你做的饭，牙齿就快掉光了"。

第八幕：将情书摞起，像高高的擎天柱，人在里面，如同小人国的人物一般，配合画外音"50年了，我给你写过1872封信，你做饭升腾的油烟，就是你一天三封回我的情书"。

虽然是油烟机广告，场景中却带着浓浓的生活气息。创意别具一格，人们从情书中体会到了浓浓的爱意。

二　使用环境来衬托人物的心境

（一）不同的环境带给人不同的心理感受

1. 人们的心情影响事件的发展

（1）广告项目：信息平台广告

果农在农场里摘果子，沉甸甸的果实背了一篓子。尤其对一对老年人来说，肩上的压力不小。这个年龄他们早该去休养了，但为了减轻子女的负担，他们日夜劳作。在销售不好的情况下，果子堆积果园，卖不出去，资金积压，无法周转。人物焦虑之情被表现出来，他们非常渴望拥有一辆货车，将果子卖出去。单亲妈妈上班时，被交货日子逼得团团转，着急的心情被衬托出来。眼见交货的日子快到了，忙到深夜才回家，实在是太累了，才会一路精神恍惚，走路跌跌撞撞。她认为这笔订单太重要了，进新设备的事刻不容缓，想尽办法去筹钱，却效果不佳。而聋哑人士则渴望要一台新电脑，进行业务培训。这些人的共同特点，是需要一笔资金，来缓解燃眉之急。铜板街这样的金融信息服务平台，将出借端与借款端的需求信息打通。通过互联网科技，进行"资金供需"的科学匹配，实现了投资人资金与借款需求的高效对接，是明智的选择，广告的目的不言而喻。

（2）广告项目：SK-Ⅱ广告片《她最后去了相亲角》

在相亲角的一个区域，每个人的个人条件被张贴在上边，就像卖东西，让人有一种不舒服的感觉。女主角在家的状态烘托了一种压抑的氛围。过年的时候，七大姑八大姨，各个盘问起来，女主角更是如坐针毡，恨不得找个地方躲起来。环境将人物当时的心境渲染出来。

（3）广告项目：《罐头搜救队》

罐头藏身在柜子里，遭受冷落，无人问津。当被找出来时，又被放在关宠物的箱子里。广告主要表达渴望呵护、重获新生的意愿。

2. 同一地点不同的摆设也能烘托人物内心的情绪

（1）广告项目：圣诞节广告片《月球上的孤独老人》

老伴去世后，老头与狗为伴。快过圣诞节了，子女们告知都不回来了。老人孤独地坐在餐桌前，点燃一盏蜡烛，吃着饭，无比落寞。后来打电话告诉子女们他生病了，子女们非常担心，立马都回来了。结果发现老人安然无恙，诓了他们。但是大家都意识到自己做错了。桌子上摆满了蜡烛和饭菜，一家人坐一起其乐融融过圣诞。老人的心情顿时好了很多，倍感温暖。

（2）广告项目：英国百货公司 Sainsbury's 在 YouTube 发布以"圣诞节停战"为背景的 2014 年圣诞节广告片

广告导演拍摄短片时所用的影调和背景以及故事题材等种种元素效仿了斯皮尔伯格的经典电影作品《战马》，虽然是战场，但画面安静祥和，没有火药味。人们心情愉悦，仿佛回到了和平年代，感情亲密如自家兄弟一般。

（二）选择带有美感的场景

广告项目：LED 照明广告

在漆黑的夜晚，一家人齐坐在桌子前，女主人悲伤地说道："我们没有钱交电费了。"然后父亲带领一家人来到大自然，森林里飞满了萤火虫，带给大家星星点点的光，让人感觉生活非常浪漫，即使没有灯光也很满足，全家人又燃起了对生活的希望。五年后，又停电了，父亲装扮成一只大的萤火虫，尾巴闪烁着光，给大家带来了光明。画面场景充满趣味，父亲的扮相让人忍俊不禁。在孩子们学习的时候，在孩子们游玩的时候，在孩子们洗澡的时候，父亲总是趴在墙上照明，还有的时候在工地的栏杆上照明，这项发明带给家庭额外的收入。后来小女孩过生日，父亲将彩色的碎纸铺在发光的尾巴上，整个屋子顿时变得流光溢彩，一家人感觉很幸福。

另外，《唯有爱永恒》广告中，男女主人公相遇的地点是雾气氤氲的巴黎火车站。女主角奔跑如仙子一般，体现出别样的美。《卢卡千里行》广告中，父亲带儿子游泳，周围一片蓝色，显得非常干净。而且在这种场景下训练，心情非常愉悦，有利于患儿恢复健康。

带有美感的场景让人们赏心悦目，弥补了单一叙事的乏味，将各类人物的出场艺术化，独具韵味。

（三）使用特殊技巧塑造不同空间

同一画面划分为不同的场景来塑造不同的空间。

广告项目：圣诞节购物广告

广告展现的是男女约会的场景，但是同一场景在一个画面一分为二，用了两种不同的颜色，表现出了两重空间。女主角在一层空间，男主角在另一层空间。对两种不同类别的人进行对比，突破了一个画面的单调，让这种约会显得更加有趣味。

三 场景拍摄的注意事项

（一）创作灵感来源于一种气氛的塑造

外景地比较开阔，视野相对来说比较分散。内景相对视野窄，显得比较狭小。

1. 选择真实场景，给人真实感受

比如表现战争的场地，被炮火攻击后，一片荒芜，居民区变得破烂不堪，到处是横卧的尸体。士兵在路上遇到不少逃难的人。外景地显示了战争的残酷，当男主再回到原房子里寻找女主的时候，女主早就不知到哪去了。凄惨的场景寥寥几笔就被刻画出来。战争给人们心灵留下了不可磨灭的创伤，也预示了以后几十年，男主再未见到女主。

2. 特殊场景设定要注意技巧

场景的设定犹如一道道关卡，要注意先后的顺序及视觉流程问题。

（1）广告项目：啤酒广告

人们在检验喝酒的玻璃杯性能的时候，都穿着白大褂，表明检验工作者持一种非常认真的态度，就像医院的医生给病人看病一样，分毫不能错，要不就出医疗事故了。广告将一个狭长的走廊设置为内环境，一个人挨着另一个人，证明检验的密度高。再特意设计一个骑自行车的人，经过走廊，一手骑车，一手拿杯，跟走廊上这些医务工作者碰杯，增加检验难度。给人们的联想是这种产品经历重重考验后，非常值得信赖。好的啤酒就跟好的酒杯一样值得信赖。

（2）广告项目：爱情广告

该广告选址在街道，在地铁口，在餐厅，在车上，在电梯里……这些情侣常见的约会地，在有爱的两个人眼中，到处都充满着浓情蜜意，恋人们难舍难分。

3. 有重点地取舍景观

比如可能把其他的地方的树搬来。也可以特意打造景棚，布置一些虚拟景观，像冰窟。还有的布景不是实景，仅仅是画出来的，或是等比例缩放的微型景观。比如说湖、海、船，可以借助视觉的错位，打造不同的视觉效果。

（二）内景拍摄注意事项

一是可以自由摆设灯光。有的具有强烈的调性，比如某季节推出某一风格的服装。但可能制出的片子缺乏灵气。

二是内景有助于表现人物个性与心理。内景展示的是密闭的空间，观众会留心于人物的表情和动作。

广告项目：残疾人运动会广告

片子不仅表现了残疾人奋发向上的精神，还表现了残疾人各种细节动作，比如用残臂、用脚做事，体现残疾人不服输、勇于挑战自我。

广告项目：某银行广告

女主不断出卖自己最美好的记忆。而出卖以后，女主将再也记不起来了。于是，她把它们记在床头的小本子里。比如她是什么时候结婚的，当翻开本子的时候，她才知道曾经有这么一回事。当她看到换来的精美的衣服和化妆品时，心情却是无比失落，感觉空荡荡的，好像失去了什么似的。

广告项目：牛奶广告

室内，男主一开始非常舒心，怡然自乐。当他看到对面的猫时，脸上是一副不屑一顾的表情。当他发现猫意欲与他争牛奶的时候，皱起了眉头。

三是内景拍摄与外景拍摄要和谐地搭配到一起，尽量维持一样的调性。

（三）外景拍摄注意事项

一是外景拍摄要注意防止顶光，中午最不利于拍摄，会拉大人物阴影差，拍摄的人脸较丑。

二是外景拍摄要注意天气变化，很好的预算，可能由于恶劣天气无法跟拍。一旦改日期就会使成本大幅度增加。要全盘考虑每个镜头的先后顺序。大全景要优先拍摄。尽量同一个情节，统一拍完再换地方。

三是外景拍摄的花费也很高。因为它还有很多附加条件。比如拍街道要清场。还有租车、租发动机等的费用。

四是外景也不是一成不变的，根据广告需要，移换元素是常有的事。

第三章　影视广告镜头元素创意研究

第一节　影视镜头的分类

一　按照拍摄手法的不同，可以分为推、拉、摇、移、跟五类镜头

（一）推镜头

推镜头是常见的一种镜头运动方式，指被摄物体位置不变，摄像机由远及近向主体推进拍摄的连续画面。也就是说推镜头是借助移动车，使摄像机向前推进拍摄而成的，它的光学轴心同移动路线之间的角度，始终保持不变。由于摄像机不断接近被摄主体，推镜头就形成了逐渐走近观看的效果。推镜头的作用是突出介绍在后面的广告片中出现的重要的人物或者物体。

推镜头要求被拍摄对象明确，被拍摄的主体由小变大，周围的环境由大变小。"一进"即镜头向前运动的方向，引导观众或强迫观众注意被摄主体。一个镜头，就可以让观众了解空间整体和局部、客观环境与人物的变化关系。推镜头景别的不断变化，有连续前进式蒙太奇句子的作用。推镜头的速度，可影响或调节画面的节奏，从而产生外化的情绪力量，并且在一定程度上，能加强或减弱运动主体动感。

在广告中使用推镜头需要注意以下几点：推镜头应有其明确的表现意义；推镜头的重点是落幅；画面构图要保持主体在画面结构中心；推进速度要和画面内的情绪节奏一致，表现激情就快进，表现舒缓，让观

众有反应时间，就慢进；移动机位，焦点要随机位与被摄主体距离变化而变化。

（二）拉镜头

拉镜头是指摄像机逐渐远离被摄物体，或变动镜头焦距（从长焦调至广角），使画框由近及远与主体脱离的一种拍摄方法。不论通过何种方式实现，拍摄的运动方向正好与推镜头相反。

1. 拉镜头的特点

（1）具有小景别转换大景别的各种特点。造成画框向后移动，画面从一个主体开始逐渐退向远方，视点后移，表现空间逐渐展开。

（2）使被拍摄体逐渐由大变小，周围环境由小变大。

（3）拉镜头使主体由清晰变成不清晰，造成画框向后运动趋势。

2. 拉镜头的作用

拉镜头能够表现主体和主体所处环境的关系。画面扩展形成多结构变化。新的视觉元素不断充入画面，原来的画面元素与主体不断更新，充入画面元素构成新的组合，镜头内部结构不断发生新变化促进观众不断对镜头注意力的调整，探测带来的新信息。

（三）摇镜头

摇摄是指当摄像机机位不动，借助三脚架上的活动底盘或拍摄者自身做支点，变动摄像机光学镜头轴线的拍摄方法。我们常常说的"摇镜头"就是指用摇摄的方法拍摄出的画面。

摇镜头主要有以下特点。

（1）当你不能在单个静止画面中包含所有想要拍摄的景物时，比如在拍摄群山、草原、沙漠、海洋等宽广深远的景物时，摇摄就会发挥其独特的作用。

（2）摇镜头多用来拍摄运动的物体，比如拍摄一群鸟在天空中飞，一群鱼在水中游，一群孩子在海滩边奔跑的画面时，就需要摄影师利用摄像机的水平摇动来表现这些动态形象。

（3）摇镜头用于表现两个物体之间的内在联系。如果将两个物体分别安排在摇镜头的起幅和落幅中，通过镜头摇动将这两点连接起来，这两个物体的关系就会被镜头运动造成的连接提示或暗示出来。当然了，还有一些更加专业的摇摄表现手法，如用摇镜头表现某种主观镜头或是实现画面转场等。

（四）移镜头

1. 移镜头的特点

（1）摄像机的运动使得画面框架始终处于运动之中，画面内的物体不论是处于运动状态还是静止状态，都会呈现位置不断移动的态势。摄像机的运动，直接调动了观众生活中运动的视觉感受，唤起了人们在各种交通工具上及行走时的视觉体验，使观众产生一种身临其境之感。

（2）移动镜头表现的画面空间是完整而连贯的，摄像机不停运动，每时每刻都在改变观众的视点。*I Will What I Want* 广告片中，镜头从一个芭蕾舞者的脚部开始拍，最后移动到女子的头部，展现女子全貌。广告展现一个女子自强不息的精神。

在一个镜头中构成一种多景别多构图的造型效果，起着一种与蒙太奇相似的作用，最后镜头有了它自身的节奏，所占用的时间长。

2. 移镜头的作用和表现力

移镜头通过摄像机的移动开拓了画面的造型空间，创造出独特的视觉艺术效果。

（五）跟镜头

跟镜头又称跟摄，是指摄像机跟踪运动着的被摄对象进行拍摄的摄影方法。它可带来连贯流畅的视觉效果。跟镜头始终跟随拍摄一个在行动中的表现对象，以便连续而详尽地表现其活动情形或在行动中的动作和表情。跟镜头既能突出运动中的主体，又能交代主体的运动方向、速度、体态及其与环境的关系，使主体的运动保持连贯，有利于展示人物在动态中的精神面貌。

跟镜头的表现技法有以下几点。

（1）摄像机跟被摄主体一起运动。一个巴西电视台广告，跟拍的是一根钉子一分钟戳破 600 个气球。

（2）被摄主体在画面构图中的位置基本不变。

（3）跟镜头的拍摄是具有相当大的难度的，因为它是在运动中完成的。因此稳定是跟镜头拍摄的关键。

二 按照摄影的角度不同，镜头可以分为平视、仰视和俯视

（一）平视角度镜头

平视角度镜头指摄像机拍摄时的视角是以正常人的视线为基准拍摄的镜头。

（二）仰视角度镜头

仰视角度镜头指视点低于被摄物，向上拍摄的镜头，可暗示或表达出拍摄对象的高大、英武、强悍、神圣等含义。比如描述开船者的形象，仰视角度镜头拍出来就显得开船者形象很健硕。又如宜家床广告，采用大的仰视角度，表现床在空中飘着，高不可及。

（三）俯视角度镜头

俯视角度指视点高于被摄体，向下拍摄的镜头，它容易把人拍得猥琐、矮小，带有鄙视的含义。有时还会拍出俗气、脆弱的感觉。但是表现全景的时候，有时可以展现得比较全面。像宜家床广告中女主躺在床上的镜头，为了凸显底下是云彩，床就摆在云朵上面，虚幻的东西却让人感觉如此真实。另外在多邦漆的广告中，有一个非常大的俯视角度镜头，人物从窗户向下俯视，然后镜头落到一瓶油漆桶上。

第二节 广告镜头运用中的创意

一 远景镜头

远景镜头主要有为人物提供背景、告知环境现状、展现人物运动的方向以及写景抒情、营造特定气氛和气势等作用。还宜于表现规模浩大的人物活动，如炮火连天和硝烟弥漫的战争、人如潮涌的游行示威、千军万马的对阵厮杀等。与绘画中的"远取其神，近取其势"是一样的。远景中，人物可以成点状。要是表现海面，船也可以成点状，给人一种宏大的感觉。

远景镜头包含大远景和远景两种，大远景中被摄物体大约占画面高度的 1/4，这并不是绝对的，有可能有偏离，甚至到 1/5。如表现两辆相撞的车，一辆车高度可能占画幅的 1/5 到 1/4，而另一辆车占的比例更多。两

辆车在画面中不可能平分秋色，这样画面将失去重心。大远景的环境有一定的独立性。

远景中的被摄主体约占画面高度的 1/2。远景强调的是环境与人物主体的相关性、依存性。鳄鱼品牌广告男主角在楼顶奔跑的镜头从远景到大远景，给人一种纵深的感觉。从楼顶起跳的镜头也用了一个远景镜头。在空中飞舞的镜头用了大远景镜头，但是主体人物占的画面篇幅为 1/4 到 1/3，对于交代他在空中的位置、与底下楼层的关系起了重要作用。人物从空中往下降的镜头用了远景镜头，主体人物占到了 1/2，用来交代在一种迷雾的环境中向下坠，也可以用作幻象的镜头。

手机广告片 *Dot* 里女主从天而降，躺在地毯上打着呼噜，然后瞬间惊起，因为飓风来了。女主为躲避飓风一直在奔跑，穿过钱币做的齿轮，穿过一些冰凌，骑上马蜂飞走，历经磨难。从天而降的曲别针，飞过的各种铅笔头，最后把花当作降落伞，整个故事片几乎在远景的镜头下拍摄完成。为的是全面体现人物和背景的关系。而主角与背景之间的层次也很分明。没有其他镜头出现，是为了展现完整虚幻的故事情节，镜头从微观展现了另类世界。远景中的场景比较逼真，强调的是整体，而不是细节。

远景镜头有时用来表示意境，一般不少于 10 秒。广告中的远景用得不多，可根据需要来。往往是在开头、结尾处用得多。远景拉开距离，让观众冷静思考，把情感的作用从屏幕上解脱出来，给人留有想象的空间。

二　全景镜头

（一）全景镜头的定义及作用

全景可以展现人物、动物完整的形象，人物、动物形体动作，特别是展示人物、动物与空间环境的具体关系；揭示人物内心、情感和心理状态；表现特定环境中的特定人物；在某种程度上具有定位作用。全景镜头又称交代镜头。这种镜头在影视广告中起总体概括作用，目的是先给人们一个总体印象。

在全景镜头中，人物或动物绝对是画面的中心，而有限的环境空间则完全是一种造型的必要背景和补充。全景同样分为大全景和全景两种，大全景的被摄主体与画面的高度比是 3∶4。在一则食品广告中出现了男主角和其他几个友人弹吉他的镜头，全景中四个男子表情夸张，动作夸大，手里拿着吉他，尽情演出。背景是学校的院墙，整个全景演绎非常全面，给人的整体印象是很完整。在牛奶广告中猫玩球的动作给了个全景，交代猫的整体状态，这类动物平常的爱好就是这样的。

全景被摄主体与画面的高度相差不大。如报警器广告中，在报警器响了之后，两辆车离开，显示报警器的镜头是全景镜头，用来表现它的状态，交代产品的使用方法，效果良好。

（二）全景镜头需要注意的问题

（1）确保主体形象完整，但不能使人物在画框中给观众"顶天立地"的感觉。若主体形象不完整，就会有飞出画面的感觉。尤其是人物头部尽量在画框内。

（2）注意各元素之间的关系，还要交代出画面的空间感觉和空间内人物以及景物的内在联系。

（3）全景镜头要尽可能先拍，为画面光线效果、色彩效果等定下基调。

（4）拍摄全景时要重视环境因素。

三　中景镜头

（一）中景镜头的定义及使用技巧

中景镜头一般是指在被摄主体膝盖以上到头部的画面。但一般不正好卡在膝盖部位，因为卡在关节部位是摄像构图中所忌讳的。比如腰关节、腿关节、脚关节等。中景和全景相比，包容景物的范围有所缩小，环境处于次要地位，重点在于表现人物的上身动作。中景画面为叙事性的景别。中景镜头在影视广告中使用比较多，甚至可以营造高规格的电影感。处理中景画面要注意构图、拍摄角度、演员调度，姿势要讲究，避免构图单一死板。人物中景要注意掌握分寸，不能卡在腿关节部位，但没有死框框，可根据内容、构图灵活掌握。

中景有时从人物腰部开始，在画面中并没有严格的区分。既可以是坐着的一个人，也可以是站着的一个人。中景可以让人看见人物的表情和穿着细节等，这样我们就会更关注拍摄对象说了什么，做了什么，而不会像特写一样让人把注意力放在特定的人物或细节上。中景镜头着力表现人物上身的动作、人物的情绪、人物与人物之间的关系。在中景镜头中，空间和整体被淡化，动作和情节被强化。所以，中景一般用于叙事，具有很强的画外暗示功能。一个站在餐厅里的女人，我们能够看见她本人与其面部表情，同时，也能看见她所处的周围环境。这时候，她背后有个男子停下自行车，进来了。我们也能够看到他，尽管可能不是整个人。如果我们所在的位置能够让我们看见女人背后的玻璃之外的场景，我们就能够看到有个男子走进来。这样，男子就不会突然闯进画框中，而是一种很自然的叙述。通过这种方式，观众可以看到人物从哪里出场。

比如注意行车安全的公益广告，两辆要相撞的车停了下来，出来两个人物，两人物的出场都用了中景，重点来强调两人的对话。A 说："哥们儿，真对不起，我以为我能过去。" B 说："你只要稍等一会儿。" A 说："我来不及刹车。" B 说："Oh，拜托！" A 说："只是一个小错误。我知道，如果我开得慢一点，但是……" B 说："求求你了，我的孩子还在车上。但是你太快了。" A 说："对不起。"整个对话的过程用了中景，突出对话的内容与人物的神态。嘉士伯的广告设置了大量的悬念，后来前来送钱的人都用了中景，表现的人物形象较为完整，广告想要突出送钱人们的状态，把他们内心的不安、紧张表现出来。鼻塞药品广告中除了开头一个全景外，通篇都用中景来表现人物，老师、孩子、鼻塞女不舒服的状态都能较好地体现出来，且表现得淋漓尽致。

（二）中景镜头需要注意的问题

（1）在画面构图上，一般要避免单人画面，尽量采用双人或多人构图，以使画面尽可能饱满。在这种双人或多人中景构图中，要防止视觉呆板，避免平面排列或者线性布局，更多地要强调前后景关系和角度变化，并适当使用镜头焦距变化来改变画面背景的虚实。当画面表现物体的中景时，由于被摄对象并没有以全貌的姿态出现在画面中，摄影师对画面一定要有所提炼和取舍，把最具有表现力的部分展示在观众面前，也就是说，虽然拍摄的是一个局部，但是要用这样一个局部画面反映出整体特征。

（2）中景的比重不能太大，否则容易使作品缺乏艺术感染力，过于平庸就引不起受众兴趣。

（3）跟其他景别一样，中景可能根本不包含人物，而仅仅是一个场景或物件，用来交代环境、叙述故事。

四 近景镜头

（一）近景镜头的定义及使用技巧

近景镜头指被摄主体从胸部到头部的画面。近景可以让观众看清人物的面部表情。观众看清楚演员的脸，容易产生交流，而且此时画面最能刻画人物的特征。近景镜头充分利用画面空间近距离表现物体富有意义的局部。在获金奖的戛纳广告中，达·芬奇名作《救世主》旁边安装了隐形摄像机，记录下众人前来瞻仰画作时的表情。每个出现的人的表情都用了近景镜头，并且每个人经典的神态都被捕捉到。人们来自不同的国家，有着不同的喜好。人们或惊讶，或呆滞，或感动，或赞赏，或微笑，每一个表情都真实地再现人们当时的想法，无法被复制。恰如其分呼应了主题：佳士得拍卖行"最后一幅私人收藏达·芬奇画作"。只有一次，机会难得，跟人的表情一样都很珍贵。近镜头很好地再现人的神态，描绘平时难得一见的细节。

在鳄鱼的广告中，男主与女主出现在咖啡厅里，都用了近景。女主含情脉脉，男主表面沉稳，其实却是心潮澎湃……男主在幻境中来回走动的近景，用来表现男主的焦躁不安。男主靠近女主，女主心情紧张。男女主角亲吻的镜头，达到故事高潮，对推动情节起着重要的作用。男女主角亲吻离开的镜头，表现出了男女感情的升华。近景更有利于让人们了解人物的情感变化。而这时映入人们眼帘的是男女主角，在视觉上弱化咖啡厅的背景。咖啡厅外的人流，更是在画面中一笔带过。报警器广告中的兔子也用了近景镜头。它们萌宠的表情，在这种镜头中表现得惟妙惟肖。《父爱》描绘既抱又背孩子的父亲，近景用来突出孩子的玩闹和父亲的无奈。牛奶广告猫磨指甲和看书的镜头把猫萌宠的状态表现得淋漓尽致。嘉士伯广告一开始就是一个男子的近景镜头，气氛紧张，让人不寒而栗，预知会发生不好的事情，而且在表现玩牌的人出问题的时候，也用了近景镜头。对话中透露，他是到了什么地方并且玩了牌。麦当劳60周年庆的广告里，老人打粉，舞女跳舞，老人与舞伴交流，老人换衣服，老人开车离去，都是用了近景。这些镜头能够很好地表现老人的神态、动作，给观众的印象是这位老人非常敬业。近景在刻画人物上准确、细致，观众还会感到很亲切。

（二）近景镜头需要注意的问题

（1）保证画面的细部质量，通过近景表现出人物的表情、动作、神态、手势等。

（2）构图时要背景简洁、色调统一。近景画面中的人物景别小，视角近，比较容易表现人物的表情和动作，对人物形象的塑造有较大的作用。

（3）主体人物只能有一个，要形象鲜明、定位准确。画面焦点是否准确就是近景中一个很重要的问题。

五　特写镜头

特写镜头主要用来描绘人物的内心活动。演员通过面部表情把内心活动传递给观众，特写镜头无论是人物还是其他对象均能给观众以强烈的印象。道具的特写往往蕴含着重要的戏剧因素。在一个蒙太奇段落和句子中，特写镜头有强调的作用。特写镜头用来拍摄某个局部。特写常常用来揭示人物内心世界、突出人物表情、刻画人物性格等。

在鳄鱼品牌广告中，男主碰女主手的特写、握手的特写强调了两人之间浓浓的感情。观众完全会摒弃环境因素，去注意人物的细节和物体的细节。报警器广告中的车前窗的雨滴，就是特写镜头。而雨滴恰似兔子的眼泪，用来表现依依不舍之情。嘉士伯啤酒广告中玩牌的手有一个特写，用来强调玩牌需要高超技能。麦当劳60周年庆的广告中一个演小丑的老人出现了，但只是一个背影，观众对这个概念是模糊的。到底小丑长什么样？后面特写镜头给出的是小丑的一双红鞋，然后给出小丑的局部，鼻子上的红球与红鞋呼应。特写能够进一步清晰地表明形象的特征。Lurpak黄油广告中，手指在冰箱上敲的动作是个特写，然后配合语音"想"，把男士急迫地在冰箱里寻找物品的状态表露出来。然后画面切换到男子的中景镜头，鸡蛋打碎的镜头是一个特写，包括蛋花飞溅的镜头，包括叉子搅蛋的镜头。小巧的叉子在此特写镜头中显得硕大无比，特写就是夸大某个物件局部。

在广告中拍摄人的脸部也很讲究技巧。正面的特写镜头给人的感觉非常正式，不能在画面中常用。它在物中使用得多，人像上用得并不广泛。正面镜头一出现，就让人不是特别舒服，3/4侧面拍出来比较好看。动物也是如此。

第三节　不同角度的镜头对画面的影响

一　正面角度镜头分析

正面角度镜头指摄像机处于被摄主体正面方向拍摄而成的镜头。正面角度镜头拍摄的画面均衡、对称。《父爱》中开车的时候，用的是正面镜头，用来突出父亲非常自在、安详，跟前面的慌乱不安形成强烈的对比。三个小孩在车上玩耍也用了正面镜头，用来突出车的安全、稳定。Father-Cablevision 广告片中父亲用正面镜头，用来突出父亲是在很认真做这件事。父亲在车边等儿子用了正面镜头，突出父亲的表情，他对儿子什么时候都很有耐心。父亲当守门员用了正面镜头，突出父亲的姿势，扑球认真，表达父亲很有责任心。父亲推轮椅进来用了正面镜头，突出父亲看到儿子换肾恢复后的喜悦之情。儿子对父亲发火后，父亲很无奈，低下头，也用了正面镜头，用来突出父亲处在深深的自责之中。

二　正侧角度镜头分析

正侧角度主要用于表现被摄主体的轮廓形状。Father-Cablevision 广告片中父亲夜间冒着雨，提着婴儿篮弓腰前行的镜头就是用的正侧，用来突出父亲弯腰的形象，而父亲快要上车撑不起来伞的镜头也是正侧，突出了父亲的辛苦。

三　斜侧角度镜头分析

斜侧角度镜头指摄像机处于被摄主体斜侧方向拍摄而成的镜头。斜侧角度拍摄的画面富有立体感，有较好的透视作用。《父爱》中父亲水中玩滑板还背着三个孩子，很好地衬托出父亲的形象。父亲骑马奔跑的镜头也用了斜侧，展现的还是父亲带着三个孩子，很有本事。父亲做瑜伽练习也是用的斜侧，展现父亲一边用手抱着孩子，一边用手做祈祷状。而孩子们有抱紧他脑袋的，有抱紧他腰的。Father-Cablevision 广告片中父亲拿着回忆录，背景用了大量的生活照片，用来突出父亲在回忆以往家庭生活的点滴，让人感觉这就是父亲随便回想，并不是一本正经，气氛比较轻松。

四 背面角度镜头分析

背面角度能引导观众把焦点落在大景深的纵深处，使镜头含蓄久远。宜家床广告中女主在空中跳的背影能很好地烘托出这个跳跃的空间感。她是从万米高空往下跳。《父爱》中父亲背着三个孩子打球的背影，把画面衬托得比较完整。父亲背着三个孩子玩滑板的背影能够烘托出父亲的负担重，比正面角度更容易表现。父亲骑马的背影更能勾勒出父亲弓着背的形象，空间完全让给了孩子们，孩子们紧紧地趴在父亲的背上，这种背影留给大家很好的想象空间。父亲在球场的一个背影，把三个小孩抱着父亲的动作展现出来。而且父亲的汗水湿了一大半衣衫的背影突出了父爱的伟大。

第四节 影视镜头的剪辑原则、组接 方式及表现技法

镜头组接反映了剪辑师对画面的精挑细选，它使广告片更符合主题所需、风格所需，符合剪辑的原则，符合节奏的要求。

一 剪辑的基本原则

(一) 视线要统一

两个镜头应能顺理成章地结合在一起。圣诞节广告中，上一个镜头子女给老人送了礼物，下一个镜头老人要打开包装看一下是什么东西。再一个镜头给到礼物的近景，是一个橡皮筋。镜头的连接是以视觉或者心理为基础的。

(二) 180°轴线原则

只要是在180°一侧拍摄的内容，镜头连接起来就不会混乱，尤其是有人物出入方向的镜头和两个人之间关系的镜头。如果一个镜头中的人物正在看着左边，接下来的镜头必须保持这个方向，另一个人必须保持向右看的方向。

(三) 防止越轴

越轴的画面效果比较糟糕，会造成方向混乱，并对片情解释不清。

二 镜头组接的方式

（一）逐步式组接

这种景别变化方式是递进的，基本分为两种类型。

1. 远离式

由近及远——特写、近景、中景、全景、远景。麦当劳60周年庆广告结尾的时候来了一辆车，老人放下帽子，是一个特写镜头。在切换到老人与麦当劳吉祥物对话的镜头时，又有老人，又有麦当劳吉祥物。然后展示麦当劳吉祥物形象全景。最后出现广告语"你让别人快乐，你永远不会老去"。这样的结尾往往意味深长，给人留下很大的思考空间。

2. 接近式

由远及近——远景、全景、中景、近景、特写。在人们的掌声中，演小丑的老人出镜，用的是一个中景镜头，然后切换到老人近景。之后切换到老人换衣服的特写。最后给出一张报纸的特写，告诉人们这是世界上著名的小丑演员。

（二）跳跃式组接

跳跃式组接可以是远景直接接中景再接特写、远景直接接近景或者特写，也可以是特写接中景再接远景、特写或者近景直接接远景，也可以是别的并非相邻的景别连接。

三 影视广告组接的表现技法

（一）切换的表现技法

切换，它是把两个镜头直接连接起来，前一个镜头结束，后一个镜头立即开始。这种镜头组接方式，也叫作无技巧剪辑，适合表现节奏强、刺激大的内容。两个镜头之间没有过渡。但是这种切换往往是因故事场景转换、人物情节的跟进，所以此类镜头不会让人看起来不舒服。大部分广告就是运用简单的切换而不是用过多的镜头表现技巧。食人魔广告中食人魔正走在回家路上，接着镜头转到楼梯上，然后转到房间给他老婆盖被子，再来到小朋友的房间。镜头切换比较快，完全独立地表现情节。另一则AXE香水广告，先是展示女朋友走到男朋友面前，男士出汗大，腋下全湿透的镜头，然后是女朋友坐到男朋友旁边伸手安慰他的镜头，接着切换到男士喷 AXE 的镜头。故事顺理成章，因果描述特别清晰。此广告用了问题解决式的表现方式，先是展现男士会遇到心仪的女士，兴奋得湿透汗衫，然后镜头很快切换到喷 AXE，诉说直截了当。有的切换方式非常快，给人一种措手不及的感觉。比如 Calvo 广告，讲母亲善于发现孩子的问题，比如臭袜子没有洗，比如说谎了，比如上身穿着衣服。从穿衣服到裸着上身，看到男孩胸前穿了一个环。镜头切换非常快，给人意想不到的感觉。但是有时候镜头差异非常大，不能直接切换，否则会让人感觉非常突兀。

（二）叠化的表现技法

它是指将两个或两个以上的不同时空中的不同景物同某一画面重叠起来，在同一时间出现在同一个画面上。重叠的画面一般是相互之间有内在联系的画面，这种方式有压缩时间和引起联想的作用。叠化往往是根据故事情节的需求来应用的。在耐克广告中，真正球星的谢幕和克隆球星的登场，就用了叠化镜头，很好地表达了新兴的克隆球星的实力强大。同时也展现了真正球星的落寞，两类人物的交替，特别适合用此类技法。

（三）淡变的表现技法

淡变有两种，淡入和淡出，即前一个镜头画面逐渐变暗直到完全消失和后一个镜头画面逐渐显露直到十分清晰，适合表现某一事情的结束和另一事情的开始。这种手法过渡平缓，中间的空场，可以给人一个"间歇"。这种表现技法通常让人感觉比较自然。在耐克广告中，用的淡出效果非常多。一是用来转场，球星内马尔在克隆队表现之前还很开心，但是现在他笑不出来了。画面中内马尔摔倒在地，然后整个镜头慢慢消失。后面一个镜头出现的是克隆人。从模糊到清晰，克隆人被衬托得非常显眼。淡化了前后的对比，使画面不生硬。二是用来揭示故事的结束，换了新的事件。另一个镜头是球星当了搬运工，正在搬鱼。他突然被一个大网网住，然后被拖走了，消失在黑夜里，整个画面用了淡出效果。与漆黑的夜配合得天衣无缝。三是做出动作上的变化，表现球星精湛的技术，他飞起来在空中旋转，最后场景慢慢淡出，人物从空中飞下来，这种制作效果让人感觉场景非常炫。

（四）划像的表现技法

它分划入和划出两种。也就是说后一个画面从前一个画面上渐渐划过或后一个画面把前一个画面挤出去。这种制作方法能增强镜头感。划像的方式有很多,如左右划、上下划、斜向划等。这种镜头组接方式一般是在一些需要加强视觉效果和加快节奏的情况下使用。在耐克广告中,"荒谬,76%的概率会打偏"的镜头与"鲁莽,50%的概率会出洋相"的镜头之间用了划像,用的斜向划。后面几个镜头,如"即使最伟大的明星,也会犯错"镜头,"来认识一下足球的未来"镜头,"足球将从此改变"镜头也用了划像。频繁运用划像让人们感知转场的需要。这使两个镜头有了过渡。这种对镜头的切划,足够引起人们对下一个镜头的注意,视觉上不过于平淡。自然切换的镜头过于平淡、单一。而这样的画面比较有层次感,能调动人们观看的积极性。

(五)闪白的表现技法

闪白,是在前一个镜头与后一个镜头之间空出几帧画面,形成闪烁的白光,然后过渡到下一个镜头。这种镜头组接方式节奏感强,视觉刺激度大,一般适合同机位变镜头的组接。在 Calvo 广告中,妈妈的眼光是非常独到的,对食品的质量要求非常苛刻,妈妈在超市发现 Calvo 的时候,镜头闪白,最后出现产品,引起人们注意。

(六)分屏的表现技法

分屏,是指多幅画面容纳在一个镜头的画面之中,用来表现不同空间同时存在的景物和不同时间通过同一画面、不同画幅,平行或多层次地表现人物的活动或事物的发展。这种镜头组接方式既可节省影片的篇幅,又可以起到转换场景的作用,在影视广告中经常使用。分屏经常是多视角表现人物的状态,或多角度表现故事的情节,因为视角不同,人们了解更加详细。比如表现一个小偷进入一个房间,每个房间的情况都用分屏的方式展现在画面上,视觉感非常强烈。

蒙太奇技法是多种多样的,可根据情节的内容以及创作者的意图来创造,没有具体的规定和限制。以上列出的只是几种较为常见的蒙太奇技巧,此外,还有一些别的技巧方式,尤其是随着影视特技的发展和数字化技术的使用,蒙太奇技法变得更为丰富,如马赛克、翻转、圈入、圈出、帘入、帘出等。我们在具体的后期制作中,可以根据情况来运用,但不能脱离实际。单个镜头是不能独立用来叙事、表意的,画面情节的产生是通过几个镜头组接成的镜头段落来实现的。蒙太奇技法特别是对于影视广告拍摄者和制作者而言，是必须掌握的重要的基础知识，是有力增强影视广告感染力的手段。

第五节　影视镜头的时空塑造方法

一　延长现实时间

通过延长来夸张、强调生活中的某些事件，烘托人物的情感。这种延长的部分往往是重中之重，预示着高潮的到来。广告中常采用慢镜头的画面处理方式，让观众更加清楚地看到情景表现的每一过程。慢镜头的处理方式是时间的特写，它延长了时间。特殊事件或意外情况、复杂的心理活动、快速运动的物体都可以采用慢镜头的方式来表现，让观众去细细品味。比如那则鳄鱼品牌广告，男主追求女主的心理，就像男子跳楼。在空中与女主接吻的镜头就放慢了速度，在空中有一定的时间停留，使画面更生动。在手机广告中，球顺着台阶往下滚，是有意安排的一个慢动作，让人能看清球的状态，包括球的左右倾斜。事实上运动中的物体不容易被捕捉到如此多的细节，但是广告可以根据内容需要刻意安排。像食人魔广告中刻意安排食人魔把门闩都拽下来了，表现他的力大无比，这些镜头延长了现实时间。

二　压缩现实时空

压缩现实时空是为了加速时间的进程，删除叙事过程中一些枝节。时空的压缩在影视广告创意中极为重要，短短的几秒到几十秒的时间里讲述一个完整的故事，并且将产品及诉求巧妙地融入其中，不进行时空艺术的有效的压缩是无法完成的。在油漆广告中，人刷油漆的速度很慢，整个画面是快进的。墙面很快就被刷上了颜色。所以艺术总是来源于现实，又高于现实。

在泰国的广告片《除了你，我不会看其他人》中，男女主角一起跳舞，他们还很年轻，跳得兴致勃勃。墙上出现一个表，表针飞快旋转，男主角再跳舞的时候已经变老了，一晃几十年过去了，但是活力不减当年。

压缩时空主要有三种手法。

（一）运用观众的心理补偿压缩时空

画面中没有完成的内容，观众根据自己生活的经验在心理上把它完成了，这就是观众的心理补偿，它是有效调动观众参与的积极性及压缩时空的重要手法。如一则讲请勿酒后驾驶的公益广告，前面的画面仅是演示两车的距离越来越近，两个人下车争吵，一个人说自己不是有意的，另一个人说车上还有孩子，最后我们听到咚的一声，猜测两车肯定是撞上了。这则公益广告在最后没有出现车祸的场面，但观众听到了声音，通过心理补偿将车祸这一情节在自己心中完成了。这种手法不仅可以避免血腥的场景，还有效压缩了时空。

（二）运用转场压缩时空

影视广告在内容上的结构层次是通过段落表现出来的，而段落与段落、场景与场景之间的过渡或转换，就叫作转场。转场又分技巧性转场和无技巧性转场。其中技巧性转场是指在场景和段落转换时运用影视特技的处理方法实现场景的转换。比如一则广告，顽皮的孩子躲在厕所里通电话，镜头穿过无数房间，另一侧是妈妈的表情。显然画面运用了快进的表现方法，省略了无数个跨越房间的步骤。

（三）运用纵深式场面调度压缩时空

场面调度是创作人员完成广告叙事，突出主题思想，完善画面造型，压缩时空的一个强有力的手段。它包括机位的调度和演员的调度两个方面。纵深式场面调度是指在多层次的空间中，充分运用演员调度的多种形式，使演员的运动在透视关系上具有或近或远的动态感，或在多层次的空间中配合变化的演员调度，充分运用摄像机调度的多种运动形式，使镜头位置做纵深方向（推或拉）的运动。这种调度不仅可以利用透视关系的多样变化，使人物和景物的形态获得强烈的造型表现力，增强空间感，还可以在一个镜头中包含更多的画面语言，有效地压缩时间和空间。

三　定格停顿时空

在影视广告中，对时空定格的处理，是为了强化某个特定的动作和情绪，以吸引观众的注意。停顿的地方就是顾客注意的点，后面往往接产品。

四 突破现实时间的顺向流逝，自由地组合过去、现在和未来

许多广告作品，表现过某个人物对往事的回忆，或对未来生活的憧憬。创作中自由无限时空的表达，虽然受到现实有限时空的制约，但影视广告叙事的时空是自由的。广告可以在短短几十秒时间完成时空的跨越，可以在虚构的过去、现在、未来的时空里自由穿梭。较典型的就是那则描述香水的广告，以男女爱情为线，跨越了几个世纪，但每次的邂逅总是有缘无分。最后男主因为喷上香水，受到女主的青睐。影视广告运用蒙太奇手法可以比文学蒙太奇更容易将空间展现出来，直观和隐喻兼备。影视既把时间作为表现对象，又把时间作为表现手段。和一切艺术相同的是，影视能够经过想象对物理时间进行重新创造等。和其他艺术不同的是，影视能够准确地再现时间特性，无误地表现物理时值的流程，表现一切非语言艺术所不能设想的时间倒流和终止。这一切构成影视时间表现特点。

第四章 影视广告蒙太奇视觉艺术的创意

蒙太奇有组接、构成之意。此外，还代表着一种新的创意思想、创意观念。当代法国的电影理论家让·米特里认为：蒙太奇的目的只是抓住观众的注意力，使之集中在被表现的事物上，首先是通过情节本身，通过情节所要求的生动的叙事来表达含义，其次是抒情，绘声绘色抒发，墨酣情切渲染。① 它的作用就是增强画面的效果。

导演在编排的时候，要根据故事情节，合理安排各种镜头。

第一节 叙事蒙太奇创意

叙事蒙太奇是用来交代情节及展示人物、环境和时间等的蒙太奇，是蒙太奇中最基本、最简单的一种表现形式。它的作用在于"描写"，连接段落与段落之间的转场，贯穿动作线索，节约时间，压缩空间，使整个情节更加清晰、自然和流畅。根据叙事的顺序，叙事蒙太奇又可以细分为连续式、颠倒式、平行式、交叉式、积累式、重复式等几种基本形式。

一 连续式蒙太奇

它以一条情节线索和一个连贯动作的连续出现为主要内容，镜头的连接以情节和动作的连贯性和逻辑上的因果关系为依据，这种蒙太奇叙述手法可表现出脉络清晰、条理分明的故事情节，容易被观众接

---

① 《蒙太奇技巧的分类有哪些？》，360 问答，https://wenda.so.com/q/1369447613069453，最后访问日期：2018 年 11 月 22 日。

受和理解。①

（一）以一条情节为线索

1. 广告项目：Sony Net MD 影视广告

以故事的形式，根据情节和动作的发展进行剪辑，段落与段落转场连贯，表现了在斗舞比赛中，Sony Net MD 给舞者带来的灵感。

2. 广告项目：泰国化妆品广告

围绕女性想永驻容颜来创意。第一步，女生去鱼市买了一条鱼。第二步，女生登上租的一艘船，站在船头，手里紧紧握着这条鱼，然后乘船去法国。重点描述整个海面不再平静，电闪雷鸣，大浪滔天。船左右摇摆，随时面临被倾覆的危险。女子前仰后合，站立不稳。在经受一夜恶劣天气考验后，女子又握着鱼，站回船头。第三步，女子在船头不断发出引鲸的声音，蓝鲸出现。女子把鱼扔出，鲸鱼一口把鱼吞进肚里。没过多久，蓝鲸复出，吐了女子一脸浮游生物精华。据说此精华可以修复受损皮肤。广告虽有些恶搞，但趣味盎然，观众欣然接受。

（二）以统一的动作来穿针引线，设计一条生物链，给人留下同一事物都有这样的特征的印象

广告项目：激浪饮料广告

男子喝了冰箱里的饮料，疯狂地扭动肥胖的身体；一只蚊子喝了他的血以后，疯狂站立，舞动它的纤纤细肢；青蛙把蚊子一口吞进肚里，也开始站立，舞动它的四肢；鱼在背后把青蛙吃掉的时候，也迅速地站起来摇晃它的尾鳍；鱼被捕后，放上餐桌，猫把它吃了，猫开始双腿站立，疯狂跳舞。众多人和动物的行为，见证了那句广告语：激浪，让生活兴奋起来。整个广告充满了激情、动感与生命力，让人感觉非常有趣。

二 平行式蒙太奇

它由两条或两条以上的情节线索交错叙述，把相同时间、不同地点和空间同时发生的事情交错地表现出来。这种蒙太奇叙述手法，可使两个或两个以上的事件相互烘托、相互补充。并且可以省去多余的环节，有利于丰富情节，如惠普的广告，采用平行式蒙太奇的手法，表现了在科技发达的今

---

① 南政：《平面设计中的蒙太奇》，《装饰》2007 年第 7 期。

天，惠普在不同领域和空间做出的突破。平行式蒙太奇注重剧情和事件的内在关联性，段落持续时间长，表达的两条或多条情节线往往独立成篇。①

三　交叉式蒙太奇

它是指两个以上的同时的、平等的动作和场景交替出现。这种剪辑技巧极易引发悬念，制造紧张的气氛，加强矛盾冲突的尖锐性，是调动观众情绪的有力手法。惊险片、恐怖片和战争片常用此法。像鳄鱼品牌广告，现实中男主向女主表白的同时，在虚幻的场景中男主在跳楼。这种蒙太奇表现形式，能给人深刻的印象。

四　重复式蒙太奇

它是指影片中前面出现过的画面、动作和对白以及场景、道具、音乐等在后面重复出现，产生前呼后应、反复强调的效果，可使影片内涵由浅入深，意境由淡变浓，从而增强艺术效果。

（一）重复画面，加深顾客印象

广告项目：拖鞋广告

两个女子看上了泳池旁坐着休息的一位帅哥。于是相互使了个眼色，想走近看看。结果前面的女孩没走几步就被后面的女孩踩到了鞋。后面女孩赶紧道歉，扶起她后，继续前行。没走两步，后面女孩再次踩到她的鞋，并一直赔不是，两人继续前行。可没走两步，又再次踩到。这回没那么幸运，两人一块掉进了泳池。穿蹩脚的鞋子，做出丑的行为。广告目的非常明确，要推出新产品。

（二）重复一个动作，让人乏味，且让人厌烦

广告项目：割草机广告

工人干什么事情都保持一个动作、一定位置，造成观众视觉疲劳。

（三）重复台词，增加紧张气氛

广告项目：宜家广告

妈妈在一堆杂乱的屋子里，无所适从，找什么东西也不好找。车钥匙

---

① 陆绍阳：《视听语言》，北京大学出版社，2014，第135页。

找不到了，父亲急得一身冷汗。小女孩反复说："来不及啦。"妈妈找不到遥控器，急得不行。小女孩又说："来不及啦。"最后的落脚点在宜家的衣柜上。通过重复，人们对屋内的杂乱印象深刻。同时对宜家寄以希望，宜家可以帮助人解决很多生活中的难题。

（四）重复道具，道具是一些物品，比如取款机

广告项目：公益广告

小女孩每次陪着妈妈去取款机上取钱，就会问爸爸去哪了。妈妈会重复，爸爸很忙，但是他按时给她们打钱。小女孩从没见过爸爸，幻想着爸爸的模样。可是脑海中爸爸就是那台取款机。在她荡秋千的时候，推她的是取款机；在她骑车子的时候，推她的是取款机；在她做作业的时候，陪她的还是那台取款机。她把爸爸生生画成取款机的样子。即使过年了，小女孩依然没有等到爸爸回来，陪她的依然是妈妈和外婆。小女孩偷偷跑去看了看那个取款机，琢磨爸爸的样子。广告创意让人特别心酸，同时呼吁忙于工作的人们多陪陪家人。

五 积累式蒙太奇

它是将一些内容、性质、景别、运动方式等大致相似的镜头组接，通过不断叠加的积累效应，确立一个主题或渲染一种情绪。比如，枯藤，老树，昏鸦，小桥，流水，人家，古道，西风，瘦马，夕阳西下十个镜头连在一起，营造了孤清冷寂的气氛。《建国大业》等一些影片将大炮、飞机、枪弹等交替组接起来，用来渲染气氛。

这种表现方式在广告中经常出现。

1. 广告项目：可口可乐广告

广告中有部分镜头是表现献爱心让人快乐。广告罗列了很多事情：29岁女主人公 Candice Hatting 习惯给人们送玩具，17岁的小女孩把自己的生日礼物送给了生病的孩子，14岁的送报人在火灾现场拯救了领抚恤金的老人，39岁的 Anoymous 把1000美元捐赠给了陌生人，22岁的女主人公在城市中默默栽树，43岁的男子想让世界停止战争，等等。一系列类似的短镜头，用来表现可口可乐能够带给人们快乐，让人们感觉这个世界还是好人多，很多人本能地去帮助别人。

2. 广告项目：公益广告

广告列举了主人在日常生活中遇到的问题。画外音："我讨厌我的手

机充电器不能到达我的床上；我讨厌我的座驾不能加热；当我去洗澡间，我忘了带手机；我讨厌我把衣服放在洗衣机里面忘了，它们已经发臭了；我讨厌我的房间过大，我需要两个路由器；当我写信给我的女佣让她做检查，我忘了她的名；我讨厌放杯子里的薄荷口香糖，使水有股难闻的味；我不能边走边测试；我讨厌我的邻居挡住了她们的 Wi-Fi；当我把充电器放到楼下还得去拿；我讨厌告诉他们没有麻烦了，他们仍然给我制造麻烦……"最后出现广告语："第一世界的问题就是不是问题。帮助那些需要干净水的人们，水就是生命。"

整个广告画面中出现的各种各样的问题，让人紧张且不爽。罗列的镜头越多，人们越能感觉到问题的严重性。最后说要帮助需要净化水资源的人们，直击广告的主题。

3. 广告项目：佳能广告

广告表现了一个男子无聊枯燥的生活。每天起床，拉窗帘，喝咖啡，刷牙，家里一团乱，上班，路过爬山虎的墙，然后在办公室不停打字，下班，上厕所，冲厕所，周而复始，半个月的时间，重复同样的事情，非常乏味。每天翻看日历牌，表明时间的流逝。每翻看一页，就过了一天。后来他邂逅了一女子，生活变得多姿多彩起来。犹如平静的湖水中起了涟漪，生活旋律开始变化。一个咖啡杯变成两个，脚步声也变为两个人的，初遇时怦然心动的心跳声至结尾婴儿在妈妈肚子里的脉搏声，事情顺其自然发展。通过剪辑手法将画面配音加速叠加，从而变成一首富有节奏的曲调，让观众的心跟着飞扬。各类事情的罗列，让我们深刻感受到事情发展的过程，秩序感强。

第二节　表现蒙太奇创意

一　表现蒙太奇的定义

表现蒙太奇（也称对列蒙太奇），不是为了叙事，而是为了某种艺术表现的需要。它不是以事件发展顺序为依据的镜头组合，而是通过不同内容镜头的对列，来暗示、来比喻、来表达一个原来不曾有的新含义，一种比人们所看到的表面现象更深刻、更富有哲理的东西。表现蒙太奇在很大程度上是为了表达某种思想或某种情绪意境，造成一种情感上的冲击力。

二　表现蒙太奇的作用

它主要有五种作用。

（一）创造隐喻

通过镜头的对列，镜头内容会产生一种联系，产生文学比喻效果。类似镜头嵌套技术，可以表现更多的空间，使画面更丰富。

（二）创造节奏

利用镜头外部的运动关系，使镜头按一定的长度（速度的冲击）和幅度（景别的心理冲击）连接在一起，促使观众产生一种情绪。

（三）创造悬念

通过镜头组接，加强情节张力，营造紧张的氛围，观众产生一种期待心理。

（四）创造情绪效果

通过镜头的积累，观众情绪不断高涨。或兴奋，或不安，或紧张。

广告项目：Under Armour 广告

拼命练习举重的痛苦，冰浴的寒痛，拔罐的刺痛，被教练训斥及失眠的难忍的苦楚……这就是不死的运动精神，广告表达了成功来之不易。

（五）创造思想

利用镜头间的逻辑关系，通过对比或对列，形成观念性的思想意义。

广告项目：阿迪达斯广告

阿迪达斯成为 2008 年奥运会合作伙伴，在付出超过 4000 万美元的代价之后，阿迪达斯也没有浪费资源，尽情地宣传着自己，打击着对手。

广告片选用了 NBA 明星 KG（Kevin Garrnet），森林狼队的 21 号凯文·加内特。在这个短短 30 秒的广告中，KG 扮演了五种角色，而广告也因此分为五个部分使用蒙太奇。

第一个片段，KG 作为一个战争指挥者，在炮火连天的战场上镇定自若，突出了"领导全队"的理念；第二个片段，KG 摇身变成一个黑衣侠客，救济平民，体现了"挺身而出"的精神；第三个片段，KG 在古希腊斗兽场中角斗，突现"坚持到底"的信念；第四个片段，KG 西装革履，发表演讲，颇有绅士风度，体现了"活跃气氛"的品质；第五个片段，

KG 拿起了篮球，成为真正的自己，"这就是 KG"。直到最后才出现阿迪达斯产品。首先必须肯定，这是一则成功的广告，它所散发出来的浪漫主义的气息，更让它成为一则经典的广告。谁都知道，广告不是艺术，但要把广告做得艺术味十足。①

三　表现蒙太奇的类型

（一）抒情蒙太奇

抒情蒙太奇是一种在保证叙事和描写的连贯性的同时，表现超越剧情之上的情感和思想的蒙太奇。抒情蒙太奇，往往是在一段叙事场面之后，恰当地切入象征情绪的空镜头。比如说化妆品广告，相亲男主在得知女主素颜很丑以后，转身离去，头顶有一个打雷的画面，让人心情郁闷。踢球的男主在看到对方进球以后，心里像燃起了一团火，男主焦急的心情被烘托得很到位。

（二）心理蒙太奇

这种表现技巧通过镜头组接，直接而生动地表现人物的心理活动、精神状态，如人物的闪念、回忆、梦境、幻觉以及想象等心理甚至是潜意识的活动，是人物心理造型表现。这种手法往往用在表现追忆的镜头中。心理蒙太奇表现手法的特点是形象片段性，叙述不连贯性。多用队列以及穿插的手法表现，带有强烈的主观色彩。很多不直白的地方，都可以通过心理暗示来表达。

这种手法在广告中常用。广告中也是将人物的心理活动和精神状态直接形象生动地展现在大家面前。像那则鳄鱼品牌广告，就是将男主在接近女主的过程中的心理活动切换成男主在高楼上狂奔、跳楼的场景，表达追求女主的勇敢和艰辛。内心的动荡不安化为激烈的动作，极具吸引力。

（三）对比蒙太奇

将两种性质、内容或造型形式相反的镜头组接在一起，利用它们的冲突形成强烈的对比，表达某种寓意或强化所表现的内容、情绪和思想。镜

---

① 《蒙太奇——影视广告中的视觉语言》，道客巴巴，http://www.doc88.com/p-8126030702841.html，最后访问日期：2018 年 11 月 22 日。

头之间、段落之间、场景之间的内容，进行对比组接，产生强调、反衬、联想、喻义等效果。广告往往在这种对比中，塑造很多的对立面，像美与丑、富与穷、善良与邪恶、骄横与谦逊、生与死等。通过对比，双方特征更为清晰。简而言之，好的更好，差的更差。在有声片时期增加了声画对比的可能性。

1. 广告项目：翻译软件广告

使用 Google 翻译就如同吃到另类的食物，这类事物包括硬币屑、纸屑、软雕塑小马。使用 Elan Languages 翻译就如同吃到美味的食物，像蛋糕、巧克力、比萨等。广告用人们吃到不同食物的表情做对比。表情越愕然，衬托这两种翻译软件的差距越大，以日常饮食作为题材来打比喻，更让人们印象深刻。

2. 广告项目：度假酒店广告

食人魔工作压力大、心情沉闷与之后入住酒店的闲暇与惬意形成对比，暗喻酒店的设施好、服务好。同时产生的对比还有前期的食人魔长得比较丑，头上长着两个角，后期变为英俊潇洒的小伙子。这种对比会让人觉得酒店很神奇，具有如此魔力，让人迫不及待去一探究竟。这种对比是自然而然的结果，不牵强附会，让人们对酒店的好感度猛增。

3. 广告项目：2016 年戛纳获奖作品比萨广告

广告将对比蒙太奇效果发挥到了极致，老头儿一开始对邻居家中的派对活动极为不满，勒令 15 分钟赶紧结束。结果跟房主发生口角，一直在结束的时间上达不成一致。最后房主提议给他订一盒比萨，于是两人在时间上达成了一致。前面的镜头争论非常激烈，重点渲染老头儿的不满，后面镜头老头儿眉开眼笑，前后的对比效果不言而喻。

4. 广告项目：Dove 网站广告

画外音 Zil Zamora："我是个素描画师，从 1985 年开始在圣约翰警察局工作。"这是画师的开场白。

女一 Florence 说："从 2011 年，我被带到这里，有个人在这里等我。"

女二 Melinda 说："我看到中间有个画板，但是彼此看不到对方。"

男画师说："描述一下你的头发。"

女一 Florence 说："我不知道他在做什么。后来才知道他在画我。"

男画师说："说说你的下巴。"

女三 Olivia 说："我的下巴有点凸起。笑的时候更加明显。"

男画师说："你的下颚。"

女三 Olivia 说："妈妈说我的下颚很大。"

男画师说："你最明显的特征是什么？"

女四 Shelly 说："我的脸又肉又圆。"

女五 Kela 说："我的雀斑越来越多，我有一个很大的额头。"

画完后，画师说："谢谢。"她们离开。画师不会看她们的样子。

女一 Florence 自述："在素描前，他们介绍一个叫 Chloe 的女士给我认识。"

男画师说："现在，我问你个问题，关于你刚才见过的那个女士，说说她的长相。"

女六说："她瘦瘦的，颧骨轮廓明显。"

女一 Florence 说："她的下巴尖尖的，很完美。"

男二说："她说话时眼睛很漂亮。"

男三说："可爱的鼻子，蓝色的眼睛很迷人。"

男画师对 Florence 说："稍等一下，这是你的画像。照你的描述画的。另一幅画是别人口中描述的你。"

女七表示看后很无语。

女主持人介绍："这幅画中女主角内向、臃肿、忧郁。第二幅画中更亲和、友善、快乐。"

女一 Florence 说："我应该更珍惜自然的美。这会影响我的交友、工作、亲子关系，影响整个人生。人生，最重要的是开心乐观。"

男画师问："你比你想象中还美吗？"

女一 Florence 答："是的。"

女八说："我们花了太多的时间抱怨，掩饰自己的缺点，其实应该花时间欣赏自己的优点。"

最后广告语出现："你比你想象的还美丽。关注 Dove 网站，真正漂亮的速写。"

广告分析：整个广告人物众多，让人看了有点眼花缭乱。广告对比的是自己心目中的样子跟别人心目中的样子。正是拥有 Dove，才让人变得更加迷人，改变自我，改变生活。

（四）隐喻式蒙太奇

它将外在相同而实质不同的两个事物加以并列，以此喻彼，又称为比拟式或类比式蒙太奇。例如，用猫下坠时的本能保护动作来类比奔驰轿车的安全措施可靠；用美丽自然、清新畅快来比喻化妆品品质；度假酒店广告用食人魔来表现工作压力大的人的扭曲变形，直接将人塑造成一个怪物。

（五）象征式蒙太奇

与隐喻式蒙太奇相近，它将一具体事物与另一事物并列起来，用具体的事物比喻抽象的概念。如用青松象征英雄，用玫瑰象征爱情，等等。以德芙巧克力的广告为例，其用男子吹奏的优美萨克斯乐曲来象征德芙巧克力的丝滑口感。

第五章　影视广告其他重要元素的创意

第一节　影视广告的构图

单幅画面的构图要和整体广告片的风格一致，影视广告构图有以下原则。

一　九宫格安排画面的构图

可以把重要的人物安排在九宫格的画面点上，这样不会让构图跑偏。演员的后脑勺太靠左，就会跑出画面。九宫格的比例有 16:9 和 4:3 两种。这两种对影视广告都适用。

二　头顶留白

在影视广告中，人物出现在中近景，或者是特写中时，背景处于次要的位置，重点突出的是人物。人物的眼睛和嘴巴尤为重要。这时要考虑人物头上留多少空白，在画面安排比较紧的情况下，头顶留白要少一些。在画面安排合适的时候，适当留白，但是不能留太多。在 *The Scotts Mirache-Gro Company* 广告片中，中景人物头顶留白大约是画面的 1/8，占整个头的 1/2 左右。在空间实在少的情况下，让头顶靠近边缘也可以，保证下巴和下颚在人讲话的时候能让观众看清楚。

三　注意拍摄的角度

拍摄过程中，尽量舍弃直视镜头，演员对着镜头说话，叫打破第四堵墙。在影视广告中不常用，用不好会产生相反的效果。演员一般不能直视镜头，不能靠近镜头。尤其在影视广告故事情节的拍摄中，演员可以把眼睛稍微转动一下，可以往旁边看，也可以将身体和眼睛偏离轴线 45°。这将收到较好的视觉效果。画面会显得活泼。

四　视线留白

视线留白是我们从画面中留出来从被摄主体的眼睛到对面画面边缘之间的空白空间。画面人物在左边，右边留白会让人看起来舒适，给人想象的空间。画面的整体感觉较为均衡。但是如果人物靠右，离右边的墙近，左边空出很大的空间，就会让人感觉不舒服。位于脑后的空间会让人感觉很悬疑，会产生恐怖的联想。所以在人物前留白比较合适，而且特别适合中近景的拍摄。

五　画面中人体比例的构图

广告中出现的上半身的比例要大，以吸引人们的注意。因为人们的习惯是先看上方。所以上半身能够展现更多的细节，包括展示人物的行为和对话。

六　空间构图方式

1. 根据地平线法则

根据地平线法则，确定是天空多一点还是地面多一点。

2. 画面水平线和垂直线稍微歪斜一下

这会让人感到不安或者方向感错乱。比如说拍人物时人会因为视角的不同，稍微有点变形。比如说宜家的床在虚拟的万米高空上，人从上面往下跳，因为这些情况是虚拟的，所以可以通过把摄像机左右倾斜来制造这种非水平线的地平线效果。

3. 画面深度的拍摄

画面拍摄的角度尽量有一定的深度，人物可以随之左右、前后移动。人们观察的范围就拓展到纵向的深层空间。人们不会感觉画面很平或者很堵，最忌讳的是，拍摄时人对着一面墙，或者离墙很近。

4. 30°镜头

镜头与镜头之间的角度至少为30°。这样，人们才能清晰地感觉到镜头与镜头之间的差别。镜头挨太近了，效果非常不明显。

5. 往复式意向

无论何时，当用一种景别拍摄场景中的一个角色时，应该给同一场景中另一个角色相应一致的取景。如果你绕着180°圆弧从60°角的位置拍摄角色 A，那么应该把摄像机摇向圆弧另一端，从相应的60°角的位置拍摄角色 B。只要保持相同的摄像机高度和镜头焦距，就能比较容易获得两个镜头相似的往复式影像。

第二节　影视广告中的光线作用

光线一个很重要的作用就是在二维空间中营造深度感。光线可以塑造气氛，控制人们的情感，人们或兴奋，或哀怨，或郁闷，或乐观，都可以通过控制光线来达到塑造目的。尤其是带有表现风格的广告片，会在光线设计上下一番功夫。

一　色温

色温是照明光学中用于定义光源颜色的一个物理量，即把某个黑体加热到一个温度，其发射的光的颜色与某个光源所发射的光的颜色相同时，这个黑体加热的温度称为该光源的颜色温度，简称色温。[①] 其单位用"K"（开尔文）表示。广告中照明用的灯有3200K。数字越低，光线越红，画面呈现暖色调。数字越高，光看起来越冷，画面呈现冷色调。标准烛光为1930K，钨丝灯为2760—2900K，荧光灯为3000K，闪光灯为3800K，中午阳光为5600K，电子闪光灯为6000K，蓝天为12000—18000K。

二　光线的硬与软

硬光下物体的影子显得棱角分明。这种阴影看上去死板，没有生气。天气晴朗拍出的物体影子鲜明。应尽量避免正午拍摄，光线太强，影响效果。这种光线打在人脸上也非常可怕，直接会在脸上形成强烈的棱

---

① 《色温》，百度文库，https://wenku.baidu.com/view/729b3b590640be1e650e52ea551810a6f524c8a4.html，最后访问日期：2018年11月22日。

角感。

硬光，会将人不希望看到的皮肤瑕疵显现出来，非常适合营造恐怖气氛。比如在一则公益广告中，在时针与分针之间，夹着一只熊。熊的背影用了清晰的投影，熊发出凄厉的惨叫声。这种浓重的阴影和高光比较容易控制。很多硬光可以把平面的东西衬托得非常立体，尤其是虚拟出来的卡通动物。

柔光漫反射非常厉害，影子是微弱的和边界模糊的。它通常包括下面几种情况。早晨起来的光和日落的光，没有太阳和风雪天的光，直射的光被挡住后的照明效果。这种光的好处是没有明显的投射方向，照度均匀，光比小，反差小，打在人脸上让人看起来比较舒服。

它时常塑造一些浪漫的气氛，让人倍感温暖。画面多为冷色调。在鳄鱼品牌那则爱情广告中，在表现男主角犹豫不决的时候，光线是非常昏暗的，也是非常柔和的。到底结果会如何，属于未知数。所以，光线不会选取太亮，太亮就会感觉故事的结果非常明朗化，不会给观众带来一种神秘感和趣味感。尤其是这种场景是想象出来的，并非真实空间。

柔光不容易控制，这一切取决于灯具的位置和入射角或灯具发出的光线落在被摄主体表面的位置。摄影师通常根据广告片的要求，选择不同的直射光或散射光，调整用光量和光比，借助烟幕弹、滤光器、纱等辅助物来达到预期效果。

在实际的广告中，出现的影子不会很硬，通常软硬结合。如 Sony 游戏机广告中小大人的出场，他从在床上起来的镜头给出的影子非常自然，影子既不太硬也不太软，把场景衬托得比较和谐。所以，光线的软硬直接影响着我们对事物的认识。虽然起辅助作用，但是可以帮我们加深对事物的印象。

三　对比度

对比度是广告片画面一帧中两个区域之间曝光量差异的表示。有的广告有着强烈的光的对比度，一半亮调子一半暗调子，在亮部和暗部形成强烈的对比，适合造就悬疑的气氛。而有着强烈对比度的画面，往往让人比较警觉，刺激感比较强。黑白区分明显，使人们印象深刻。

有的影像相对来说对比弱，中间有个明显的"灰度"地段。过渡比较自然，产生柔和的视觉效果。低反差的照明使画面看起来舒服、开阔，但它们使画面比较平、缺少层次。低反差的照明的二维画面，看起来也会比较平，人们看画面会没有兴趣。

四　布光的技巧

（一）根据光线的重要性分为主光、辅助光、背景光

1. 主光

主光能很好地衬托出主要形体的结构。

（1）一个人物的前方要有一个主光源，主光灯可以放在被摄主体周围的任何地方。不过通常是放在摄像机镜头轴线 45°（纵向或横向）并处于人的头部以上的位置。形成的影子落在地面上而不是墙上。主光必须来自实际的光源或观众能接受的光源方向，随着摄像机视向的改变主光可能成为面光、侧光、逆光等各种不同的光线效果。

（2）广告片制作拍摄中主光方向要统一。在同一场景中，不同景别画面的主光方向必须前后一致。

（3）根据剧情、人物性格、妆饰确定主光的角度、方向和强弱。

（4）广告片制作拍摄中主光应表现我们要突出的重点。主光应根据画面中不同景物、不同人物，有重点地突出主要人物与主要景物，吸引观众的注意力。

（5）主光亮度要适中。因为主光亮度是辅助光与环境光亮度范围的根据。

（6）广告片制作拍摄中恰当地利用环境气氛的光源条件作为主光，来表达人物的情绪。主光应用恰当，不但可以增强感染力，而且能给观众留下深刻的印象。有时人物的眼睛是画面中最为重要的部分，所以眼神的交流也极为重要。为了拍出人物的眼神，有时在人物眼睛的上前方加盏灯。

2. 辅助光

这是一种控制反差的光源。这种光的作用是"填充"往往由明亮主光造成的阴影。明亮主光造成的影子比较硬，可以用辅助光缓解一下。而且，辅助光能帮助主光打造物体的质感。

（1）光度绝对不能强于主光。

（2）不能产生光线投影，也可以说，有光不能有影。

（3）不能干扰主光正常的光线效果。

（4）在保持主光投射的阴影特征前提下，尽量再现阴影部位的层次和质感。主光和辅助光有一定的对比度，根据拍摄物的不同，这个应用的比例不同。

3. 背景光

它是在被摄主体的周围打上一圈轮廓，增加画面的深度。因为它位于被摄主体后方，提供光线来"勾勒"被摄主体轮廓，所以此光主要起到将主体分离的作用。背景光把物体分离出来，让人拍到足够的光晕。

（二）根据光线的位置分为顺光、底光、剪影、顶光、侧光、逆光

1. 顺光

顺光是光线的投射方向和拍摄方向相同的光线。这种光拍出来的人的脸通常没有特别吸引人的地方，会让受众觉得索然无味。而且演员的影子要处理好，有的影子比较硬，影视广告中除非是特意安排的，一般拍摄有创意的画面或服务特殊的主题时，要尽量少用这种方式。

2. 底光

底光打在人脸上，看起来比较恐怖，给人惊悚的感觉。一般在夜间展览要塑造别样的效果时才能用到。在博物馆看到的雕塑展览布置此等光时，就会让人们不寒而栗。

3. 剪影

把演员留在黑暗中，光线比较充足的时候，会出现剪影的效果。动画广告经常使用这种方法。

4. 顶光

顶光是在中午情况下或者人为将光源从人物、景物顶部投射下来的光线。顶光近似全逆光，它必须是来自被拍摄物体上空最高处的光线。在这种光线条件下，被拍摄人物、景物上部格外明亮，朝向相机镜头的人物、景物相对较暗，人物容易生成阴阳脸，景物容易形成近似剪影的效果。这就需要拍摄时调整人物的面部朝向及风光景物在画面中的位置。

5. 侧光

侧光是光线从侧面打在人物或者产品上面，光线的投射方向与拍摄物在0°到90°之间，拍摄中，最常用45°侧光，这种光能够把物体衬得更为立体，也更为美观，符合人们的审美需求。它的受光面、阴影面、投影的比例搭配比较合适，层次清晰，形象鲜明，照射出来的效果非常好。

6. 逆光

逆光是光源在被拍摄物体的后方，主体与背景明显区分开来。在 *Grazon* 短片中，人物站在海边，后跑到海里洗澡，逆光强化了人物的轮廓和动作。人物的长相和衣着退居其次，出场画面偏黑，看不清细节，也衬托了人物卑微的地位。在人物做检查的时候，也用了大的逆光。光线从窗口的位置射进来，人物背对光线，只有躺下做检查时才能看清人物的脸，由逆光转为顺光。

五　广告中光的适用性

如果广告追求真实、贴近生活，就用自然效果的光束。像 *Hope* 广告片，在车内父亲与女儿的对话，就用的车外的自然光，光线不是很强烈。这种光线能真实体现女儿难受的表情。像 2016 戛纳国际创意节金奖广告片《女子高中生的秘密》，就是采用自然光，将男性扮演的女性的表情、状态表现得非常真实，达到以假乱真的效果。

而偏表现风格的光线也能起到叙事的作用。《爸爸变身萤火虫》广告片中，全家人围着饭桌吃饭，头顶上就一束照明的光线，将一家人吃饭时昏暗的场景真实塑造出来。而在停电以后，妻子用手电筒从底部照射自己的脸，表情很凝重，气氛紧张，表达了妻子对这种贫困的生活非常不满。

第三节　影视广告中的色彩

人类 80% 以上的视觉感受是色彩带来的。完美的色彩运用，不仅极大地提升了影视表现语言的能力，起到美化和装饰影视广告画面的作用，而且还直接或间接地传递信息，成为表情达意、渲染气氛、传递美感的重要语言手段。它影响着人们的感知、记忆、联想、情感等，并在广告的传播中发挥着吸引注意、增强记忆的功能。影视广告的色彩不仅仅存在于单幅画面之中，还涉及不同镜头的色调在时间和空间上的组接关系。在色彩编排和组接过程中，既要不离开色彩的基调，又要随着情节的发展发生相应的变化。[①]

---

① 陆劲：《影视广告色彩的创意思维》，《新闻爱好者》（理论版）2008 年第 1 期。

油漆广告中的色彩斑斓，给人强烈的视觉冲击。每往墙上刷上一笔，人们心目中就会留下一个美好的印象。随着视觉积累多了，人们对这种油漆印象更为深刻，对这种油漆的好感度逐渐上升，进而产生购买行为。

同样，在 2018 戛纳国际创意节金牌广告片 *Obsession for Smoothness* 中，打印机品牌 Double A 大显身手，创造全球首个以纸张拼成奇幻背景的 MV。奇幻背景全部用各类颜色拼成，既有对比强烈的三原色红、黄、蓝，也有低纯度的粉色、绿色等。为表现纸的回收再利用效果，纸的背景用色比较花、乱，通过纸的翻页和不同灯光的照射，展现不同的颜色。抽象的变形让人眼花缭乱。与前景着白衣服人物形成对比，效果强烈。

色彩出现在特殊部位更能引起人们直觉上的注意。比如服饰上的配饰、银色的首饰、金黄色的发饰，再配合一定的灯光，更能产生斑驳陆离的效果。

一　影视广告色彩使用技巧

（一）色彩的基调，主色调的选取

影视广告作为展现一定场景的艺术形式，需要有一个主色调。它是指某种颜色占主导的画面形成画面色彩的总体倾向。基调的选取需要从广告的主题出发，根据人物的形象、人物活动的场景及需要塑造的气氛来决定。有时还会参考流行色。根据每年不同季节流行的色彩来搭配。某年流行草绿色，画面中的 T 恤就是这个颜色，让人感觉很时尚。或者就是创意者的个人偏好，对某类颜色特别看重，但这对于广告创意来讲，既有优点，也有缺点。优点是有益于创新，缺点是没考虑大多数受众的感受，导致客片失败。

影视画面作为主色调的颜色，必须在一个画面、一个镜头上占有面积和时间上的主导地位，以更好衬托广告主题。为了色彩的基调统一，画面内的环境、服装、化妆、道具的色彩有意识地向总体色彩基调靠拢。色调是用来烘托情节的，只要是带有浓郁色彩人情味的广告，就会给观众铺设一个整体色调。[①] 常见的冷色调、暖色调、中间色调都会出现在广告中。

1. 暖色调的选取

暖色调一般给人的感觉是温暖，镜头向前，具有亲近感。

---

① 陆绍阳：《视听语言》，北京大学出版社，2014，第 53 页。

在太阳镜的广告中，开始的镜头用了深沉的咖啡加橘红的主色调，用来衬托晚霞的场景。描述太阳发射的火焰，用了亮黄色，深处用了暗橘红加咖啡色，衬托太阳辐射光的强烈，对比效果明显。暖色调与太阳镜能够很好地呼应主题。让人既联想到太阳光的毒辣，又联想到太阳镜可以很好地保护眼睛。

另外，表达家庭生活的主题一般选用暖色调，用来衬托家庭生活的温馨。比如宜家关于过年主题的广告，一家人喜乐融融吃团圆饭。两个媳妇，一个穿着大红色的裙子，一个穿着粉色系衣服，婆婆也是穿着淡雅偏暖色的黄上衣。沙发一类的摆设都是橙色系，杯子里的酒是啤酒色，灯光是暖黄色，表达友善、幸福，烘托喜庆、祥和的气氛。而另一则宜家广告片《像狮子一样多休息》，整个画面也是暖色调，让人感觉狮子在放大假。狮子身上的黄色和躺椅的黄色搭配在同一色系上，显得比较和谐。广告后面讲述狮子在躺椅上睡着了。当它醒来的时候，发现一群孩子找它来玩。五颜六色的气球跟屋子里被阳光投射的暖暖的色调交相呼应，整个画面洋溢着温馨、甜美的气息，在这样的环境下，心情也变得舒畅。宜家产品的优势被衬托出来。

2. 冷色调的选取

它一般给人的感觉是深远、宁静、不可接近。

营造悲凉的气氛时通常采用冷色调。比如独角兽电台那则广告，在大的灾难像世界末日来临前，人们逃命到挪亚方舟。暴雨、洪水颜色都很深、很暗，人物都穿着深色衣服，衣服被雨水打湿。广告将人们的慌乱、措手不及表现得淋漓尽致。

还有的广告用冷色调渲染平和的心情。比如一艘船排水，在海面上拖起白色的浪花。在夜晚降临前，即使是穿在身上的白衣服也会被罩上一层蓝色的光。牛奶广告中，前面的镜头反复出现挤牛奶的动作，整体的调子也是处在一片蓝色之中，给人安静、舒适的感觉。

《蓝山咖啡》整个画面的主色调是暗蓝色，这样的基调，让人感觉非常沉稳。男主角一会儿在海边行走，一会儿坐在在海边凉亭下喝咖啡，一种悠闲的生活态度呈现出来。简单的格调，可以让人瞬间找到心灵的归属感。喝了这种软饮料，人的心情会变得轻松、自在。

3. 中间色调的选取

黄绿色和紫色属于中间色，在影视中单纯应用就比较少。这类颜色代表某一种特殊偏好，创意人在进行独特的设计时才会用到。

4. 金、银、黑、白、灰色的选取

它们属于无彩色系，在画面中常常作为间色出现。还是独角兽电台那则广告，牧羊人和神父对话的场景中，神父头发、胡须都是花白的，与深色的背景形成了鲜明的对比。黑、白通常用作消色。消色的个性不明显，它既可以与冷色搭配，也可以同暖色搭配，如果处理得当，可起到画龙点睛的作用。①

5. 综合色调的运用

麦当劳60周年庆的广告里，小丑的衣服颜色比较多。冷色、暖色都有，用来表示色彩的多样性。而且颜色比较明亮，采用的多是原色，能吸引更多的人关注。

（二）辅助色彩的选择要求

1. 要符合广告主题的需要，要简洁、有冲击力

伯恩巴克说过："出色的广告创意不是夸大，也不是虚饰，而是要竭尽创意职员的智慧使广告信息单纯化、清楚化、戏剧化，使它在消费者脑海中留下深入而难以磨灭的记忆。"② 更多的时候，是气氛所需。《跟随着青蛙》广告片中，男子穿的是橘红加格子花纹的衣服，显示男子穿得比较正式，是一个爱家好男人形象。接着去健身，穿一身黑色健身服，显示比较强壮。快过母亲节的时候，画面整体色调用的粉色系，将节日气氛衬托得非常温馨、浪漫，女性色彩浓郁。描述热带雨林树木被砍伐，用了枯黄色，衬托了一片萧条的景象。雨林的苍翠色，衬托雨林的枝叶茂盛，然后出现那只绿色的青蛙。绿油油的颜色直入眼帘，非常具有冲击力。在营地，男子的脸被篝火映红，周围是一片红彤彤的景象，衬托气氛非常紧张。男子起义，下半脸涂满蓝色，显得非常神秘。对遮面来讲，这样的颜色再恰当不过，不太显眼，又不至于太压抑，还把男子的勇气和胆量衬托得恰如其分。

2. 色彩对比与和谐的配置技巧

色彩对比有多种方式，有明度对比、纯度对比、色相对比，还有冷暖

---

① 陆绍阳：《视听语言》，北京大学出版社，2014，第52页。
② 成毅涛：《浅谈影视广告创意的原则》，《电影评介》2007年21期。

对比、同类色对比、类似色对比等。常用的色彩对比技巧，都可以应用在影视广告中。广告中的颜色也在表现情感，表现制作者的思想。

在《跟随着青蛙》的广告片里，男主胸膛被烙上的黑色印记，与红色的火焰形成了强烈的对比，带着浓郁的硝烟味。色彩纯度高、对比强烈，渲染了危险的等级。太阳镜那则广告，描述太阳光的镜头，非常抢眼。红色本来就是暖色，加上太阳光芒区的明度高，整个画面看起来更明亮。宜家广告采用黄色的背景，这种黄与床品的接近土黄的颜色，形成了很好的同类色对比。叔叔穿着格子衬衣跟男孩的床品颜色接近，也形成弱对比，烘托融洽的气氛。画面非常温馨和谐，不会造成剧烈的视觉冲突，因此能把重点烘托出来。镜头重点要描述叔叔重重地压在小床上的情景，因此这里的颜色只在画面中起了辅助作用。《母亲节》广告片中，孩子们的衣服是绿色的，颜色较为单一，而且有的孩子身上的衣服还是灰色的，与后来表现母亲节这一主题时所用的多彩的颜色，形成了强有力的对比。所以，适当在画面处理上运用一些巧妙的对比，为画面的整体效果做修饰，能够起到装点细节的作用。

3. 色彩对比引导视线流程

色彩可以很好地引导人们的视线流程，为人们设置观看点。在 Sony Bravia 的电视广告中，就设置了五颜六色的跳动球。整个画面通过球的运动，带来了活泼的元素，富有动感与生命力。球穿过城市的街道，跳到车上，跳到路边，穿过树枝，穿过屋檐，最后在拐弯处聚集成一道美丽的风景线，本来单一的城市变得色彩丰富，增强人们的视觉感受力，再配上一首轻音乐，让人对生活无限热爱。

二 色彩带动情绪的表现

（一）使用不同的色调在最初就会给顾客留下不同的印象

紫色，颜色比较暗，属于女性色彩，借以表现深沉、浪漫。黄色通常象征光明、希望、高贵。蓝色象征着和平、安静、理智。而红色，刺激人们的视觉。画面采用红色调，更容易让人热血沸腾。口红广告中，女主播嘴唇涂抹大红色，着红色衣服，坐在红沙发上，让人感觉艳丽无比。宜家家具广告，老人们聚在一起，享受着喂鸽子的美好时光。而有一个老头儿显得非常特别，不管去哪儿都搬一粉红色的板凳，以便随时休息。粉红色与周围朴素的色调形成对比，引来人们对老人的关注。

（二）有彩色系和无彩色系的混用象征故事的两重天，丰富画面效果，有彩色系情绪复杂、纷乱，无彩色系情绪低迷、单一

伊利畅轻酸奶广告由黑白转入有彩色系。黑白镜头一般表现回忆，表现的层次只能是个大概，人们对所有事物的认识都是模糊的。但是当所有的事物变为原本的彩色，它会在人们头脑中建构清晰的概念，起到强调的作用。女主角搬家，把她所用的物品都一箱箱地搬到小车车顶上，连男友也坐在车顶上箱子的空隙中。画面一开始是黑白的，比较压抑。路面崎岖，男友在艰难地推车，女主角比较紧张，担心车子发动不起来。车子好不容易发动，女主角虽技术不佳，但一直开着车。突然，来了一个骑单车的少女，疾驰而过，女主角为了躲避，急打方向盘，结果衣物散落一地，这个时候衣物是彩色的，衣服很多，让人眼花缭乱。女主角下车来看，杂乱的心情油然而生。然后她继续开车，看到一个女子也在搬家，却因为拥有众多的毛绒玩具，男友不能接受。就在该女子跟男友打架的过程中，玩具散落一地，并且画面由黑白转为彩色。彩色让人们心潮澎湃，也预示了吵架的结果，男友受不了了，准备分手。车子继续前行，看到很多女子拿着大包小包过马路（黑白镜头），然后看到很多女子疯狂购物，将导购都压趴在地（彩色镜头），描摹了人们激动的内心及势不可当的购物热情。到了岔路口，道路上限高2.5米。没开多久，就遇到一个大拱桥，女主毫不畏惧地开了过去，结果衣物又散落一地，女主的心情糟糕透顶。这时在路边碰到一个健身的妇女，一边听音乐，一边健身，还念念有词，汉堡、面条……胖妇女吃汉堡形象变为彩色画面，用来加深人们的形象。最后女主角将车开往草原，不幸再次陷入泥坑，衣物再次落地……女主角幻想着来了一个热气球，把身上所有的饰品都带走了，感觉非常轻松，整个心情都变得明朗起来（彩色镜头）……然后揭示广告的主题：总觉得拥有太少，其实是拥有太多。有些东西真的是必要的吗？画面出现了五彩缤纷的气球、棒棒糖、各种美味的食物，女主角的心情在各种色彩的衬托下，变得愉快、兴奋，对生活充满希望……当她奔向大海，拿着伊利畅轻酸奶时，心情是轻松、自在、随性的……最后出现广告语："当清空了世界，才会真正拥有这世界。轻生活，一身轻，伊利畅轻酸奶。"

（三）色彩是为了塑造一定的意境让受众去感悟

蒲震元在《中国艺术意境论》中为意境作了通俗的界定："意境是特定的艺术形象和它所表现的艺术情趣、艺术气氛以及它们可能触发的丰富的艺术联想与幻想的总和。"宗白华将意境分为三个层次：从直观感象的摹写，活跃生命的传达，到最高灵境的启示。[①] 色彩能够塑造一定的意境让受众去感悟。

第四节　影视广告音乐的使用技巧

影视广告是广告的最高形式，音乐是影视广告的一种重要表现手段。广告音乐往往有两种方式，一种是专为广告设计的，另一种是以现有音乐为配乐。

一　音乐作用的历史追忆

《楚辞·天问》中说道："师望在肆……鼓刀扬声。"宋代的《东京梦华录》中说："季春万花烂漫，卖花者以马头竹篮铺排，歌叫之声，诸奇可听。"元曲《货郎旦》中有句唱词："无非是赶几处沸腾热闹场儿，摇几下桑琅琅蛇皮鼓儿，唱几句韵悠悠信口腔儿。"古代社会沿街叫卖的商贩，那富有旋律的歌声、叫声和音响声，极具吸引力。[②] 中华人民共和国成立前，北京的茶馆常请一些名艺人来馆中演唱，或用电唱机播放名艺人的唱片。改革开放以来，许多商店、饭店，利用现代音响技术，播放流行歌曲和优雅的轻音乐。可见音乐在吸引客户上具有独特的魅力。

二　影视广告的听觉要素

影视广告的听觉要素包括广告语、音乐及音响三部分。影视广告作为听觉要素的广告语有两种形态：一种是旁白，另一种是广告模特的台词。影视广告音乐包含背景音乐和广告歌。影视广告的音响是影视广告中人和物运动时发出的，也有的是为了渲染情绪和气氛而附加的。

---

① 转引自徐进、张海华《论影视广告中的意境》，《艺术探索》2007 年第 6 期。

② 冠树：《音乐在影视广告中的作用》，应届毕业生网，http://www.yjbys.com/discuss/721474.html，最后访问日期：2018 年 11 月 22 日。

三 影视广告音乐风格

（一）古典型

西方古典音乐形式和古典乐器演奏是常用的元素，交响曲、歌剧、咏叹调、钢琴曲、弦乐曲是广告配乐大师的所爱。西方古典音乐风格华丽，优雅细腻。像尼古拉·里姆斯基-科萨科夫《萨尔坦王的故事》中的《野蜂飞舞》这首有名的曲子被用作一款扑克牌的广告的背景音乐，该种扑克牌的名字就叫"Bee"；理查·施特劳斯《最后四首歌》中的最后一首《黄昏》的前奏被全球通的广告所用，该广告的主演是著名企业家、登山家、探险家王石；威尔第的《游吟诗人》中的《铁砧合唱》，被用在某些汽车广告和深圳的一些主题公园的广告中；韦伯的《自由射手》序曲被用在某等离子电视的广告中。

（二）民族型

音乐能够表达本民族所共同具有的心理素质，体现不同民族居住地的风情和文化特征。国窖1573，用的背景音乐来自印度，讲述一个公主朝圣的故事。

（三）流行型

这类音乐是大众所喜爱的，通俗易懂，无论是声音还是画面都不复杂。

在《音乐传播学导论——音乐与传播的互文性建构》中，汪森、余烺天把影视广告音乐分为了主题音乐、同期音乐、听觉识别型特征音乐。主题音乐主要是配合广告主题，它起着衬托作用，目的是加强广告的表现力。这种表现方式常用。同期音乐，就是与画面同期播放的音乐。它的作用是增强画面的感染力。听觉识别型特征音乐通常非常具有个性，具有全面的表现力的节奏和音乐结构。娃哈哈广告中童声唱出的"娃哈哈"，以及吉伦布丁广告中的童声，识别性都很强。

四 影视广告音乐在影视广告中的特性

（一）具有很强的专有性和鲜明的形象性

音乐协助产品在公众中树立形象。其中包括一些理念，中国移动推出的"动感地带"的子品牌，正是借助"80后"喜欢的那首经典歌曲《我的地盘》来宣扬个性，增加这个品牌在观众中的认知度。金鸡牌清咽润喉片的广告使用了交响曲及公鸡打鸣的声音。多种音效共同作用，乐曲中公鸡打鸣声和该产品利咽清嗓的功效相互呼应。

（二）具有很大的吸引力

动人的音乐能够使广告获得大家更多的关注，让人们搜寻与产品相关的东西，使人们对产品产生好感，提高对产品的认识度。

五 影视广告音乐的作用

（一）意境的表现

音乐能够传达一定的意境。意境是中国审美的重要范畴，能够表征广告作品的审美品位。人们做过调查，运用没有声音的视听教具教学，可以吸引人们35%的注意力；加入配音，可以吸引人们55%的注意力。百事可乐花500万请迈克尔·杰克逊代言，以其流行音乐配乐。"百事可乐，新生代的选择"这句广告语配合优美的旋律，让人牢记在心。雪佛兰迈锐宝的广告片，注重的是情景融合。梁朝伟饰演的"现在的我"与"戏中的我"邂逅，不同空间的"我"在同一个画面中对话。插曲 *California Dreaming* 的旋律以及加州的风光让人联想到影片《重庆森林》。红色的雪佛兰老爷车穿过，配以扣人心弦的旋律。梁朝伟一个转身，露出迷人的微笑，镜头延伸到醉人的海滩……配以广告语：越忠于自己，越拥有广阔天地。然后以一个疑问的语气提问下一站去哪里，回答是跟着心前行，真我本色，驾享有为人生。音乐悠扬，让人放松。*Built to last* 广告主题曲，让人感觉到心境无比宽广，好像在无边的大海上飞翔。

（二）情感的传递

1. 感化性

影视广告音乐对视觉图像可以起衬托、补充、加强的作用，尤其是对镜头节奏、画面气氛有特别要求的影视广告，更需要音乐的配合去强调与渲染，从而感化人心。

2. 令人愉快的音乐能够建立购买者与销售者的友好关系

购买者对音乐的喜好度影响购买东西的可能性。儿童系列用品宝宝金水广告里《找朋友》歌词"找呀找呀找朋友"换成"洗呀洗呀洗澡澡"深受孩子、家长的喜爱。这种儿歌能产生好的传播效果。

3. 带动性

人类身心可对音乐规律产生反应，音乐的节奏能激起人心理及生理上的反应。

（三）音乐带来转场，可以让人们更加了解时空

百事可乐影视广告中的音乐犹如天籁，歌声响遍竞技场，产生了很大的反响。

（四）音乐具有一定的时代感

音乐反映了时代的精神和特色。矿泉水广告用王力宏代言，把一首关于爱的曲子作为背景音乐，极具动感与活力。"爱的就是你"，表达了对矿泉水的喜爱。

第五节　影视广告中的通感表现

在广告片中，通感表现在当一种感官受到外部媒介刺激后，通过心理机制，被另一种或多种感官所接受，同时激发出多种感受的兴奋，从而达到各个感官的相互沟通与交错，共同发挥作用，达到一种使人享受多重感观的状态。钱锺书指出："在日常经验里，视觉、听觉、触觉、嗅觉、味觉往往可以彼此打通或交融，眼、耳、舌、鼻、身各个官能的领域可以不分界限，颜色似乎会有温度，声音似乎会有形象，冷暖似乎会有重量，气味似乎会有锋芒。"[①] 这种感觉就像我们走进博物馆参观，享受多媒体技术带来的声画并茂的感受一样，立体感强。

一　广告中充满幻想

像英菲尼迪长轴距版广告，展现在人们面前的是壮美的景观，让人心潮澎湃。车身的长度像海水一样广阔无边，显得大气、豪迈。操控盘像满天的流星划过，显得神奇、浪漫。男子躺在车身里面挥挥手，如同来到了原始森林，到处鸟语花香。伴随着优雅的钢琴曲，如同来到芦苇湖中，悠

---

① 王东君：《浅谈通感现象在广告创意中的运用》，《美与时代》（上）2010 年第 7 期。

闲惬意。恰如英菲尼迪广告语所说："全新英菲尼迪，长轴距版，万象犹新。"广告触发了多个感官的体验，让人感觉此车非常舒适。

二 影视广告用视觉来描述味觉

视觉不光是画面内容，还有颜色、光线、配饰等，这些都会影响味觉。

轩尼诗 X.O 全新形象广告，通过精彩绝伦的影像，重新诠释了轩尼诗 X.O 馥郁饱满的醇厚风味。正如导演尼古拉斯介绍的一样："味道是一种极其强大的感觉。"[①] 其中有很多充满诱惑的画面。每个人因为个人生长环境的不同，会对它有不同程度的解读。

第一章，甘甜始现。用手划过水面，激起水纹，打破了画面中的宁静。画面从开始的象征宁静的蓝色，变为红色和蓝色的混合，用来暗示一种味道，酸酸甜甜，让人们向往美好。红色躯体相互缠绕，寓意干邑酒体中蜜饯水果的甜美将口腔包围，人们开始体会酒的浓度。

第二章，热力升华。炎热的沙漠、镀金的人形、在灯光作用下的印第安人时隐时现，戴着华丽羽毛头饰的女性如同一尊黄金雕像，富贵、典雅、神秘，正如酒体激荡于上颚时源源不断发出的热力。

第三章，辛香诱惑。观众会发现自己置身于一个金属和皮革的世界以及飞速穿越的隧道，这是干邑为味蕾带来的辛香冲击。

第四章，炽焰绽放。比如怪兽张大口喷出女性身体，热烈的火舌在一只手掌上缠绕亲吻，如梦如幻，就像干邑带来的难以言喻的感官体验。

第五章，醇厚涌动。手里长出了眼睛，变为巧克力铸成的人形，夜色中冷艳的女子出现。这是轩尼诗 X.O 缠绕在舌尖的圆润醇厚的感觉。

第六章，木香缠绕。顶着枝丫头冠的森林女神出现，这时森林突然炸裂，木屑飞溅，寓意轩尼诗 X.O 酿造时，浸染的橡木桶香气瞬间爆发。

第七章，余音悠然。所有的感官犹如画面上的点点星辉，正如干邑葡萄酒带给人们舌头上的余韵，回味无穷……

最后广告语是"领略卓越，何须等待"。广告的诉求性强，让人们果断选择，不要错失良机。产品定位快、准、狠，消费者容易接受。

---

① 《轩尼诗 X.O "感官之旅"新广告片全国首映》，搜狐网，http://www.sohu.com/a/61812981_104675，最后访问日期：2018 年 11 月 22 日。

在另一则由 Min 和 James Ma 代言的雀巢咖啡广告中，女主角数次被男主角放在门外桌上的咖啡香味所吸引，每天上班走到此，都会情不自禁偷喝一口。男主角一脸迷惑地看着咖啡瓶上留下的口红印，无可奈何。当有一天女主角再次来到男主角大门外，男主角拿着两杯咖啡，专程等她，一份意想不到的爱情降临了……

画面重点描述气味对女主角的强烈诱惑，每次女主角经过，都露出非常享受的表情，表明咖啡味道飘香四溢。

画面另一个亮点就是颜色，女主角每天都穿着艳丽的红色衣裙从男主角门前走过，而且每天衣不重样，将女主角的身材衬托出来，给人们强烈视觉感染力。服装正式，象征此产品为白领女性所钟爱，带来的不只是物质享受，更多的是好心情。

软糖广告把重点放在拉伸的长度上，配上一定的故事情节，让人产生一定的联想。

第六节　影视广告主题应用创意

一　广告主题的定义

在广告中，主题是指广告所要表达的重点和中心思想，是广告作品为达到某项目标而要表述的基本观念，是广告表现的核心，也是广告创意的主要题材。广告的其他要素是为广告主题服务的。只有主题鲜明、诉求突出才有可能是优秀的广告作品。否则，整个广告作品缺乏主题，就成了无源之水，无本之木。各种信息就会显得杂乱无章，很难引起受众的注意，更别谈给受众留下深刻的印象并让受众产生购买行为了。

二　广告主题设计的基本原则

（一）完整统一

完整统一是指既要同时具备广告主题的三要素（广告目标、信息个性、消费者心理），又使之融合为有机的主题。

（二）显著

显著是指广告主题要表达明确的诉求，最大限度地引起人们的注意。

最好达到一定的认知度，能够产生显著广告效果。主题将涉及情节、人物、矛盾、冲突等环节。比如 2017 戛纳国际创意节获奖广告片 *Fearless Girl* 的内容是在妇女节的时候，华尔街著名的地标铜牛前面放了一个小女孩铜像。这个绑着马尾、双手叉腰的小女孩，在重达 3.2 吨的华尔街铜牛面前，也没有丝毫的怯弱之情，反而勇敢、无畏到让每个人动容。她是一个典型女领导者形象。2018 戛纳国际创意节技术类摄影银奖、音乐改编银奖 *Sway*，就将无线耳机的优点很好地表现出来，人们可以戴着它跳舞。即使无意中撞上了别人，只要给别人一个耳机，就可以化解误会，一起共舞。减肥茶广告中，两位美女拼命吃高热量、高脂肪食物，如蛋糕、烤肉等，结果小肚腩悄然而起。两人经常吃完好东西，在办公室地上打饱嗝。她们相互影响，结果是越吃越胖。日子久了，就开始相互抱怨，天天愁眉苦脸。后来选美冠军给她们送来了减肥茶饮料，问题迎刃而解，她们又恢复了往日的迷人的身材。

（三）通俗

通俗是指广告主题要通过简单的形式将理念、产品的特征、带给消费者的利益与承诺等信息准确地表现出来，易于受众理解。而公益广告的重点更是让大部分人看懂。公益广告《为什么不让运动适合所有人?》展示给大家一个游泳健将的镜头。随着水花渐渐散去，空空裤管告诉我们，这个游泳健将双腿残疾。后面的镜头介绍了这位特殊游泳健将的日常，怎么样从轮椅下来、打开门、下楼梯、沐浴，创造了一系列奇迹。随后介绍广告主题，力求把运动打造得适合所有人。一位残疾人都可以做得如此完美，人们还有什么理由不去运动健身？还有一个品牌是奥美旗下多喝水广告，那句孙大伟的经典名言"多喝水没事，没事多喝水"成为当时流行的顺口溜。一天八杯水成为健康的秘诀。

（四）独特

独特是指广告主题要具有与其他同类广告不同的特点，以便在纷繁的信息中独树一帜，给受众留下深刻印象。Diesel 广告中建了一个新奇的岛屿，而且岛上制定了一种与现行制度完全不同的制度，创意独特。英国家庭烘焙大赛宣传片《听面包在唱歌》中，面粉、打入的巧克力酱、各类面包都幻化成人形，具有各类表情，一个个膨胀，成形，富有活力。百货店偷盗那则广告，用的是真人真事，摄像头拍摄的是真实场景，然后把每个人的头像替换成卡通人像，神态刻画得非常到位，把每个人的一颦一笑都表现出来。圣诞节小礼物那则广告，每个人拿到礼物都很开心，当打开包装的那一刹那，都觉得那份礼物很别致，即便是一个曲别针。洗发水广告中，站了一排女子，每个人接连转身，面对着观众。每一次回眸一笑，人们总是在比较她们的美丑。最后一个转身过来，竟然变成了男人的模样，让人诧异。

（五）协调

协调是指广告主题要与商品和广告主的企业形象相一致，以免造成信息混乱。很多时候，广告中夹杂的因素太多，广告主想表达过多的内容，增加广告容量。视觉分散后，顾客就不知道广告在讲什么。或者以一个外行的眼光加入指定模特，导致公众记住了广告中的模特，没记住广告中的产品。在这个时候，就需要专业的人才对广告的调性进行把握。有的广告色彩没配好，音乐没选好，角色没定好，画面就会留有遗憾，这些都需要在广告制作前进行统筹安排。

（六）集中稳定

集中稳定是指广告主题要把握诉求焦点，比较单一，避免主题的多元化、分散化。什么都想讲，结果什么都没讲好。尤其在广告中，时间太短，主题不明确容易导致观众还没看明白，广告就结束了。所以一个广告中不能插入太多的情节，也不能插入太多各种相冲的异调元素。

三　广告主题的构成要素

（一）广告目标要素

广告目标是广告战略的核心。确认这一构成要素，一方面要考虑如何使广告目标符合企业的整体目标，另一方面要考虑该广告是处于企业产品的什么期，如导入期、成长期、成熟期、衰退期等。导入期要注意广告出现的频次。成长期、成熟期的广告要设计得醒目，要延续以往的风格。另外，还要考虑广告目标融入广告主题的可能性，确保这种目标通过广告主题能够得以实现。广告目标是在反复分析研究的基础上制定的，因而确认这一要素较为容易，只需着重考虑其如何在广告主题中体现即可。

（二）信息个性要素

信息个性是指广告所宣传的商品、企业或观念的特点。寻找并确定信息个性是个复杂的过程。要广泛了解与广告产品和广告企业有关的信息，还要充分了解竞争产品或非竞争性的同类产品的各种特点、主题构成要素，然后研究其历史和现实的资讯材料，进行反复比较研究，提出多种备选方案，最后确定下来。不同品类有自己宣传的奇招。比如服饰类，Diesel 系列广告中带来的新潮、时髦等新的元素，让人们感觉很新奇；而有的用搞怪风来吸引客户，穿着随意，不受季节约束，突出个性；熙然服装品牌主推具有艺术画面感的服饰，将一些油画、装饰画元素都融入其中，使得服饰风格比较有特色。而有的手机广告，宣传其特有的颜色，比如说珊瑚蓝，给人清新淡雅的感觉；有的宣传前置摄像头，自拍功能强大，像彭于晏代言手机广告语为"照亮你的美"。

（三）消费者心理要素

同样，确认消费者心理要素也很复杂和困难。在过去的卖方市场时代，无须考虑消费者心理。但进入当今的买方市场时代之后，各种产品极大丰富，竞争激烈，消费者所关心的问题不再是能否买到某种商品，而是所购买的商品能否满足自我、表现自我、塑造自我。消费者的心理要素在购买活动中已处于主导地位，理所当然该纳入广告主题的考量范围。但消费者的构成层次比较复杂，同一层次消费者的需要也有很大差异，并不稳定，经常处于变动状态。为此，确认消费者心理这一构成要素时，要尽可能充分利用广告调查及营销要素分析的资讯材料，注意目标市场的细分情况，使所确认的消费者心理要素能够准确地反映目标市场的心理趋势及人文特点，让广告主题与消费者产生更大的共鸣。

四　广告主题塑造的创意方法

（一）制造气氛的各种方法

1. 围绕固定的主题，选用典型的人物

比如意大利品牌 Diesel 推出的 Diesel 岛服饰广告，先锋模特的表现给大众留有非常独特的印象，也为品牌赋予了探险家的精神。有一则关于养老、老人娱乐生活等主题的广告，整体让人感觉连贯性强。老人去排练唱歌，虽然有的有健忘症，有的嗓子不好，但他们仍克服种种困难，表演出色。儿女们也非常支持老人们，认为老年人应该有老年人的生活，勇于去讴歌生命才会活得精彩，干什么事千万不要有压力，先认为自己不行。只有勇于挑战，克服困难，才会成功。

2. 围绕宣传的主题，选择典型的环境

广告项目：宜家广告

它经常将场景设置在自然之中。抬头就望见四处密林，空气清新，鸟语花香，躺在宜家的床上就像生活在丛林中一样，充满着幻想。清晨伸着懒腰，随时可以跟动物交流，陶冶情操。还有则广告把厨具搬到了密林中，吸引了无数的猴子还有其他的动物纷纷过来体验现代化设备，上演了一出出好戏。猴子打开冰箱，结果香蕉落了一地；猴子打开水龙头，水花四溅；猴子拿咖啡杯，结果没拿稳，杯子碎了……自知惹祸的猴子，惊慌失措地逃回了森林深处……本来冷冰冰的器具被宣传得非常接地气，不光造福人类，而且深受大自然动物喜爱。宜家另一则广告，直接就把电影院的椅子换成宜家床，慵懒的人们在床上看电影。在宽阔的场地上，人们有着前所未有的体验。这种诉求加深顾客对品牌的印象。

环境的塑造，可以借助很多三维技术，比如在《三生三世十里桃花》电视剧里面，借助阵法打造的很大的气场，以及瞬间形成的结界。这种虚拟的东西，却通过三维特效让人真实地感觉到场景的存在。

3. 为营造气氛我们可能选择特定的服饰、特定的道具

为打造一个富有奇幻色彩的故事，可以让女孩提着风灯装扮成穿着黑裙的小女巫，拍摄地选在一棵盘根错节的大树下。为了强调场景的奇幻感，可以选择透明的球形玻璃烛台，将它们用鱼线悬挂在树枝上，并点亮蜡烛，营造出迷幻森林的童话氛围。为了营造江南古镇气氛，可以在画面中加一把油纸伞，女主角穿一件旗袍，在城墙上挂灯笼。为营造天宫的气氛，可以在云雾中打造众多仙女飞天的形象，有种腾云驾雾的感觉。为营造圣诞的气氛，可以加入圣诞树、圣诞老人、雪人、圣诞礼物，播放圣诞歌。为营造万圣节的气氛，南瓜、鬼怪服、恐怖的声音、迷离的灯光都能把场景渲染得比较有特色。

4. 渲染气氛要注意天气变化

黑泽明认为风、雨、雷、电显示了自然的伟力，能够在银屏上呈现一股摧枯拉朽般的冲击力。[①] 像宜家广告，特意塑造一个风雨交加的夜晚，

---

① 陆绍阳：《视听语言》，北京大学出版社，2014，第21页。

特别寒冷，一只大雁被雨水打落下来，来到单身汉家的门前避雨。广告将大雁的无家可归，孤独落寞都渲染得非常到位。

（二）气氛塑造的注意事项

1. 在布置场景时提倡丰富性，但是最忌讳把画面变得杂乱不堪

纯粹的色彩组合会让画面显得更加干净透彻。如何让画面丰富却不让人觉得眼花缭乱是很重要的一关，要培养好的色感，不让场景中有过分突兀的东西干扰到画面。

2. 注重拍摄情绪化和故事性

模特本身的特质就瞬息万变，尤其是儿童，可能没有很大的耐心等着摄影师来摆拍。摄影师经常是需要拿着玩具和食品来安抚他们，还不能保证摄影师想要的镜头就在那里。拍摄动物就难上加难，有时七天都不能拍到一个理想的镜头。一个拍猫叼东西的镜头，就要费上两小时，而且经常是稍纵即逝。动物很难做到和人预想的动作一样，有时跑掉了，还要再抓回来。拍摄美女却总想找到她最美的角度与表情。每个人好看的角度是不同的，表情越自然，可能拍出来越美。在拍摄人像时要善于捕捉和发现美，调动模特的情绪，让模特放松，这样模特能展现给人的也就更多。如果模特拘束，许久才进入状态，拍摄的难度加大，耗时更久。

3. 除了情绪的表达，拍摄的图像还应该有更多的故事感

（1）广告项目：洗衣液广告

故事一开头就讲述妈妈放学后去接小学生，结果发现很多学生的白衣服弄得非常脏，到处是泥。这是妈妈最不喜欢看到的现象，于是责怪他们怎么如此调皮。孩子告诉妈妈，路遇一位老人推了一车花盆，结果因为下雨，老人的车倒了。路过的小学生们就纷纷去帮助他。故事采用欲扬先抑的表现手法，在开头设一悬念，后面进入正题，学生集体去做好事。这种故事感人心肺，树立了良好的价值观。

（2）广告项目：咖啡广告

广告重点突出"交接仪式"这个主题。桂纶镁扮演一个职场打拼的女性，脸色蜡黄，要熬夜，要操心。"始终在百分之一的时间里，做到百分之一百？总是尽全力，为没有重点的会议画上重点？想为生活控制时间，时间却控制你的生活？多工是一种能力，还是超能力？和失败保持安全距离，还是勇敢靠近？每一天，为自己举行一场交接仪式。一杯咖啡的时间，把自己交接给另一个自己。"广告围绕"交接仪式"这一主题展开，描述了一天的办公室日常工作。主人公开始在复印室打印资料，接下来一个上午都在做会议纪要，忙到下午两点才开始吃午饭，下午又成了"多面手"，时不时还要去"灭火"。忙碌了一天，留出喝一杯咖啡的时间，让自己做个交接，这个仪式给自己树立明天继续加油干的信心。主题既明确又有意义。

4. 要把握故事的"度"

关于骨病的"咳断肋骨"等产品广告，无异于天方夜谭，关注度上去了，可信度随之降低。

5. 注意拍摄的动作

气氛很多时候是通过人物的动作来传达的，尤其是在拍摄双人照时，两个人的互动能传递很多信息，如对望、牵手等。

6. 注重画面带来的美感

（1）直接陈述式

为色彩而生 Michael Kors 2017 春夏系列广告，描述了女模特们的线条美和肤色健康，突出包的色彩美和质感好，非常具有时尚感。整部广告片让人看起来非常舒服，有种在度假的感觉。

（2）恰如其分地使用一定的技巧

对比出来的美更让人觉得可遇而不可求，美得不可方物。

广告项目：化妆品广告

广告故意在前半场设计了一个女汉子的形象，不在意着装，成天穿一件大褂，头发也扎得乱七八糟。大大咧咧，但特别能干活。她暗恋一个学长，试图去表白，结果失败。学长喜欢的是长发飘飘、温柔可人的类型。后来出现的女生身着白裙，清纯甜美。女汉子的不拘小节恰好衬托出学长心中女孩的美丽和优雅。女汉子决定改变形象，去尝试使用化妆品……

7. 给画面制造动感，产生动静结合、相得益彰的效果

一个松鼠从人们眼前穿过，人们会觉得是一道亮丽的风景线。有的时候为配合主题，特意营造风的效果，风吹动发丝、裙摆，看到这样的画面就仿佛能感到空气的流动，让人感觉非常舒服。如果是在没有风的天气里，我们也可以人工制造发丝瞬间飘动的效果。除了风以外，还可以制造水花四溅的效果。飘落的花、叶，亦是强调瞬间感的极佳元素。模特在拍摄的时候瞬间转身、奔跑、甩动衣服，都能给画面带来动感。

第七节　影视广告节奏应用创意

一　节奏的定义

现实主义代表卢卡契认为，节奏作为一种艺术形式要素是与劳动分不开的。节奏运动的形成是劳动过程本身改善的一种结果，是劳动生产力发展的结果。[①] 几千年前的中国，在出土的陶器花纹上，人手拉手跳舞，花纹样式重复且规则，由多人横排组成，是古人对这种艺术形式的认识。我国古代《礼乐经》中说："节奏，谓或作或止。"运动中的秩序，就是节奏。戏剧家斯坦尼斯拉夫斯基说："节奏就是事物发展的一定的速度和拍节中，实际时值（动作、声音等）与单位时值之间量的关系。"戏剧家古里耶夫也说："任何一种运动为了完成它自己的使命，都必须有规则、有秩序。"[②] 这种表现方式使我们的画面更加丰富。像平静的水中泛起波澜，像给我们建立一种规则与秩序感，像舞者往往给我们的强烈的运动感和时尚感。《辞海》把节奏解释为音乐术语。音响运动的轻重缓急形成节奏，其中节拍的强弱或长短交替出现合乎一定的规律。影视节奏，主要由镜头长短、镜头内部主体情绪、组接的方式构成。它分为内在节奏和外在节奏。内在节奏是由影视广告片叙述中情节的内部冲突发展为人物内心情绪起伏产生的。它表现一种内在的叙述观念，只有通过审美的直觉去感知才能发现。其目的是使叙述多样化，有层次，有意思，观众获得更多的美感。内在节奏是广告画面和整部广告片的"第一因素"。外在节奏是指广告片画面中主体的运动和镜头转换的速度及音响、音乐等声音效果的强弱与速度综合产生的运动形式特征。说它是外部特征，是指它作为广告片运动形式的外部表现，作用于人的外部感觉器官。虽和内容相关，却重在运动自身的形式。外在节奏与内在节奏关系密切，却并不等同。内在节奏和外在节奏是相辅相成、有机统一的。

节奏能够产生一定的美感，它存在于各种艺术形式之中。建筑艺术则

---

① 裴晓菲：《节奏在动画中的重要性》，《民风》2008 年第 17 期。
② 李洁、宋军：《影视广告动画创作中的节奏把握》，《包装工程》2005 年第 1 期。

认为节奏是建筑物表面结构上的线、面、体和它们之间的平衡、对比、对称等变化；绘画艺术则认为节奏是由运动的形式因素或色彩，以一种相同或相似的形式按一定规律交替出现而构成；作为"第七艺术"的电影中的节奏有着世界上年轻且充满活力的艺术形态；动画中的节奏充满丰富的想象力，不为人所控制。总之，各门艺术都是用自身造型因素和表现形式去形成自身的节奏。而广告片中，节奏就像一味有趣的调味剂，运用得好能给整个广告片增光添彩。

二 有些题材需要借助节奏作为推动剂，不同类型的节奏适合不同的题材

（一）带有韵律的广告特别适合用节奏来表现

啤酒广告使用运动员健身等题材，健身过程中，健身器材的使用非常有规律，一闭一合，让人感觉锻炼身体才能使骨骼强壮。这则广告表面上说健身后，做事情才会更有精神，实则是表现酒的劲力。在这里借健身打比喻，令人出乎意料。广告中的节奏有着强烈的规则感，恰恰和最后出现的广告语"真正的男人，真正的啤酒"相吻合。

（二）表示遇到危险、突出速度时运用快节奏

1. 广告项目：Niro 广告

广告让我们体会到了节奏快对推动事情发展的重要作用，讲述了主人公 Marisa 接到指令，驾驶 Niro 去往海洋、森林、南极和草原，拯救鲸鱼、树木、冰川和犀牛的故事。Marisa 从崩塌的冰盖逃脱以后，寒冷的天气让她迫不及待跑回车里打开座椅加热，此时一旁的企鹅也跟着上车表示自己很热，Marisa 为它打开副驾驶座椅的通风功能……草原上那个被犀牛追赶的 Marisa，仓皇逃窜，然后上车，从倒车影像里看见犀牛穷追不舍，赶紧发动车子逃出这片危险境地。节奏用来烘托汽车的速度以及主人公历险的紧张气氛。广告通过一系列夸张和搞笑的镜头，将 Niro 混合动力的特点表现出来，给人们留下深刻的印象。

2. 广告项目：雪碧广告

人和豹子抢饮料，相互追捕的速度也是通过音乐中的快节奏来表现的。人兽大战一触即发，让人提心吊胆。

三　节奏的作用

（一）节奏变化为艺术美之灵魂

火车轰隆隆的进站声，飞机瞬间起飞声，鼓手强而有力的打鼓声，工人整齐而有力的伐树声，舞者踩着鼓点有规律的踢踏声……总之，节奏用反复、对应等形式把各种变化因素加以组织，构成前后连贯的有序整体，是抒情性作品的重要表现手段。在广告中，节奏不仅限于声音层面，景物的运动和情感的运动也会形成节奏。节奏变化为艺术美之灵魂。节奏通常与韵律相伴，如舞女踩着鼓点跳舞、运动员跳团体操，都是有规律、有秩序的。

（二）节奏可以控制剧情，引起受众关注

快节奏、慢节奏带给人们不同的心理感受。快节奏带来紧张、压抑、心跳的感觉。慢节奏带来舒缓、悠扬、自在的感觉，观众更多的时候从视频解读出提示大家休息的概念。让我们来分析以下广告。

1. 广告项目：Smart 车的经典广告

广告一开头，不同的小孩张口就是骂人的话，直接带给人们的感觉就是非常不文明。幼稚的脸，粗暴的语言，熟门熟路。整个画面一个挨着一个，节奏非常快，就像警钟一样不断敲打，发人深省，越发让人感到问题的严重性。到底为什么这些小孩的神态会如此不同？原因就是使用了错误的车送他们。试想在拥挤的道路，人们被超车的时候会言行不佳。停车位被抢走的时候，火气可能比油门还大。这些人可能自己都没意识到，但是孩子看到了、学到了。小孩的脏话，竟然都是从大人那里学来的。Smart 洞察到这个平常的现象，并从这个角度链接到品牌核心价值，直指所有司机之心——不喜欢拥堵的交通。上班途中畅通无阻，人们的心情将无比放松。小巧精准是 Smart 车的特点，定位非常准确。该广告以问题少年入手，揭示产品主题，小孩往往是大人关注的焦点。这则广告运用节奏打断人们内心世界的平衡，从不平衡到心理平衡，从一无所知到对主题的了解，再到主题的深入，节奏都起到了重要的作用。

2. 广告项目：MINI 车广告

开不同车门的声音，很有规律。反复开车灯的声音，匀称且节奏感强。反复的节奏可以加深人们对某一事物的印象。广告将车的各个部位通过声音展现给大家，人们在看广告的同时陶醉在美好旋律之中。

（三）节奏让人体会到生活的多样性，感受多彩的信息

变化能让人期待，让人不断调整自己的情绪，不时拥有新鲜感。不同节奏塑造不同的气氛。

广告项目：耐克广告

广告通过节奏来营造气氛，通过很有规律的踏踏声来表明此人健身的效果显著。不同方位的运球，时刻伴随着球着地强有力的声音。如此熟练与自如，如此自信满满，如此合理而有规律的抢球，全是通过强有力的节奏表现出来的。

四 影响节奏的因素

（一）在剧本设计过程中，利用对比影响节奏

没有对比就没有节奏，快与慢、强与弱、进与退、高与低、长与短，都是在对比中产生的。广告中双方的对比，不经意中就把好的那方凸显出来了。它形成对比不是随心所欲的，而是要符合一定的规律，在对比中找到内在的联系，使对比为一定的目的服务。它剔除了尖锐的分子，令影视画面非常柔和。

广告项目：依云广告

婴儿做出的踩跳动作、翻转动作、倒立动作等令人惊叹。广告节奏快，它对比的对象是虚拟的成人，聪明的婴儿做出和成人一样的动作，原因就是他们使用了好的产品，虽然夸张得有些离谱，但是带来的广告效果是非常好的。

（二）在拍摄广告时，利用镜头影响节奏

广告中常用三种镜头。渲染镜头，用于提升影视广告的形象，利用比喻、暗示、夸张等手法，使画面更具写实风格以及情感效果。关系镜头是联系前一个镜头和后一个镜头的纽带，对剧情的发展起到说明作用，强调剧情发展的背景、时间、地点等。动态镜头就是记录动态事物的镜头，主要是表现人物表情和对话、强调人物的动作过程等。

1. 不同镜头的变化影响节奏

节奏跟镜头选择和变化有关。两级镜头的连接，会造成镜头的急转。

从远景跳到特写，就会让观众不适应。高速、降格镜头能减缓节奏。

2. 镜头的长短变化影响节奏

把比较长的镜头组接到一起，节奏就慢。长镜头时间长，画面播放速度慢，能使人感受到细节，渲染一种情感的浓度。短镜头的组接能够带来强烈急促的节奏。

3. 镜头内人物的运动影响节奏

虽然是长镜头，但是人物一直在激烈的运动和对抗之中，节奏就会显得很急促。比如分手的情侣一直在吵架，语速很快就会推进事态的发展。

广告项目：IMG 体校的快节奏广告片《竞争无处不在》

广告运用了大量的动态短镜头，比如运动过程中的人顶球、打球、踢球、奔跑、抢球、投球等一系列动作，配合有速度感的音乐，令人振奋，带给人力量。

（三）在后期剪辑中，利用音乐和音响影响节奏

广告中的音乐也体现出速度和调性。像 *The Edge of Infinity* 给人紧迫感；*Hummell Gets the Rockets* 音乐震撼，气势磅礴，振奋人心。

1. 广告项目：滴滴广告

广告在男子相亲过程中，采用舒缓的音乐烘托气氛，留给人们思考的时间。当男主角看到女主角脸上有麻子，幸福的表情顿时消失，音乐戛然而止。而当女主角看到男主角身形与照片差距太大之时，也很失望。于是两人借口有事，速速离去。另一则是男主角送女主角回家，音乐很舒缓，衬托男主角送女主角回家的美好心情。突然刺耳的手机铃声响起，打破了之前的美好。音乐的快进能够推动剧情的快进，而音乐的迅速结束会使人们的注意力停滞在画面上。

2. 广告项目：跑步鞋广告

人穿着跑步鞋追豹子，越跑越快，气氛也越来越紧张，配合着快节奏的音乐和紧凑的鼓点，人们整个心都悬起来。最后人追上豹子，将豹子捆起来，动作熟练，音乐变舒缓。

节奏设计中要避免两种节奏，即凌乱的节奏和拖沓的节奏。广告局部设置过于花哨，会与整体不符。拖沓的节奏容易影响剧情的进展，尤其是特别慢的镜头，时间过长，受众就厌倦了。

第八节 影视广告情节应用创意

情节是叙事类广告的主要线索。广告叙事一定要保持相对的完整性。洛朗·理查森写道："叙事是人们将各种经验组织成有现实意义的事件的基本方式。叙事既是一种推理模式，也是一种表达模式。"

一 完整叙事

完整叙事是广告片要表述一个完整的故事。常见的方式是将产品作为贯穿故事情节的重要道具。可以通过叙事"理解"世界，也可以通过叙事"讲述"世界。在最初的叙事中，听一个最简单的故事，人们可在想象中获得一个完整的时间和空间。在此时间和空间中，世界经过了人的想象，因而成为可以把握的存在。

广告项目：宝马车广告

一男子开宝马车奔赴婚礼，路上经过一个狭长的街道，车速放慢。楼上的一位美女非常喜欢此车，频繁将身上的衣服抛向车子。而男子反复将车开回，查看情况。结果，赶到婚礼已经晚了，新娘正在哭泣。男子从车上拿下衣物给她擦拭。新娘仔细一看，竟是女人的衣服，更为恼火。男子被误会，但是一时半会儿还解释不清楚。故事简单，却构思巧妙，在故事演绎中造就波折，非常有趣。

二 并列递进

并列递进多出现在情节故事性相对较弱的广告中。多见于一组不同人物的并列，用不同人物形象对应目标受众，受众随着情节变化产生递进的情绪，最后突出广告诉求点。

广告项目：Sony Erisson 音乐手机广告

画面描述各类人拿着手机，听音乐。有下班归家的人，有等地铁的人，有跑步锻炼的人，有练习拳击的人，有踢球的人……他们的爱好就是听音乐，无时无刻不在享受音乐带给他们的快乐。

三 系列广告

1. 系列广告特征

（1）广告只有做成一定的风格，才能成为系列。系列广告在图像结构或者影像结构上具有相似性。系列广告还可以是由名人或数位名人来推荐或是演出的广告。

广告项目：央视春节系列广告

2013 年央视执编的片子《回家》，选取普通人回家过年的故事，让人感觉真实，路途艰辛。

《63 年后的团圆》讲述台湾老人李景春，自 10 岁时离开上海去台湾，与哥哥李景秋分离 63 年来再没回过故土。2013 年春节，李景春老人踏上了寻亲圆梦之旅。广告重点描绘老人回来后热泪盈眶，喜不自禁的场景。

《过门的忐忑》讲述"90 后"福州男子庞建辉在重庆打工时认识了王晓燕，因为工作繁忙两人婚事一拖再拖，一直没能带晓燕回家给爸妈看看，两位老人日思夜盼，却只能从照片上想象儿媳妇的种种。2013 年春节，小两口费尽周折终于买到了回家的火车票，虽然历经数十小时车程到福建又转乘渔船才终于到家，但他们觉得，为了和爸妈一起过个团圆年，为了让爸妈看到儿媳妇，这一路的辛苦都是值得的。镜头重点给在晓燕坐船晕船上。

《家乡的滋味》讲述了工程师刘春生的故事，他从尼日利亚卡诺州到长春，要历经 8 次换乘，35 个小时，回家一趟实在不容易。但刘春生说："再难，也要回家过年。"虽然路途遥远，但是回家的信念是那样坚定。即使累得不再清醒，用水擦把脸，继续坚持。出发的那天，刘春生要先坐十几个小时的大巴到尼日利亚机场，然后再到埃塞俄比亚转机，那里才有到中国的航班。飞机在空中飞行了 7 个小时终于在香港降落，他又马不停蹄地飞往北京。在北京匆匆地吃了一碗泡面后，刘春生终于坐上了回家的车。虽然还要有数小时的车程，但他知道自己离家越来越近了。次日中午，他终于回到了自己的家中，忍不住鼻尖发酸。刘春生说："飞机、汽车、火车，花了两天一夜的时间，跨过了几大洲，终于到家了。能喝到家乡的饺子汤，再怎么折腾也值得了。"故事重点描绘家人等待的心情。

《家乡的滋味》中的汪正年，33 岁，一位去广东打工的农民工，从广州回贵州老家，五天四夜，骑行 1350 公里，恶劣天气、崎岖山路，所有的困难在他眼中都不算什么。亲手为一年未见的女儿穿上新衣的那一刻，一家人吃团圆饭的那一刻，一路奔波，一年辛苦，全抛在脑后，这就是回家的意义。

这一系列关于回家的广告，镜头震撼，将中国人回家的历程演绎成一部部心灵史。

广告项目：超能植翠低泡洗衣液系列广告

广告里都是超能女人。有影视演员，也有文体名人。每个人都在自己的行业中取得了成功。外在的美丽不再是第一要素。孙俪人美，电视剧也拍得好，她的成功取决于自身丰富的内在，蒋思婷、蒋方州、许安琪，她们并不是因自身的美艳动人或青春靓丽而取得成功。她们的成功取决于她们的技艺非凡。塑造超能女人，爱屋及乌，人们联想到产品性能也很优良。

（2）有一些系列广告更是围绕着一个中心故事展开，一集接一集，好像电视剧一样。比如那则以老人唱圣诞歌为主题的广告，先把老人们排练作为一个广告片段，给每个老人用心表演的镜头，一遍遍练习，然后老人们上车，在去演出的路上又为一个广告片段，最后老人们唱歌又为一个片段。

2. 系列广告作用

系列广告能弥补单一广告的不足，加深人们的印象。系列广告总有多重意思，让人们在不同的层面对产品或企业形象进行了解。系列广告还能带给人们更多的意境。

广告项目：Tango 汽水系列广告

广告中进行"撞击"测试的人戴着头盔，身上系着安全带，人从地面弹至铁板，再摔到地上，落地后，头盔里的橙子全部变成橙汁。

测试者假扮成小海豚被海里的大海豚用尾鳍摆来摆去，最后把这个"小海豚"甩上岸，打开衣服，里面放置的橙子已变成橙汁流出来。

这两段广告，一直用一种运动的状态来表现。所以它比单纯静的展示要生动得多。过去美学家绘画讲究"气韵生动"，但实际上这个美学上的评价同样适用于广告，广告也应该充满生机与活力。

第六章　三大法宝叙事元素研究

在广告中，常用三种形象——女性、儿童、动物，这三种形象是拍摄广告的三大法宝。近几十年，很多广告依然使用这三大法宝且在表现技巧上有所改进，向着多元化、个性化的表现方式迈进。

第一节　女性在广告创意中的应用研究

女性做广告，历史悠久。民国时期已经用女性做广告，女性大多穿旗袍，为香烟、日用品做广告，带有古典韵味，反映那个时代的特色。改革开放以后，女性地位逐渐提高，而且扮演多重角色。但是一些广告中存在歧视女性的成分。在新媒体的背景下，一些女性广告并没有脱离传统性别的刻板印象，女性的地位并没有得到大幅度的提高，女性还是依附于男性，需要得到男性的赞美、爱慕、照顾。女性的追求目标被限定在时尚和爱情上，女性很少参与社会公共事务。女性的角色还是定位于家庭为多，圈定在妻子和母亲的形象中。① 而女性的广告主要围绕生活用品而来。但近年来，改变女性地位，塑造更为独特的女性形象的广告增多。一方面是因为产品的同质化竞争，产品不能没有个性；另一方面是因为女性追求自我权利的精神意识提升。

一　使用女性创意的诉求核心点

（一）围绕女性的美丽

时尚模特穿着前卫，饰品佩戴讲究。18 世纪著名美学家贺拉斯曾指

---

① 刘瀚潞：《商业广告中女性形象的变化》，《吉首大学学报》（社会科学版）2014 年第 S2 期。

出："蛇形线是最美的线条。"① 而女性的形体轮廓恰恰由许多蛇形线构成。西蒙·德·波娃也承认："女性较男性可爱。"② 女性的身形是一个经常被提到的话题。曾有一份调查报告显示，在被调查的 517 个女性角色里，引人关注的人群，87% 是年轻漂亮的女性，7.8% 是儿童，5.2% 是中老年妇女。

1. 自己眼中的美丽

美丽可以增强自信，为自己酝酿好的心情。

（1）广告项目：伊利甄稀冰激凌广告

广告将女生最羡慕的生活刻画出来。画外音是："据说，只有 7% 的人会每周买花，会手写思念，会为中意的冰激凌挑选音乐，就像甄稀百克牛乳，提取约七克稀奶油"。广告语是"甄稀，独特的细腻"。画面重在写意，穿着红色衣裙的女生来到花店买花，当她把一大束花捧在手里时，收获了满满的幸福感。她坐在店里写情诗，享受冰激凌美味，好不自在。

（2）广告项目：DF 冰激凌广告

广告用的是直白的方式，让女主角坐在冰激凌店内，边享用，边自己说出其快乐的秘密在这里，DF 冰激凌，她的魔法精灵。广告把产品直接与女性的爱好联系起来，表达了女主角对生活品质的追求。

2. 他人眼中的美丽

女性经常被别人贴上标签。最常见的是拿女性的外形来描述："女性形体轮廓的主要特点呈现为许多弧度大小不等的曲线的多样变化与柔和平滑的过渡形成的和谐统一。线条柔和、流畅、圆滑、多变，富于弹性和质感，洋溢着和谐的美。"③

广告项目：可口可乐广告

几个男子看到路过的身材苗条的女子，欢呼雀跃，拿 250ml 的可口可乐的瓶子比画她的身形。可是女子随身一转，走到商店里，接着出来一个大妈。男子们一阵唏嘘，拿 500ml 的饮料瓶比喻大妈的身材。前后一对比，让人们记住了产品的特征。

---

① 周晓君：《探析新的读图时代包装装潢设计中女性形象的功能》，《包装工程》2009 年第 6 期。

② 耿伟：《女性形象与当代广告设计》，《科技经济市场》2013 年第 4 期。

③ 刘帅：《以女性形象美为创意的广告》，郑州长城科技中等专业学校网，http://www.henau.net/html/c64/2012-10/29336.htm，最后访问日期：2018 年 11 月 22 日。

还有一则广告是一女子穿着耐克的衣服走过，让看报纸的老人抬起了头。在女子穿过大街的过程中，引起不少行人的注意，表明女子很有魅力。某口服液广告比较符合年轻女性希望得到大众认可的心理，产品广受女子青睐。

3. 以人的爱美之心来衬托产品受喜爱程度

广告项目：屈臣氏化妆品广告

这则广告很特别。以两个年轻女性打拳击为题材，两个女性都有永不服输的精神。不光在拳击场上比高下，在中场休息的时候，还在比气质。一个女性拿出口红来涂抹，另一个女性说自己的皮肤保养得好，连裁判也在不停抹粉、补妆。最后表明广告主题：来屈臣氏买化妆品，一元起价，赶紧购买。广告意在表明这种产品广受大家喜爱。

4. 运用漂亮女子吸引眼球或者迅速推动剧情发展

虽然这样的创意广告让人感觉俗不可耐，但能打造出醒目的画面焦点。

广告项目：百度引擎广告

一男子在公共汽车上大喊手机掉了，然后发动众人帮他找手机。众人巡视无果，最后该男子将求助的目光定位在一位年轻靓丽的女子身上。男子伸手问她借手机，女子好心借给他，男子打过电话去，发现手机就在他自己包里。然后搜百度出现追女孩妙招——借手机。为了夸张剧情，在该男子借完之后，又一掉了门牙的大叔继续问女孩借手机……用百度搜解决问题的答案，已众所周知。

（二）围绕女性的性感和风情

1. 广告项目：施华洛世奇广告

镜头重点放在拿花的女性头部、手部；整个画面营造的是唯美的气氛，将人物的亮点和首饰的亮点同时推出来。水晶的亮点是闪亮，多角度发光。而女性身上也是银光闪闪，各类首饰闪耀着光芒。画面流光溢彩，令人目不暇接。

2. 广告项目：香水广告

风情万种的女主角走过人群，西装革履的男士嘴里的香烟软软地耷拉下来，可见女主角的魅力之大。

3. 广告项目：德国胃药广告片《你没想到的玛丽莲·梦露》

一辆白色的加长车驶来，"玛丽莲·梦露"如一朵白莲花般从车上走下来，走上红地毯。在聚光灯下，她感觉胃很不舒服，捂着胃。于是经典一幕出现了，风来了，性感的"玛丽莲·梦露"赶紧捂住裙子。广告用调侃的手法给受众留下深刻印象，胃疼需要赶紧吃药，否则尴尬的局面就出现了。

（三）赋予浪漫的气息

这种方式让人联想到女性的甜美、浪漫，带有梦幻色彩，又将女性的细腻、温柔融合在影片中。像床上用品、化妆品、零食、厨房用品经常使用这种方式。一是说服力强，二是为营造一定气氛。还有一些女性专属用品也能用到。

1. 广告项目：爱立信手机广告

广告将宏大的场面、高雅浪漫的情境、张曼玉典雅华贵的气质和她手中精致小巧的爱立信 GF788 手机联系在一起，赋予了爱立信手机优雅浪漫的特质。

2. 广告项目：伊利牛奶片广告

广告语是"好吃没话说"。广告的女主角是一个靓丽但是不爱说话的女孩。男孩苦苦追求，女孩只给他打手语。后来男孩为了跟女孩有共同语言，也戴着口罩不说话。之后上演了一系列清新浪漫的故事：两人一起欢快地打着泡泡枪；男孩带女孩骑单车，车筐里摆满鲜花，女孩手里拿着气球，舒心地坐在车座上；两人一起逗猫；两人一起在街边玩耍，从日出到日落。有一天，女孩终于说话了，男孩被吓了一跳。女孩往男孩的口里放了一粒牛奶片，男孩心里跟吃了蜜一样甜。广告节奏从头到尾让人感觉非常欢快，是一个别出心裁的爱情故事。

二　女性创意广告的传统类型

（一）青春型

青春型的广告往往以青春、生命力强、精神焕发为题材，或者讲述励志的故事。

1. 模特直接展示型

在商品广告中，模特的言行是为展示商品的卓越品质、独特功能和优良服务等服务的。范晓萱曾为"洁莱雅"的广告代言人，她戴着与产品包装一致的花环，唱着大家熟悉的《健康歌》。"你想跟我一样，就一起做运动吧！"

积极乐观、健康开朗的阳光女孩形象与洁面产品特征非常吻合，产品也深受女性消费者喜爱。

广告项目：Sara Sara 香水沐浴露广告片《青春有所味》

广告鼓励女孩们大胆表达，勇敢做自己，找回属于自己的味道。

第一幕，画外音是"青春啊，没有你想象的那么不堪一击，也无须像谁说的应该怎样"。女生穿着薄荷绿连衣裙，戴着精美的饰品，焦急等着心上人出现。男友的出场，令人大失所望。他穿一身球服，还迟到了，浑身上下散发着汗味。女生心里默想：虽然如此，但我还是很喜欢你的。女生与其一起分享美味冰激凌。因为这里面蕴含着爱情的香气，掩盖了男友身上的汗味。

第二幕，女生在沙发上练瑜伽，想象着如同在海里划船一般，周边摆满了各种书籍。充满幻想的青春就应该是这样，随时随地可以在书的海洋中遨游。自由自在，无拘无束。广告中的画外音也耐人寻味：青春，就应该是这种味道。

第三幕，女生失恋了，因为男友说她没有女人味。女生恋爱了，因为男友恋上了她身上的这种味道。爱，不是目标，而是一段旅程。

第四幕，内容是女生在楼顶上的擂台赛中找回那个敢打敢拼的自己。主题是诚实地做自己。只要认为对的事，就要发声，不畏权威。别人不懂也没有关系，因为这就是她的青春、她的理念。该幕通过巧妙地运用故事或者安排情节表达了创作者的思想。

2. 打造特殊的角色，高扬奋发向上的精神

特殊的角色能让人产生不一样的感觉。

（1）广告项目：潘婷广告

内容震撼了所有人。一个小女孩，天生耳聋，但是她想学小提琴。周围所有的人都在讽刺她，并且说了很多难听的话。诸如，她还想学小提琴，脑子有问题；为什么不学点别的；她在浪费所有人的时间。但是小女孩很执着，她在路边看到一个老人在拉小提琴，并且拉得很好。小女孩向他学习，他教给小女孩要用心去感受曲子。经过不懈的努力，小女孩在一次比赛中，拉了一首《卡门》，女孩很用心地拉，神采飞扬，在场的所有人都震惊了。人们感叹她是怎么做到的，她创造了奇迹。恰如那句广告语所说：潘婷，你能行！

（2）广告项目：励志广告

广告围绕女子的梦想，树立一种独立的人格，摆脱世俗的眼光的主题展开。一个青春靓丽的女孩自述："在逃避什么？在追寻什么？"

广告中插入了很多人的声音。"女人啊最吃香就你这几年了，赶紧找个高富帅嫁了，生个孩子，过自己的小日子多好啊！""做女人管好孩子，管好你自己这张脸，你就算成功了。""我是撑不住了，我妈让我回去了，女孩子一个人在外打拼真的太难了！""梅啊，你不学化妆，毕业以后怎么混啊？""女孩子不读书，天天打扮有什么用？""说了，学文科就是学文科，学艺术有什么用？""女孩子从小学舞蹈好啊，形体好，气质好。""女生该有女生的样子，你看你把自己搞成什么样了。""愿你独立、勇敢、自信、好奇一切。不盲从，不等待，不抱怨，倾听内心的声音，活出自己人生的意义。愿你出走半生，归来仍是少女。"这类广告在诉说理想，使人精神振奋。

（3）广告项目：泰国纸巾广告片《打不倒的小女孩》

广告将人对纸巾的诉求融合在故事中，让人在不知不觉中记住该纸巾。小女孩小时候，总是被欺负，会成为大的、强壮的孩子欺负的对象，会被起外号，会被其他小孩弄湿头发和衣服。而欺负人的道具竟然是厕所里的纸巾。后来小女孩长大了，开始打拳击，变得强大起来。

3. 打造特殊的出现场景，达到万众瞩目的效果

广告项目：《运动起来，唯一能限制你的，是你自己》

一个小女孩在音乐厅通过唱歌来吐露自己的心声。歌词大意是女生是用什么做的，是鲜花做的，是戒指做的，是八卦做的，是果酱做的……大家都认为女生是用这些东西做的，而这里，女生是用钢铁做的，是无私奉献的，是可以用来面对挑战的，这才是女生的本质。是毅力，是恩典，且能让整个民族感觉到骄傲，这才是女生的本质。不怕受伤，正面迎接，是勇气和紧握的拳头做的，独立，技能娴熟，有热情的心，还有尊严，有比石头还坚硬的意志以及如火焰般的力量，自由建立在尊重别人的意见上，成就辉煌，这才是女生的本质。歌词是振奋人心的，画面更是将女性自强、自立的精神表现了出来。不要认为踢球是男生的特权，女生也可以踢得很好。成功掌握在自己手里。

4. 采用追忆式，把过去的回忆和现实的生活做对比

广告从三个女生的笑声开始，这笑声让人不由自主怀念那段青葱岁

月。之后画面转到课堂上，一个文静的女孩在同学们诧异的目光中勇敢地举起了手……最后一个镜头是闺蜜穿着洁白的婚纱，在众多亲朋好友的注视下与心上人幸福地走到一起。女友们纷纷站起来，勇敢地去抢新娘抛出的那束代表幸福的花。

（二）贤妻良母型

某口服液的广告语是"早一支、晚一支，妈妈做饭我爱吃"，某洗衣机的广告语是"献给母亲的爱"，某油烟机的广告语是"没有油烟味，只有女人味"，某香皂的广告语是"爱心妈妈的选择"，等等。广告把女性关爱家庭，用心做事的特征表现出来。而丈夫或子女经常会说"味道好极了""洗得真干净"，是对女性贤惠的一种肯定。

三 女性创意广告的现代类型

（一）多元化角色尝试

广告项目：日化产品 Dove 广告

广告鼓励人们在乎自己的看法，不去理会别人的言论。70%的女性对选择发型倍感压力。有的女人将头发弄得非常短，结果被说成女人不是要出位就是要出轨；有的女人把自己的头发染成蓝色，家人担心她找不到男朋友；有的女人把自己头发弄得很卷，被人说成太夸张了，只有外国人才敢那样做，被讽刺做作；有位老太太穿上旗袍去买菜，别人就讽刺她穿那么讲究，给谁看。Dove 却在广告中宣称：你的头发为什么要让别人做主？"男朋友如果连我的头发颜色都接受不了，那就算了吧；美，给自己看啊，开心最重要。爆炸卷才是我张扬个性的标签……我的头发，我说了算……"最后突出那句广告语：无惧损伤，享你所爱。Dove 以其简洁而真实的美丽理念，帮女性树立自信。

（二）独立自信的女性角色

广告项目：Always 卫生巾广告

广告中采访了很多女孩，询问她们成长的时候，是否受到很多的束缚，女孩无一例外地回答"是的"。有数据表明72%的女孩认为社会束缚了她们，她们希望能改变这种现象，改变人们对她们的印象——不够完美，不够勇敢。她们经常会放弃一些传统上认为不可能的事情，比如踢足球，她们希望以后能更自信一些，能够打破绑在身上的一些约束，重写规则。"你，无可阻挡"，正是这类广告的口号。

四 女性创意广告新的表现方式

（一）运用特立独行的表现方式

这种方式可以让人们改变传统观念，帮人们树立崭新的价值观。女性不一定非要循规蹈矩，也可以特立独行，在众人中脱颖而出。

1. 广告项目：H&M 广告

广告选用了一些特别的元素，包括肥胖的模特、不优雅的吃相、剃光头发的女孩、肌肉发达的金刚芭比……在 H&M 的广告片里，女性的形象是这样丰富而有张力。女性不再套着一个社会所赋予的隐形枷锁，而是活出了自我与真我。不仅如此，出演广告片的正是现在女权主义的代表人物，她们跳脱传统，挑战社会对女性的刻板印象，同时传递了 H&M 的女权诉求，鼓励女性勇敢做自己。并且歌曲配的是 *She is a Lady*，打破了以往男性寻求优雅女性的传统，广告中的女性各种反常态动作层出不穷，令观众感到惊讶。

2. 广告项目：耐克广告片《真我》

广告也在试图挑战传统的女性形象。一般在拍全家福时，女子总是规规矩矩，笑不露齿。而这幅画面中女子张着大嘴，露出绿色的牙套，非常狰狞，像怪物一般，塑造了我酷故我在的女性形象，特别有个性。后面画面显示女子一改柔弱的形象，穿上蓝色健身服，打起拳击，举起杠铃，疯狂健身；女子一改对金银首饰的喜爱，存了一屋子的健身奖杯；女子一改安静谦逊的性格，在网球场上挥洒汗水，在公共场所大笑，一脚踩碎了洋娃娃模型；成群结队的女子穿着耐克鞋跑步，时下健身成了热门话题……

（二）反对性别歧视，改变女性地位

1. 广告项目：Unicome 保险广告

画外音：做你想做的，无关性别！女性总是被束缚，而有关解除禁锢的广告就更容易让人眼前一亮。

小女孩 5 岁前，就被妈妈教育，坐下来的时候应该并拢膝盖，不该跟哥哥们打闹；小女孩 10 岁的时候，大人们就教她应该帮着洗碗，不得做违背意愿的事情，男孩就不用这样；在她 20 岁之前，人们都说她太胖，好女孩不会这样穿，午餐吃沙拉就够了；在她 30 岁之前，人们都说她有保质

期，她必须找个好伴侣，她应该结婚了；在她 40 岁之前，人们说她应该成为最好的妈妈，做好工作，也得专心照顾女儿，她应该看起来还像 30 岁一样……现在她 40 岁了，有个正飞快长大的女儿，她会教她制定自己的规则，成为任何她想成为的样子。最后出现广告的主题：时代变了，保险也如此！

2. 广告项目：宝洁公司的广告

广告想打破对女孩子的性别歧视，请了两组人来模仿女孩子。第一组是成年女性或者是男子，让他们模拟跑步、投掷、打架的动作。他们无不表现出有气无力甚至娇滴滴的样子，动作有些做作。然后第二组找来了小女孩，她们无不表现出勇往直前、无所畏惧的样子。广告反映了社会对女性的一种歧视，其实是希望人们要改变这种态度，不要戴着有色眼镜看女孩，并鼓励女孩做最好的自己。

（三）把幻想的因子加入广告中，效果令人惊讶

广告项目：咖啡广告

一女子比较胖，却暗恋一个男子，想象去给男子送礼物，其中包括送花、送蛋糕。甚至想去整容，整成一张网红脸，或者整成一张杂志脸，获得其青睐。爱情的力量让她迷失了自我。但男子对她不屑一顾，这让她很伤心。后来通过高科技，她变成一个美女。但发现一女子相貌平平，依然有帅哥围着她嘘寒问暖。女子想不明白，前去查看，发现她是喝了一种咖啡，才会自信满满，根本不需要整容。这则广告把肥胖女子的不自信描摹得很细致，更把女性为迎合男子的喜好而改变自我的境遇描绘得很清晰。而产品的功效，恰恰弥补了女子的不足，能让女子重获魅力。

五 女性创意广告的注意事项

（一）避免出现种族歧视等敏感话题

Dove 曾有一个广告，讲一个黑人女子，脱掉棕色衣服变成白人女子，这一神奇的转变都是该沐浴露的奇效。结果引起多国民众不满，在社交平台对其进行声讨与抵制，广告迅速被取缔。

（二）避免出现歧视女性的信息

广告项目：奥迪二手车广告

在婚礼的当天，婆婆上来对新娘进行检查，对耳、鼻子、牙仔细观察，最后打了个"OK"的手势。随后画面弹出奥迪二手车页面，配音"官方认证才放心"。广告一是将女性视为牲口，进行买卖，对女性形象极为不尊重；二是容易导致婆媳关系紧张；三是把整过容的女性当作"二手车"。广告遭到女性强烈反对，很快就停播了。

第二节 儿童在广告创意中的应用研究

一 儿童创意广告的门类

奶粉、奶瓶、玩具、尿不湿、牙刷、牙膏广告大多用儿童来表演，很多产品是为这类特殊人群生产的，采用现身说法，更容易让消费者信服。而且儿童产品具有特殊性，一般是量身定做的。所以广告要强调它的特殊功用。

广告项目：儿童超能牙刷 iite 广告

儿童清晨一起床，妈妈就提醒她及时刷牙。儿童来到盥洗室，发现旁边有一个屏幕，屏幕里的卡通小猴子正在刷牙。因为屏幕里安装了一款同步游戏 App，这个软件可以教小朋友刷牙。只要儿童拿好牙刷，牙刷会按照预设好的程序自动刷牙，并且同步到屏幕里的小猴子身上，儿童可以观察到他们刷牙的动作及完成的标准度。镜头切换到不同国家和地区的儿童，有英国、韩国、中国、阿拉伯国家的小朋友。他们在大致相同的时间内都能自己轻松地做完刷牙的动作，不需要大人帮忙。小朋友的爸爸通过手机，可以同步收到他们刷牙的信息，手机非常智能地提示他回家要准备礼物给孩子们，奖励他们学会的新技能。整个广告在叙述功能时，儿童是主演，还原现实生活，将产品的新功能介绍得清楚明白。

二 选取儿童做广告的原因

（一）儿童活泼好动，萌态可人

儿童往往是家庭的重心所在，家长会尽量满足他们的需求。需求有很多种，有一类是突然而来的，导致非理性消费，对儿童尤其见效。比如在购物中心儿童容易受到推销员的促销政策或者现场互动环节包括画画、做手工之类活动的影响。很多不需要的东西，可能就因为儿童喜欢，父母就想买给他。衣服、食品大多如此，这时候是没有道理可讲的，单纯是喜欢彩笔或者折纸，在经济实力允许的情况下，父母就会尽量满足儿童需求。儿童在超市闲逛，为了某类商品一再闹腾，而家长的第一态度是不给买，儿童倒地号啕大哭，整个卖场都震惊了，导致家长无奈购买，儿童达到目的，迅速离场。所以做广告的时候，一定要对儿童的心理有所了解。

以年龄段来划分，1—5岁孩子的购买权主要交给家长。以纸尿裤为例，这类产品均以照顾宝宝的成年人作为诉求关键人。这时应抓住大人对孩子健康的关注这一特点。因此纸尿裤穿后舒适透气成为卖点。6—9岁的孩子作为第二个群体，喜欢看电视，比起上一个年龄段，他们的自主性更强，对事物关注不会太精细，观察事物大多从兴趣出发。记忆往往处于无意识的、机械的状态。感兴趣的记得快，具体的、直观的容易被记住。比如酷儿广告，它的广告语"好渴的时候，酷酷的感觉，怎样呢，跟我一起说，酷……"俘获了无数儿童的心。10—12岁的孩子开始注重自己与同伴、长辈的关系，人际交往能力增强，并渴望像成人一样用知识和技术来改变环境，求知欲强。具体表现为喜欢打扮自己，看重荣誉，不愿意违反规则，十分注重约定事项，形成一套比较系统的是非观。13—14岁是孩子们从童年走向成年的过渡时期，是充满激情和幻想的时期，这个阶段的儿童可塑性强。广告应尽量瞄准这类人。步步高点读机广告正是用了14岁女孩高君雨，她让我们记住了那句广告语：步步高点读机，哪里不会点哪里。

（二）文化的导向

随着社会发展，"品牌""美好""生活""健康""梦想"之类的词越来越融入人们的生活。这些词能唤起人们的爱心，体现品牌中的人文关怀。父亲开着家庭房车，载着熟睡的小女儿。但是到了家门口，父亲不忍把她叫起来，一直在兜圈子。车开这么久，孩子依然没醒，证明了车的稳定性。广告传达了父爱的伟大。空调广告要表现空调的舒适性，广告中可以出现家长抱着儿童入眠的画面。葡萄糖酸锌口服液广告中，一个小孩子端大碗吃下所有食物并喝下一大碗汤，妈妈实在是太高兴了，再也不用为小孩不好好吃饭而寝食难安了。还有儿童表现孝心的广告，如儿童给母亲端洗脚水等。这些广告都是积极向上的。

广告项目：阿尔卑斯糖广告

广告开头用了大俯视镜头，一群小孩狂奔，非常兴奋，交代了故事发生的背景——孩子们在一个城堡前玩耍。这时切换到近镜头，一个小木偶从自己心脏的位置，拿出阿尔卑斯糖，镜头特意播放了糖的制作过程，加深人们对糖的记忆。镜头再次转换，一个小女孩从车上下来，狂奔到一群拿着糖的小孩面前，要吃棒棒糖。最后出现广告语"阿尔卑斯棒棒糖，果味奶味放在一起。阿尔卑斯，让心更近"。这时画面显示，小朋友们拥抱到一起。"阿"是拼音字母的开头，第一的意思；"尔"是你字的一半，意思为你是我的一半；"卑"，宝贝的意思；"斯"在古语中是我的意思。所以阿尔卑斯的含义是"宝贝，你是我的唯一"。人们在品尝阿尔卑斯糖独特味道的同时，也品尝着浪漫与甜蜜。

（三）费用低

让孩子做广告的费用不高。而且家长对自己的孩子能被选为广告出演者，通常都是赞许或者兴奋的，所以就会比其他演员价位低很多。但是新的广告法规定不得利用不满十周岁的未成年人作为广告代言人，这也是我国对儿童做广告提出的新要求。但儿童作为广告的表演者是允许的，且广告商要支付儿童的表演劳务费。

（四）儿童的表现力强，思想真切，不做作

儿童最能以真实的状态去介绍产品。逗趣的气氛最容易吸引人的眼球，让人记住产品。

广告项目：奥利奥广告

广告在故事情节上延续了"戏剧性"的创意手法，以亲情或者友情为切入点。搞笑的故事情节，加上儿童活泼的形象，配合广告语"扭一扭，舔一舔，泡一泡""只有奥利奥"，使广告在整体风格上连贯一致。儿童接触这类广告，容易产生模仿心理，提高对品牌的忠诚度。

另一则广告是一个可爱的小男孩，拿到一块奥里奥的夹心饼干，心想：咦，怎么这么小啊？他手里拿着这块饼干拼命往家里跑，一直跑到家里的楼上，背靠在一堵墙上，墙面上画着一道道身高线，小男孩拿笔从头顶往墙上画，画完后一看，自己没有长高。然后小男孩打开手掌，看着这块小小的饼干，这时画外音传来："你以为你变大了？嘿嘿，是奥利奥变小了。"[1] 量身高是小朋友在日常生活中的必备事项，大部分家庭的一面墙

---

[1] 姚建华：《浅议儿童食品的广告创意》，《科技视界》2015 年第 35 期。

上会有成长线，即使是刚装修的新房，也通常会留下小痕迹，但是父母很少会去责怪，反倒很欣慰。广告故事抓住儿童成长的细节，给人以真实的感受。

三 儿童创意广告的表现方法

（一）运用新颖的表现方法，脱离常规的表现方法

大部分的广告运用儿童可爱，做事出乎意料，喜欢模仿大人的特点来展现主题。在此过程中产生的喜剧效果，让人们忍俊不禁。

转换角色是一种新颖的表现方法，能够加深人们对广告的印象。

1. 不同身份的人相互转换，比如让小孩扮演大人的角色

（1）广告项目：芭比娃娃广告

广告一开始就让小女孩幻想自己未来的职业。整个画面充满了传奇色彩。大学生坐满了课堂，等待他们所谓的"教授"，一个六岁样子的小女孩，充满自信，毫不怯场，并告知大家她就是"教授"，要教的主题是大脑；同样，有的小女孩扮演了医生的角色，并告知前来诊病的患者，不要小瞧她，她有很多本事，不光给人看病，还给动物看病；有的小女孩扮演了球场的教练；还有的扮演了商场上的老手，刚刚谈成一笔生意……并且这些小女孩总是语出不凡，比如讲述自己养的猫可以飞；讲述狗不能像人脑一样思考，因为它们没有上过高中……让人们捧腹大笑。最后突出广告主题：芭比无所不能。角色扮演是6—14岁儿童最喜欢的项目，拥有不同类别的芭比娃娃，能带给她们对不同类别的角色的幻想。

（2）广告项目：宜家广告

广告中的小女孩们，调皮捣蛋。在大人离家以后，她们悄悄地跑到大人的衣帽间，穿母亲的衣服，戴母亲的饰品，甚至给跟来的狗穿上了大人的衣服。最后直击广告的主题：收得漂亮，穿得漂亮。广告突出宜家产品收纳功效。

2. 不同性别的人相互转换，把人们熟知的角色换掉，可以迅速产生不一样的效果

广告项目：芭比娃娃广告

芭比娃娃一贯是小女生喜欢的玩偶，她们经常给娃娃穿不同的衣服，摆不同的姿势。女孩甚至经常对玩偶发号指令，来完成游戏中的环节。Moschino 芭比广告中，主角是一个小男孩，这是芭比首次选用男演员。这位活泼可爱的小男孩在广告中与其他女孩玩耍时，像霸道总裁一样对芭比发号施令，时而又化作男友，为芭比拎包，圈粉无数。

（二）儿童与卡通化的产品结合在一起，可以塑造气氛、增加情趣

广告项目：康师傅鲜橙汁广告

广告为体现橙子都爱喝，用了拟人的手法，把两个橙子假设成有生命力的、鲜活的个体。为了从小男孩手里拿到鲜橙汁，两个橙子制造了恶作剧——把喷泉的水打开，冲走了小男孩，小男孩在情急之下，忘记拿手中的鲜橙汁。最后得手的橙子们，得意扬扬，抢着喝手里的鲜橙汁。故事非常有趣，颇受儿童喜爱。

一些儿童公益广告用二维的方式表现更易让人理解。比如儿童防诱拐广告，整体内容非常生动，简单易懂，字幕也力争简洁明白。

（三）儿童创意广告用语充满童趣

1. 比较萌，有时候单个音会拉得非常长，引起大家的注意

广告项目：阿巴町智能手表广告

儿童接电话的时候，用"喂"（拉长音），声音清脆又稚嫩。画外音："用过电话手表，你用过智能手表吗？""咦！（拉长音）智能手表阿巴町，当然更流行。手表就要智能的。"广告中既用了对比，又用了暗示。

2. 比较简单、易懂、好记，韵律强

广告项目：小霸王学习机广告

"你拍一，我拍一，新一代的学习机；你拍二，我拍二，学习游戏一块儿；你拍三，我拍三，学习起来很简单；你拍四，我拍四，包你三天会打字；你拍五，我拍五，为了将来打基础；你拍六，我拍六，小霸王出了四八六；你拍七，我拍七，新一代的学习机；你拍八，我拍八，学习游戏顶呱呱；你拍九，我拍九，21 世纪在招手，在招手。"[1] 整个广告语使用儿童拍手歌歌词，朗朗上口，读起来轻松愉快。

---

[1] 姜笑君：《浅谈儿童广告创意》，《商场现代化》2008 年第 53 期。

3. 运用儿童日常用语，融入儿童生活，这样的广告比较接地气

广告项目：阿巴町智能手表广告

"要乖乖去学校，不要在路上逗留。""是的，妈。""行了，妈，再见。"画外音：不知他会不会被其他小朋友影响。"没关系，我会看好他的。为我们的宝贝设定安全区域。""我们到外边玩去。""不好，有麻烦了。警告。你的小孩走出安全区域。""不好，他会去哪？宝贝，你去哪了？不是说好放学要马上回家吗？这么快就忘了呀。"内心独白：嗯，妈妈怎么知道我在玩，我要回家了。画外音：这才是好孩子，真棒！然后小男孩被碰倒了。接着手表发出警告。"这个烂东西，害我摔倒。""警告，手表被摘下。"整个广告将手表的功能表现了出来，手表将儿童的每一个动作都记录下来，通过智能终端传到妈妈的手机里，保证儿童安全。

（四）赋予广告游戏环节，在不知不觉中表达广告诉求

广告项目：泰国三菱电梯广告

几个顽童穿着超级战队服，模拟战斗，到处寻找攻击的对象。先是对着超市的推车攻击一番，又在健身器材上大显神威。最后，对真空吸尘器进行围攻。在电梯围攻吸尘器的情节重点介绍了不能把脚放在电梯接缝处，要注意安全，即使当了无敌战士，也不能掉以轻心。

（五）增加儿童搞怪情节，使产品更加亲民

一个小男孩帮车主擦车，车上满是泥，非常脏，小男孩擦得非常卖力，一会就把车擦好了，车主离去。而从背后看车子只擦了一半，另一半还是污泥。原来是小男孩玩了个小心机。广告幽默风趣。

（六）用儿童代表未来和希望

一个婴儿，刚学会走路，在家里练习踢毛线球，踢得不错。最后突出广告主题：奔驰赞助德国青少年未来足球队。

（七）直接采用恐怖诉求，展示效果强烈

广告项目：儿童的公益广告

广告创意发人深省。一个小男孩，满脸伤痕，楚楚可怜，来到药店买药。店主说："嘿，小鬼，又来啦！你遇到的帮派暴力实在是太恶心了！他们又利用你把风啦？不过你不用担心。"然后店主给小男孩一瓶反帮派

暴力药水。"用方糖配一滴药喝下去，它会保护你的安全，知道吗？如果有人跟我讲的不一样了，叫他们来见我。"然后画面显示整个药房有些颤动。字幕再次显示：记得，跟方糖一起喝下去，对熊熊也有用。然后整个药房开始剧烈颤动。小男孩在破旧的屋子里，抱着他的脏熊，外边是不间断的战斗声。字幕显示：强暴（奴役），战争，谋杀，每五分钟，就会有一个小孩死于暴力。画面感染力强，让人忍不住悲伤。的确，在战争国家，渴望和平是每个人的心声。

四　失败的儿童创意广告的不良影响

（一）儿童创意广告中的不良消费，会使儿童产生攀比心理，不利于团结

"今天你喝了没有？"等具有诱惑力的广告语，或者"我有，你有吗？"的广告语会让儿童炫耀，争风，模仿。尤其是小朋友互相攀比，不利于社会良好风气的形成。还有一则广告是一人去抢别人的冰激凌，被抢者飞速躲开，还得意扬扬丢出一句："和别人分享……想都别想！"这样的广告，不仅给儿童带来了错误的价值观，也不利于儿童身心成长。像旺旺雪饼的广告，放学后，其他小朋友都身穿鲜艳的衣服，成群结队走在一起，只有一个小男孩表情沮丧，衣着灰暗，独自一人低着头走路，脱离了队伍。大家没和他在一起的原因是他没有吃旺旺。这不但误导儿童，还不利于团结。

（二）有的广告太强调产品个性，不利于儿童成长

儿童个性太强，不容易融入群体。像 Balabala 电视广告，前半段演绎小朋友看到兄弟姐妹都穿一样的衣服，撞衫不高兴。后来穿上了 Balabala 衣服，感觉特别有个性，特别喜欢。画外音：更多款式更多选择，Balabala 童年不一样。

（三）带有家长威严感的广告容易使儿童失去自我

有时儿童的行为是家长价值观的体现。家长总是对儿童寄予厚望。因为不论什么广告，广告的效果在于家长，家长肯为商品埋单，才是成功的广告。步步高广告语"妈妈再也不用担心我的学习了"表明，儿童学习的动力在于家长，不在于个人。儿童对自己的喜好并没有明确的表示。

（四）随意给儿童开玩笑，导致儿童的价值观紊乱

有的化妆品广告直接就说："世上只有妈妈好，长斑的妈妈难看了！"还有的广告误导儿童，竟然说小孩子长大要跟妈妈结婚，更是令人唏嘘不已。

（五）错误引导儿童行为

人们听到黄金搭档广告语，会被迅速洗脑。"黄金搭档送老人，祝你……黄金搭档送阿姨，祝你……黄金搭档送老师，祝你……"这种广告会让儿童认为送礼理所当然，容易造就不良之风。同时不利于儿童认字，比如广告词中有句非你不可，把"可"改为"渴"，儿童本来对字的辨别力就不是很强，这样会让儿童很容易记错。

五　儿童创意广告的注意事项

儿童创意广告要担负一定的社会责任，儿童是祖国的花朵，象征着未来和希望，所以广告中更应树立积极向上的价值观。

（一）讲述感人的故事

这种故事在对现实提炼的基础上加入了夸张效果。明代美学家早就说过，能够反映社会生活的"人情物理"是能够流传很久的。一个名叫山姆的男孩不幸患上了白血病，头发都掉光了，来了学校怕同学们笑话。结果发现同学们把帽子摘掉后，竟然都没有头发，他们把头发都剃掉了，这份友情真让人感动。山姆被同学们的爱心所激励，重拾信心。

（二）做公益活动，不求回报

宜家要为家庭摆设的玩具做广告，一个家庭的玩具齐开会，商量这个令人兴奋的事情。小朋友每买一个公仔玩具，宜家公司将捐出 10 元钱做公益，让更多的小朋友有书读。

（三）讲述育儿真理，做良心广告

一男子带着儿子来商店买 iPad，因为看好了这款 iPad 的游戏很多，男子很喜欢，决定买给儿子。但售货员询问了小孩的年龄才 5 岁，告知他不能买这款，如果一定要买，要等到 7 年后来取货。因为这款电子产品，适合 12 岁以上的小孩。现在他的孩子小，要多跟大人接触、交流，让他感受亲情的温暖。少接触电子产品，以免变成机械儿童。售货员改变了以往的

形象，让人感觉生产这类产品的企业责任感很强，很值得信赖。

第三节　动物在广告创意中的应用研究

一　选取动物做广告的原因

一是利用动物作为形象代言的"晕轮效应"来物化自己的形象，是目前许多商家树立形象的常用方法之一。动物广告常通过故事来表达。这类故事很多是虚构的，或是经过艺术手法加工过的，是用来增强画面感染力的。

二是很多不好说、隐晦的东西，可以借动物来表现。动物表现产品某些方面的性能，比较形象，人们容易理解。

三是动物影响人的身心。在美国的一些地区，已经有人着手研究宠物对老人和病人的影响。初步调查显示，养宠物可以降低血压、平衡气场、放松身心。很多人难以表达的情境，可以让动物用幽默的方式来表现。

四是将动物拟人化，利用动物的被宠心理，来唤起人们的良知。

广告项目：流浪狗的公益广告

一条狗被主人遗弃，来到荒山野岭，场景非常凄凉。广告以倒叙的方式来演绎，更让人痛心疾首。狗是被领养的。它对主人亲切，跟小朋友友好相处，成为家里的一员。本以为是最幸福的犬，却不幸染疾遭主人嫌弃，被弃之郊野，与前面的叙述产生了很大的反差。狗的无助、可怜，恰恰能触动人心，我们应该给它们提供一个良好的收容场地。

二　广告中常见的动物形式

（一）真实的动物

猫推着车子逛超市，东张西望，煞有其事。Whisks猫粮的广告以纪录片形式完成，让人觉得这款猫粮是猫精挑细选的食物，是非常好吃的猫粮。用这种方式做广告，好处就是真实性强。广告展示的是人们不常看到的一面，带有一定的新奇感。有的广告给猩猩穿上绅士的衣服，模拟人的动作。有的广告对动物的形象进行改变，将动物的嘴替换成人的嘴，用搞怪的形态来吸引人们注意。有的广告运用稀罕的动物，比如鸵鸟，体态庞大，惹人注目。

（二）卡通动物

《猫和老鼠》里的动物形象深入人心。这类广告利用已有广告在人们心目中的地位，对其稍加变化，就能起到事半功倍的效果。像 Parmalat 奶酪广告，猫一只手拿着奶酪，在洞口诱惑老鼠，另一只手悄悄拿着熨斗，准备烫它。结果没想到聪明的老鼠识破了它的阴谋，将它的脚掰了一下，猫烫了自己的脚，老鼠拿着奶酪逃走了。画面滑稽可笑，经典桥段让人印象深刻。肯德基 K 记饭桶广告用了功夫熊猫的形象，熊猫奶奶给熊猫熬粥，让熊猫等了好久，等到打拳都没劲，等到不能去拯救世界……以此来证明好粥需要久炖，时间会给人好味道。还有一则广告是运用了《疯狂动物城》里的动物形象。狮子在快下班前，往楼下看。发现下着大雨，很多人忘记了带伞，它很想去帮助他们。于是，发明一种飞行伞，命令团队迅速研发。大虾画了飞行伞的草图，土拨鼠去底特律制造，猫头鹰将新的设计稿传给土拨鼠，新的伞很快制造出来。上司狮子将伞如约送到需要帮助的人手里。这则 Slack 工具的广告非常有创意，表达了团队协作精神。

（三）玩偶动物

有些玩偶，就是吉祥物中的常胜将军。像阿尔卑斯糖广告里面的泰迪熊，知道主人喜欢吃阿尔卑斯糖，就砸碎了身旁的小猪储钱罐。然后踏上了买糖的征程，从早上出发，穿梭在川流不息的人群中，显得无比矮小。躲过流浪狗的追击，直到夜晚，才将千辛万苦买来的糖放到盒子里。一切爱在无言中。最后出现广告语：暖暖真心在身边，阿尔卑斯太妃糖，真正巧克力夹心，融情于口，有爱心生。萌宠都这么人性化，广告可谓构思巧妙。小熊跟汪东城抢按抢答器。最后广告语显示：叫人无语的表演，最满分。小熊活泼好动，跟汪东城的明星气质也非常搭调。网剧《萌妃驾到》，让人们对熊和人之间的关系，产生了很好的联想，确实是给人萌萌的感觉。芬迪广告中，塑造了小怪兽毛绒玩具的形象。人们可以在小怪兽设置的特定部位，摆放自己的头像，也可以跟小怪兽互动、合影。

有些玩偶在一段时间后，人们对它们的热衷度就会减弱，对他们的评价也常常是褒贬不一。大白刚流行的时候，就仁者见仁，智者见智。有人觉得它这款很独特，有人觉得它形象简单，笨头笨脑，跟轮胎汉形象一样。大白仅仅红极一时，现已悄无声息了。《芝麻街》中的甜饼怪，样貌也是较为奇特。有人就喜欢得不得了，认为它有个性，执着，无拘无束，活在当下。有人认为它应该以"丑"著称，毛茸茸没有形。还有流氓兔，前些年儿童很喜欢，现如今很多小孩都不知道这个名字。《花千骨》电视剧中的糖宝更是犹如昙花一现，电视剧一播完，它的形象就几近消失了。

（四）仿生动物

仿生动物本身不是动物，却仿照动物的形象，看起来像动物一样。以阿里斯顿洗衣机广告为例，色彩柔和的衣物化身为各类海洋生物在水中享受着洗衣机的致柔呵护。

广告项目：招聘平台广告片《怪物帮你找工作》

广告设计了一只擎天巨兽"紫毛猩猩"。它体格庞大，有几十层楼房那么高，两眼发着刺人的白光，能给那些训斥员工的领导以威慑。故事情节讲述它冲破楼层玻璃，带走一位时髦的金发女郎，并把她放到她应该在的地方，为她找到理想的工作。这则招聘平台广告，主打怪物题材，视觉效果突出。

（五）虚拟动物

虚拟动物在现实中是不存在的。龙在远古作为图腾而存在，它的外形在广告中完全是虚构的。它由各种动物组合而成。在中国，人们认为它由"虾眼""牛头""狗耳""鹿角""狮鬃""鲇须""凤爪""蛇身""鱼鳞"构成。而这些，都决定了它的身份特殊，象征吉祥如意。在国外，龙常被当作邪恶、神奇的东西。但是，在特殊的情况下也代表着特殊的含义。

广告项目：天然气广告

让人意想不到的是，广告中的龙被当成男女主人公饲养的宠物。通过男女主人公的自诉，人们了解了龙的特征。为节约成本，广告中龙出现的次数非常少，而且是由别人转述的，给人留有很大的想象空间。男主自诉："其实跟养小狗、小猫一样，没多大区别。或者，像是一只大蜥蜴。"女主自诉："对，要带它去散步。"龙与孩子们一起做游戏；龙通过绳带着人，帮人们实现飞天的梦想；龙被喂食，就像喂羊一样；龙被清理卫生，一大堆粪便，衬托龙很能吃……这些都是大人和小孩想象出来的，龙尚未在画面中出现。进而介绍龙的一些习性，吃闭门羹的时候它会抓门，在门上留下痕迹，它不喜欢兽医，它也不大喜欢邮递员，当它愤怒时就会喷火……最后真正的虚拟龙出现在人们面前，人们看到了它的模样。这则广告主要是为了推广天然气供暖，让人们对使用天然气不再那么抵触，就像家里养个宠物一样。

三 动物创意广告的表现方法

（一）很多保护动物的广告，追求新奇，或想象，或变形，或选择另类的制作材质，给人们不同的感受

1. 广告项目：公益广告

一堆被浪费的纸慢慢地变成草丛。草丛里跑出来各种各样的纸鹿。一只纸豹子也跑出来，在后面拼命追着一群鹿。突然一个大烟头从天而降，鹿四处逃窜，却还是被毁灭掉了。天空中的鸟也在逃命。它们又飞到了现实世界，把墙上的图钉、图钉下压的纸全都弄掉了，当它们掉到桌子上的时候，化为一摊水，变成了一个池塘。一只只鸟纷纷扎到池塘里变成了鱼。没想到水也被污染了，鱼也被迫跑回了现实世界。最后广告提醒大家保护生态。画面将虚拟和现实结合起来，拓展了空间，让消费者感觉故事很奇特，很有吸引力。

2. 广告项目：吉百利广告

英国 2007 年拍摄的《天才鼓手大猩猩》中，大猩猩表情潇洒，怡然自得。鼓声震耳欲聋，铿锵有力，节奏感强，此广告再次刷新了人们的视觉。

（二）诉求直白，画面简单，表意清楚

1. 广告项目：保护动物的公益广告

将濒临灭亡的动物放在时间的准点线上，具有警示作用。提醒大家如果不认真保护它们，就有可能再也看不到它们了。

2. 广告项目：深圳野生动物园广告

画外音是"它，是百兽之王。它，是海洋天使。它们会成为朋友吗？虎行虎 show，欢乐同行。深圳野生动物园，我们等着你哟"。广告诉求直白，表意清楚。

（三）可以使用借喻的方法

广告项目：Swatch 手表广告

广告主打手表带透明的特点。画面看上去只有一块石头，但仔细观察，发现石头上隐藏着一只变色龙。[①] 成年的变色龙，会根据环境的变化，

---

① 黄丽燕：《浅析动物情趣广告的创意手法》，《大家》2012 年第 8 期。

来改变自己的颜色。正如手表的透明表带一样，人们看不到它的存在。

四 动物创意广告的作用

（一）增强亲和力

人通过与动物建立情感来排解孤独。还有一种就是移情效果，人们把对某种动物的偏好转移到产品上来。尤其是长期养宠物的人，宠物有时陪伴主人好几年，不亚于一个伴侣的作用。美国人爱狗，上至总统下至普通民众都愿意与狗友好相处，甚至在关键的节日给狗买礼物，狗去世了还举行隆重的葬礼。

1. 广告项目：西莎狗粮广告

英国的一位老人，走到哪儿就把狗牵到哪儿。画面着重展示了老人与狗的相处模式。老人早上一起床，狗也精神抖擞地下了楼梯。老人牵狗散步。经过海边的时候，海风吹起，老人非常惬意。喝咖啡的时候，还不忘给身边的狗要一份精致的狗粮。在祭奠的日子，自己穿戴正式，给狗转正项圈，买了鲜花，去祭拜去世的老伴。祭拜仪式完了以后，奖励狗一份西莎狗粮，然后把狗粮放在盘子里，让狗像人一样坐在凳子上吃，对待狗的态度就恰似对待老伴的态度，狗成了老人所有的精神寄托。老人对狗说话，排解无聊与郁闷，借以打发时间。广告让人感觉很暖心。

2. 广告项目：英国百年老牌饼干麦维他广告

饼干按照以往的创意无非围绕产品好吃，从颜色上、营养上、保存时效上来诉求。但是太流于俗套，观众看过也不会引起大的反响。麦维他广告创意独特，让人眼前一亮。几个女子在桌子边上闲聊，一女子从饼干袋子里拿出的是小猫。然后一只只小猫从袋子里钻出来，非常可爱，毛茸茸的，很乖巧，让人爱不释手。几个女子边吃饼干，边看小猫，展示了一幅超有情趣的画面。人们不仅记住了小猫顽皮的神态，还对饼干的好感度倍增。

（二）有利于产品形象化

形象化就是要在人们头脑中形成一个概念，借助动物打比喻，让人们的思想有所寄托。

1. 选取动物代言的本身形象跟产品形象相贴合

广告项目：美的空调广告

广告选用了生活在寒冷地带的北极熊。北极熊一出场，人们就会感受到丝丝凉意。最后再配上一句经典台词："美的空调一开，连北极熊都冷得盖被子，制冷效果一定很好。"熊的憨态带给大众很多快乐。

很多公司选择动物作为吉祥物，主要是借助动物在人们心目中的固有形象及带给人们的深刻寓意。京东的吉祥物是金属狗 Joy，寓意忠诚、友善，科技感强；小米的吉祥物是马，寓意马到成功；IBM 的吉祥物是大象，寓意强大；马爹利的吉祥物是中国龙，寓意带来好运；大红鹰品牌展示的吉祥物是胜利之鹰，寓意事业红火；润滑油的吉祥物是泥鳅，来比喻润滑油的润滑功效强；有的汽车吉祥物是育儿袋里的小袋鼠，用来暗示舒适安全；皮具广告的吉祥物是刚出生的小狗，寓意柔软；等等。以具有象征意义的动物来为产品赋予特性，目的就是让顾客产生很好的联想，了解产品的性能，对公司和产品产生好感。

2. 借助重复的语言，来加深印象

我们都知道那句经典广告语"恒源祥，羊羊羊"。由恒源祥商标和北京奥运会会徽组成的广告画面是一直静止不动的，画外音则从"恒源祥，北京奥运赞助商，鼠鼠鼠"，一直念到"恒源祥，北京奥运赞助商，猪猪猪"，将十二个生肖轮番念过，简单的语调重复了十二次。《疯狂动物城》里狐狸尼克大喊："爪爪冰棍，来买爪爪冰棍！"这样的语言很有号召力，通过不断重复，人们头脑中会形成概念，从而加深对产品的印象。

3. 借助同种动物的不同形象，来增强效果

广告项目：动物公益广告

广告是这样的，让每只猫说一句话，每句话的大体含义相近。字幕内容是"我想做一个强者，我想有一张可以安心睡觉的暖床，一间大房子。我看起来怎么样，帅不帅？我想好好玩。给我做个指甲，每一个都要。我想，我想，有个家。我就想找个家，我想有个爱我的人。去年，超过30000 只宠物因无家可归，来到我们这里。其中有 20000 只是猫科动物，让我们携手，为他们创建美好家园"。同样的话，不同的猫来发声，效果增强百倍。

（三）增加生动性

1. 广告项目：雀巢咖啡广告

画面中一只老鼠爬到油瓶口，用尾巴蘸出油来，油一滴一滴地落到嘴里，老鼠很贪婪地吃着，舍不得离开。这时候放哨的老鼠馋了："吃好了吗？味道怎么样？"吃油的老鼠呸呸嘴："滴滴香浓，意犹未尽！"① 广告利用大家熟知的老鼠偷油的典故来为咖啡宣传，别有一番趣味。

2. 广告项目：英国的拉姆牌朗姆酒广告

广告选了 10 只羊羔，它们在卡普里附近蓝蓝的地中海上自由自在地滑水。这自然的美景让人联想到酒的品质醇正。画面生动，让人有种身临其境的感觉。

（四）增加趣味性

广告中有趣的情节，具有化腐朽为神奇的功效。

1. 广告项目：韩国舒洁湿纸巾广告

广告故事情节非常搞笑。与主人朝夕相处的狗，闻到了主人身上的臭味，然后不敢靠近了。于是，故意把厕所里的卫生纸咬烂，意思是告诉主人擦得不够干净。不仅巧妙地带出产品去污清洁的特性，而且营造了轻松愉快的气氛。

2. 广告项目：富亚涂料广告

不堪忍受装修荼毒的小猫、小狗在野外游戏，不小心沾上富亚涂料，却安然无事，依然自由自在玩耍，广告巧妙地突出产品环保诉求。

3. 广告项目：游戏机广告

C 罗看到对面窗子里的一名妙龄女子，心生情愫。隔着窗子，动眉毛，眨眼睛，意想中的艳遇要开始了。美女突然变成了狗熊，一群熊孩子出现，打打闹闹，让他兴致全无。原来美女是游戏机中出现的形象。广告将游戏机画面逼真的性能描绘了出来。

五 动物创意广告的注意事项

（一）广告倡导责任与义务

广告项目：百威啤酒广告

广告主题是 "Friends are Waiting"，运用了温情诉求的方式，讲述主人与狗之间的友情。某天主人跟朋友外出喝酒迟迟不回家，狗一脸落寞地等着，到天亮都不见他的踪迹……最后主人还是回家了，因为喝酒外宿朋友家，才一夜未归。广告将狗拟人化，让人感觉狗很贴心。同时，百威啤酒广告倡导人们一改喝酒的作风，创立全球啤酒责任日，告诫大家在喝酒

---

① 饶素芳：《试析广告中的动物符号》，《读与写》（教育教学刊）2007 年第 9 期。

的同时，别忘了家里还有关心我们的亲友（狗）在等着呢！

（二）要尊重每个国家的文化传统，不是所有的动物都很讨喜

澳洲人不喜欢兔子，非洲不少国家对狗和猫头鹰反感……这也变成了广告人创作的"动物禁忌"。

（三）广告应摆脱平庸，不能将动物牵强附会地跟产品联系在一起

广告应追求自然融合，找出动物和产品的共通点或相似性。最大限度地挖掘动物的原生态。CCTV 有一则联想电脑广告，顽皮的孩子和猩猩一块敲打电脑，通过"联想"表现人与猩猩的情感交流。人们开始思考"人类失去联想，世界会怎样"这一问题。

（四）慎用一些敏感话题做广告，否则很快会被禁播

比如橙汁广告中，运用猫和人的恋爱话题，猫在身上抹橙汁，用来吸引人类的注意，简直颠覆了人以前对动物的印象，猫变得很强壮，让人感觉非常别扭。

第七章　功能塑造法创意广告

第一节　功能塑造法创意

一　功能塑造法创意的定义和作用

明确传递信息，以信息本身和具有逻辑性的说服加强诉求对象的认知，引导诉求对象进行分析判断。通过说理，人们用理智权衡利弊，促成购买。这种诉求容易让人感觉比较乏味，除非有对功能需求非常明显的用户，要不功能诉求就会趋于平淡，激不起受众的兴趣。

功能诉求一般直截了当，用最简洁的语言，让人们对产品的功能有深入的了解。毕竟顾客购买产品，看重的是它的实用价值。

二　功能诉求的创意方法

（一）引用数据

数据比较可靠，容易让人信服。

1. 广告项目：瑞士欧米茄手表广告

广告是这样阐述的："全新欧米茄蝶飞手动上链机械表，备有 18K 金或不锈钢型号。瑞士生产，始于 1848 年。机芯仅 25 毫米薄，内里镶有 17 颗宝石，配上比黄金罕贵 20 倍的铑金属，价值非凡，浑然天成。"这样精确的描述，使消费者对产品有了更细致的了解，这里的每个数字都使这则广告更具说服力。

2. 广告项目：乐百氏纯净水广告

乐百氏纯净水上市之初，就认识到功能诉求的重要性，于是就有了"乐百氏纯净水经过 27 层净化"这一经典广告语。"27 层净化"这一独具个性的功能诉求，赋予了乐百氏精准的定位，同时给消费者一种"很纯净，可以信赖"的印象，从而使乐百氏迅速成长为全国水市场的重要品牌。

3. 广告项目：空调类广告

美的变频空调主打"1 晚 1 度电"，奥克斯空调"1 度到天明"与之类似。格力更一度宣称推出"8 晚 1 度电"的一款空调，用户每天晚上使用空调 8 小时，空调均以 15W 的频率运转，8 晚累计使用电量仅 0.96 度，还不足 1 度电。用这样的数字做广告，很有说服力。对节约用电人士更具吸引力。

4. 广告项目：玉兰油沐浴乳广告

活肤沐浴乳强调 24 小时不断滋润，令肌肤持续得以改善。一星期内，肌肤会更有光泽，更富弹性。润肤沐浴乳则阐述其独有之处：含 75% 的玉兰油滋润成分，使用 14 天后，能体验到肤质的明显改善和滋润。广告中的数字运用，科学的功能解释，巧妙的理性诉求，增强了说服力，同时也在提升其产品信任度。

（二）利用图表

如果需要引用的数据较多，或者产品结构、设计的特性很难用语言描述，就可以利用图表来阐述。图表有时比文字更便于传达精确的信息。比如在 Diesel 新推出的品牌 Diesel 岛广告中把每种武器用图表示出来，让人一目了然。

1. 广告项目：施华蔻金色染发剂广告

飞机的窗口，闪过不同的风景，这是世界各地的风景。再次切换，出现一句话"92% 的富豪的身边，坐着一位金发女郎"。画面伴随着"咔"的一声再次切换，出现了施华蔻金色染发剂的产品图。广告虽然中规中矩，但是连贯流畅。

2. 广告项目：2018 戛纳国际创意节获奖广告帕劳群岛公益广告

广告一开始讲述帕劳群岛非常美丽，拥有得天独厚的自然资源，纯天然没有污染。因此白天可以看到海豚游动，夜晚可以看到星空满天。海天一色，海水清澈见底，有着不计其数的鸟和鱼，被海水簇拥的小岛更是别具一番风情，犹如世外桃源。但是小岛的本土居民并不多，来参观的游客，却多如牛毛。之后广告用图片形式对来岛游客的不文明行为做了分析。中间是游客，围绕在他四周的是可能出现的不文明行为。比如用手捞海星、用网捕鱼、往水里乱丢杂物、用脚踏珊瑚礁等。广告用柱状图展示了岛上居民的增长情况和登岛人数的增长情况，人们发现登岛人数增长的比例远大于岛上居民增长的比例。柱状图恰到好处表现这一动态的变化，非常直观，让人们意识到，岛上的生态失衡成了重大问题。解决这一问题的办法是，在登岛公民护照上，印一份保证书，这样既可以制约游客的破坏行为，也可以保障子孙后代能够看到美景。柱状图在这则广告中作用非常明显，可以把多个事项融入一个画面，并且在它们之间建立非常强的逻辑联系。

（三）类比

直接陈述和提供数据的方法可以清楚传达信息，但难免不够形象。类比是形象传达信息的重要方法。类比的基本思路是：选择对象熟悉的，与产品有相似或者相反特性的事物与产品特性并列呈现，从而准确点出最重要的事实。类比方式形象，让人们更容易接受，更容易信服。

广告项目：Elan Languages 翻译软件广告

广告一开始就以直白的语言向观众叙述 Elan languages 翻译要比 Google 翻译好，但人们通常都会使用 Google 翻译。所以，广告的一开头就提出了疑问：怎么使人们使用这个软件？

广告直接诉求不如类比更能让人们理解得透彻。于是广告通过厨师做饭来演示这个使用效果。这个厨师在做沙拉，他用了很多特别的手法，比如把铁丝切碎了掺在里面，把纸屑掺在里面，把玩具掺在里面。然后，蒙上人们的眼睛，让人们来品尝。当人们吃出怪异东西的时候，比如一匹玩具小马，就是在使用 Google 翻译。人们露出的一脸无奈的表情就足以证明使用 Google 翻译的糟糕之处。从而从侧面证明 Elan Languages 翻译比 Google 翻译效果好。通过这样一种方式，让该软件植入人们心中。

（四）对比

广告项目：舒肤佳香皂广告

从显微镜下可以看到，使用舒肤佳比使用普通香皂皮肤上残留的细菌少得多，显示了舒肤佳强大的杀菌能力。尽管这则舒肤佳香皂广告创意手法一般，但冲击力极强，使舒肤佳在香皂市场的占有率很快达到41%。

第二节　功能塑造法创意广告的创意技巧

一　重点突出产品的特性或者拥有的某些新的功能，这种新的功能恰恰是产品的卖点

（一）功能通常是重要的、精挑细选的，最能体现产品差异化特色的地方，于是为突出这些功能找特殊的场景进行拍摄

广告项目：iPhone 7 系列广告

午夜，男子拿着 iPhone 7 开始在弱光环境下拍摄，不管多暗的场景都能轻松拍大片，突出了 iPhone 7 的夜拍功能，宣传语是"iPhone 7 低光拍摄——简直是魔法"。

怕水一直是手机的弱点，防水一直是人们希望手机应该具有的功能。在暴风雨的早晨，男人穿好衣服，在自行车上安装好 iPhone 7，开始运动。依旧是应用特殊的场景，这一次表现的是 iPhone 7 的防水功能，最后的宣传语为"iPhone 7 防水功能——简直是魔法"。这款手机非常适合经常梅雨天气出去和那些使用手机马马虎虎的人。

（二）通常选用特殊的人物，进行特殊的表演，打造特殊的视觉

广告项目：奔驰车广告

此前奔驰汽车公司提出过一个卖点，即奔驰汽车公司全力支持德国青少年足球队和其他有能力的少年。而为了表现这个卖点，选择的演员是穿纸尿裤的婴儿，他把一个线团踢得满屋转，运球、发力非常熟练，人们在观看的时候记住了广告。

（三）通过功能诉求来创造某种新的概念

1. 广告项目：宝洁广告

在宝洁的广告策略中，每个品牌都被赋予一个概念：海飞丝的去屑，潘婷的保养，飘柔的柔顺，等等。然后通过广告传播不断强化这个概念。例如，海飞丝使用"头屑去无踪，秀发更干净"的广告语彰显个性；潘婷的特点在于对头发的营养保护，于是就有"能由发根渗透至发梢，补充养分……"的广告语；而飘柔强调"洗发护发一次完成，令头发飘逸柔顺"

的特点。

不仅如此，宝洁还把概念的攻略延伸到竞争对手的广告中。在舒肤佳香皂进入中国之前，力士香皂已是市场上的重要品牌，其产品定位是"美容护肤"。宝洁显然需重新制造一个概念，通过市场分析与提炼，宝洁赋予舒肤佳香皂"美容+杀菌"的概念，并且还通过中华医学会的权威性来增加人们的认可度。后来在强大的广告攻势下，舒肤佳的销量一直上涨，现在舒肤佳已经成为中国香皂市场的重要品牌。

2. 广告项目：宜家广告

宜家广告主发现早上起来人们的心情非常重要。于是它推了一个关于宜家魔镜的广告。这个镜子有个奇特的功能，只要人一照，它就能说出人们喜欢听的话。如果是女性，它就会说："你今天看起来棒极了！哇，你最近是不是在运动？亲爱的，你的裙子真令人惊艳，你的头发真是好看！"如果是男性，它就会说："你的胡须真好看。"然后朝着人们吹个口哨，吸引注意。它的功用远不止展现产品本身的价值，还有与受众的互动。人们有意去观察家具，而不是如同木偶一般，没有主动性。

3. 广告项目：迪士尼乐园广告

迪士尼乐园找到了独特的主张（商机）：建立"冒险与魔法的王国"。于是它将此主张文字化，便有了现在的概念，对游乐园施以魔法，让顾客全面体验梦幻的空间。迪士尼乐园大幅度调整常识与概念，突破原本游乐园概念的局限，并提供新乐趣、新价值观，取得了成功。像广告片《好大的梦，公主》，将公主的各种梦想变成现实，且赋予公主勇敢的品质，敢于挑战各种高难度的事情。让公主去尝试射击、跳水、跆拳道、体操、游泳、骑马……摆脱公主病。

AR书广告主打人们不仅可以感受到虚拟的图像，而且可以进行良好的互动的概念。所以很多广告就在虚拟互动上做展示。一种新事物总要配上明晰的介绍。而这种东西以三维图的方式展示出来，能够让人们身临其境。像《海底总动员》图书广告将海潜艇、海洋生物全方位展示出来，配上音乐和动作，效果极佳。

二 往往配合一定的表现技巧，包括情节安排、表演手段、剪辑特效等

广告应尽量避免简单介绍功能以及泛泛而谈。广告内容太多，公众难

以抓住重点。所以，广告总是要有一定的表现技巧。

1. 广告项目：宝马 MINI Cooper 广告之一

广告背景：宝马 MINI Cooper 是全球成功的高档小型车之一，广告拍摄了它可爱的外形和实用的优质内部配置，让宝马这一产品受到广大消费者，尤其是女性的喜爱。

用"尊贵的宠物"来形容宝马 MINI 车一点也不为过，不菲的价格以及娇小的身躯和富有灵性的操作系统，无时无刻不在提醒人们它就像一个宠物一样招人喜欢。全新的 MINI Cooper 在外形上没有多大的变化，依旧非常娇小，又大又圆的前照灯、平顶、短尾的独特设计，秉承了 MINI 家族的风貌，而且 MINI Cooper 的色彩搭配非常丰富，既可以选择车身与车顶同色，又可以选择车身与车顶不同色。而宣传的时候就是要把它小巧灵活的特点突出出来。

广告完美凸显了 MINI Cooper 的娇小给人们带来的极大的便利。在狭长的小弄里，MINI Cooper 遇到雕塑挡路，但 MINI Cooper 分身出一辆小车轻松绕过雕塑，后又分身出数辆小车穿过小路。广告特设了 MINI Cooper 相互超车的镜头，用震撼的场景来表现 MINI Cooper 的娇小、方便与灵活，结尾时"万车"腾空，在小船上重新合体为一辆"MINI Cooper"，将气氛推向高潮。

广告在此打造的就是 MINI Cooper 车分身有术，在狭窄地域，分出很多 MINI Cooper 车，这些车并非真实存在，而是虚拟出来的，虚幻与真实联系在一起，将车的性能完美表现出来。

2. 广告项目：宝马 MINI cooper 广告之二

广告为了突出宝马 MINI Cooper 灵巧的操控性能和出色的安全性，用两个舞者热烈火辣的舞蹈、灵活的动作、有力的步伐来表达。单纯表现车的性能过于枯燥，受众很难从中了解车的各种功能、特征。这里借用一种比喻的方式，使广告有了新的表现角度和新的表达技巧。

用两个舞者相互配合的动作来展示车的亲和，与驾驶者的合拍。用两个舞者自然享受的表情，表达驾驶人的驾驶感受。广告告诉受众，驾驶本是一件非常享受的事，这辆车给人舞蹈般的美感。两个舞者跳的是一段非常动感的舞，节奏鲜明欢快，有一定的张力，体现此车有一种野性美。车如同强壮有力的成年男子，有很强的驱动力和爆发力，非常吸引年轻的驾驶者。

舞者的每一个动作都有力度，每一次伸手、抬腿都恰到好处，体现车的每一项功能都有它的规格。

舞者跳得既十分性感，又十分有美感，描述了车的外形十分迷人。

广告的语言生动直接，有表现力。广告通过比喻的方式，形象地展示了车的优点。

三 功能塑造法创意广告的艺术性

（一）广告也可以做得气韵生动

广告项目：英国 Lucozade 功能性饮料广告

广告给人行云流水之感。清洁工在擦窗户的时候，像写毛笔字一样，一点不觉苦与累；图书馆员工在整理书的时候，头发被风吹起，潇洒地将图书归类，一点也不觉得枯燥；宠物化妆师在使用化妆品给宠物美容的时候，将定型剂在空中舞得像练武功一样……每个人周围都仿佛存在一股气。最后主角出现，大气地喝着饮料。广告语更是大气磅礴："气，势不可当、准确无误的感觉。没有问题不能被解决，没有人能比你做得更好。无聊的生活给你什么压力，只需要把他踩在脚下，勇往直前。因为你已经找到自己节奏，勇往直前。因为你已经找到自己节奏，你正在最佳状态。Nice！"

（二）适当地在广告中加入特技

广告中的特技效果将产品的功能演绎得更加直白，让观众更清楚，影响力更大。

广告项目：公益广告

广告将画面一分为二：上半部分是一个家庭优越的孩子在刷牙，但是不关水龙头，水白白流下去浪费了；下半部分是一个非洲孩子，头顶着一个准备接水的盆。整个画面设计非常巧妙。浪费的水正好流到接水的盆中。一分为二的特殊技法让人们恍然大悟，原来上边孩子2分钟浪费的水，是下边孩子2天用的水，节约用水的目的表示得非常明确。

四 功能塑造法创意广告的注意事项

功能塑造法创意广告关键还是要把握好度，功能被无限扩大化的广告容易误导消费者，所以夸张要慎重，以免让消费者认为跌入了一个消费陷阱。很多药品广告，宣扬一吃就灵，不足为信。

第八章　温情塑造法创意广告

温情塑造法是感性诉求的一种方法，比理性诉求的方法，更易让人们接受。

温情诉求的方法颇具有感情色彩。这种诉求方式主要是利用观众的情感生活对观众施加影响，其特点是"以情感人"，通过营造情意融融的气氛，刺激观众的情感心理，引导观众产生情感向往和满足感，从而对商品留下美好的印象。"感人心者，莫先乎情。"① 情感是人类永恒的主题。情感诉求能够实现与观众的情感对话。观众不再是冷漠的接受者，他们可以与产品进行互动。情感是态度的核心组成部分，态度的改变扎根在情感之中。由此，广告可以运用情节展现丰富的想象力，也可以用幽默与夸张手法增强效果，甚至可以合理地设置悬念，发人深省。这种情感如同暖流，贯穿于人的心底。人类的感情建立在多层次的感受上，这种感受反映了人内心的真实想法。感性诉求相对于理性诉求，更让人印象深刻。

第一节　亲情塑造法创意广告

亲情是父母之情，手足之情，祖孙之情……这种情感带着浓浓的血缘关系。父母对子女的爱都是无私的。孩提时祖父母的关心是让人难忘的：可能是一盘热气腾腾的水饺；可能是织的小毛衣；可能是祖父边放羊，边陪孙儿练自行车；可能是祖孙一起赶市集，吃半生不熟的葡萄；可能是用手招人；可能是站在一旁，微笑着看孙儿练武术。回忆让人倍加珍惜。每

---

① 燕雁：《感人心者　莫先乎情》，《中国摄影》2017 年第 12 期。

个人从出生便融入一个家庭，这个家庭充满着各种各样的关爱。这就是动物的本能，运用高等智慧打造的世界。在这样的世界里，我们形成了各种观念。而在这种关系中，更重要的是血浓于水的情感。我们经常看到这样的故事情节，两兄妹失散多年，重逢之后，发现真的有很多相似的地方，一样的喜好，一样的话语，一样的动作。这就是亲情的力量。

一 以母亲和孩子之间的亲情构建

（一）按母亲在儿童成长中的作用可分为良师益友式和解决问题式

1. 良师益友式

妈妈可以说是我们的启蒙老师，教我们做事及认知事物。其耐心与智慧是其他人无法比拟的，在我们心目中的地位也是至高无上的。很多时候，幼儿成长过程中的出色表现，良好习惯的养成，与母亲的谆谆教诲是分不开的。而且，母亲的陪伴是任何人无法替代的。

（1）广告项目：宝洁广告短片 *Strong*

每一个奥运健儿上场挑战时，都会回想自己小时候遇到困难时，妈妈在一旁鼓励。比如电梯突然停电的时候，妈妈告诉他要深呼吸，不要担心；在飞机可能会失事时，妈妈安慰说飞机只是遇到了一点气流；当想放弃比赛时，妈妈在一边鼓励"你可以的"。最后突出广告的主题：每一个强大的孩子背后，都有一位强大的母亲。实际上，母亲就是孩子的坚强后盾，在精神上帮助孩子走出困境。

（2）广告项目：Coach 广告

Coach 广告，请到了美国的女演员 Mariel Hemingway 和她的女儿 Langley Fox Hemingway 来主演。短片从野外的鸟鸣开始，讲述大自然对女儿艺术追求的影响，而母亲的鼓励可以赋予女儿力量。[①] 母亲作为她人生的第一位教练，教她射箭，教她蹦床，教她如何开发她艺术的想象力。在她的成长过程中，母亲像一座灯塔一样，给她引路，带给她希望。

广告利用"Coach"这个词，一语双关，既是品牌名称，又是教练的意思。广告的亲情诉求促使产品更易让人接受，让人们感觉这个包值得

---

① 楼婍沁：《准备好纸巾　可口可乐等一众品牌为母亲节准备了催泪广告》，梅花网，http://www.meihua.info/a/63212，最后访问日期：2018 年 11 月 22 日。

拥有。

2. 解决问题式

广告项目：招商银行留学信用卡广告

儿子出国留学，虽相隔千万里，但是母爱没有界限。儿子因为在家里什么活都没干过，所以连番茄炒蛋也不会。不知道这个菜是应该先放番茄，还是先放鸡蛋。于是给远隔千里的妈妈发信息求助。而恰恰妈妈一时半会儿也说不明白。情急之下录了一段视频给儿子。儿子很快学会了，并得到了伙伴们的赞扬。这才想起来美国跟中国有时差，给妈妈发信息的时候正是中国的凌晨四点，妈妈起床做饭，爸爸在旁边录像。这种父母对子女的疼爱无人能比。广告说出了父母的心里话："想留你在身边，更想你拥有全世界。你的世界，大于全世界。"这也恰恰说明母爱的伟大，远在天边的儿子是她半夜起床做饭最大的动力。

（二）按母亲的特长、性格可划分为展示才能式、搞笑式、勇气式、唠叨式

1. 展示才能式

很多妈妈是做饭能手，为全家烹饪美味的食物；有的时候是做衣服能手，为孩子做出精美的衣服。其实，妈妈还有不为人知的一面，她还是创造能手。通用电器这种硬汉风格的公司也在做母亲节营销广告。它展示的角度非常特别。妈妈在生活中成了发明专家，比如用卷纸筒做手机扬声器，用气球和塑料纸做小汽车，并在广告里幽默地称她们是声学专家、首席静音工程师、虚拟空间建筑师、车辆驱动专家、牙齿保护专家。这与母亲传统的形象相差甚远。

广告主题就是"我妈妈制作的"，意在说明每一位妈妈都有当工程师的天赋，不管是修理还是设计，她们总能找到好办法。这类广告虽然有点夸张，但又有一定的现实基础，人们接受起来并不困难。

广告项目：黄油广告

有一则黄油广告就是展示妈妈的洞察力的，世界上唯有母亲最懂孩子的心。比如藏在角落里的袜子，能被妈妈找出来。接下来，儿子回忆小时候撒谎被妈妈训斥的场景。小时候与长大后的情景形成对比，体现儿子从小到大一直被妈妈关心爱护。之后广告又穿插了各种镜头，无论相隔多远，没有视频，没有通话，妈妈就会给出一个犀利的眼神，对着儿子心虚

的表情。妈妈有很强的感应力。最后广告展示这款黄油，是货真价实、经得住妈妈考验的，是妈妈精挑细选的。该广告将以情托物用到了极致。

2. 搞笑式

同类广告用一种方法，会让人感到厌烦。如果广告中加入搞笑的情节会让人产生兴趣。三星选用了母亲的一个特性，从一个特殊角度来描述产品，从而避免了审美疲劳。

广告项目：三星手机广告

广告短片中描述了母亲是如何误用短信功能的，比如连发几条空白短信、乱用潮语等。广告落脚点是不要给母亲发短信了，给她打个电话吧。是的，母亲上了年纪，对数码的东西可能不像年轻人那样使用得如此方便，于是经常会发生小误会，而用手机打电话，声音亲切，沟通直接，是理想的沟通方式。故事以小见大，从独特视角来看问题，让人对问题有了新的认识。

3. 勇气式

广告项目：台湾大众银行广告片《母亲的勇气》

她因为携带违禁品在委内瑞拉机场被拘捕了。她试图解释，拼命想夺回所谓的违禁品，但没有人听得懂她在说什么。她是台湾人，没有人认识她；她不会英文，更没有人陪伴。他们只知道她独自一人飞行了很久。她来找她的女儿，她们已经有好几年没见了。她女儿刚生产完，她只想为她炖鸡汤补身子。而所谓的违禁品就是一包用来炖汤的中草药。她曾抓着行李，在拥挤的机场拼命奔跑；在夜晚空无一人的候机厅，环抱双腿睡去；面对行色匆匆的人群不知所措，无人可求助。她常将女儿的近照紧抱在怀中，嘴角泛起微笑。蔡应妹，63岁，第一次出国。不会英文，没有人陪伴。一个人，独自飞行三天，三个国家，三万两千公里。她是怎么做到的？台湾大众银行这支主打母亲感人故事的广告片，不讲技巧，没有噱头，只是在为我们讲述一个平凡人不平凡的故事。① 这是一个真实的故事，故事本身的场景或许没有广告中拍得那么好看，但其中的情意没有任何虚假。这支广告也被评为"台湾2010年最感人的广告"。

---

① 《台湾公认的"最会说故事的人"拍了这几支广告……》，微信公众平台，https://mp. weixin. qq. com/s? _biz = MzA3MTE0NDEwOA% 3D% 3D&idx = 3&mid = 2652418346&sn =771330b1aa4e7b051e57a60bdf592b03，最后访问日期：2018年11月22日。

4. 唠叨式

很多人认为母亲总是唠唠叨叨的，生怕子女做不好。有一个小女孩离家出走，原因就是母亲多说了她几句。但在他离家出走后又回忆起母亲的种种行为，比如在菜市场精心挑菜，照顾自己的日常……小女孩非常难过，迅速回家。

（三）按子女对母亲的尽孝可分为虚拟内疚式和帮妈妈解决问题式

尊老爱幼是一种传统的美德，那则经典的广告至今让我们记忆犹新，小女孩为妈妈端洗脚水，一步一步挪动，非常感人。

1. 虚拟内疚式

常见的形式是不少有志青年上学以后出来闯荡，不能在母亲身边尽孝，然后从童年开始写起，如母亲如何含辛茹苦养育孩子，省吃俭用也好，创造条件培养也好，情节的设定总是这些回忆让人记忆犹新，让我们对母亲心存感激，虽然这种付出默默无闻，不求回报，但总让子女感到愧疚，认为自己总是没能力及时回报母亲，这时广告就会向人推荐某类产品，孝心牌产品，让人感觉是对母亲的一种补偿。

（1）广告项目：Hallmark 贺卡广告

该广告是在戛纳获奖的亲情广告。妈妈回到家一脸疲惫，放下包，准备休息一下。两个小孩围上来，让妈妈讲故事。妈妈说"稍等"。喂了狗以后，孩子们又缠着妈妈讲故事，母亲有气无力地推托着。到了晚上，妈妈终于可以给孩子们讲故事了，却惊奇地发现有一张贺卡，上面写着："因为有你，我们的世界很幸福！我们有幸福的家！我们的日子充满欢乐！我们的夜晚美梦环绕！爱你的查理、杰克，还有爸爸！谢谢你！"这则广告充满浓浓的爱意，孩子们如此懂事，妈妈感到很欣慰。故事的亮点就是那张贺卡。对于母亲来讲，没有什么比子女们的成就和孝顺再让人满意的事情，它使母亲兴奋，忘记疲劳与辛苦，沉溺在与子女的天伦之乐里。

（2）广告项目：节目表演广告

广告讲述了一个男孩为了请求母亲去看他的一个节目表演，帮母亲做了很多家务，并记录了做完这项工作所需要的时间，目的就是减轻母亲的负担，让母亲有时间去看自己的节目表演，这则广告描绘和表达了生活中的细节和丰富的情感，给我们留下了深刻的印象。

（3）广告项目：纸品牌广告

Grey 为生活用纸品牌制作的公益广告，也有异曲同工之妙。广告开头直接点题："你有多久没有给妈妈一个拥抱？"然后就像坠入时空隧道一般，回想小时候，妈妈陪自己打针的场景，妈妈骑自行车带着自己上学的场景，妈妈在考场外焦急等待的场景，妈妈给自己擦嘴的场景。然后说："你最近和她说的十句话是什么……多久没有带妈妈出去走一走……你能拿出多少时间疼疼她……五月，花时间陪妈妈。"最后直奔主题：五月花，至柔陪护。广告先是回忆妈妈的好，又通过妈妈给子女办婚礼将故事推向高潮，打造了一幅母慈子孝的和谐画面。

2. 帮妈妈解决问题式

此类广告是让妈妈自己说她们遇到了什么问题，来让子女尽孝。

广告项目：母亲节广告

Tempur-Pedic 办了一个母亲节活动，采访母亲们遇到了哪些问题。大部分母亲说她们的睡眠不好，一半左右的母亲希望她们能睡个安稳觉并且和她们的家人度过每一天。根据此前 Tempur-Pedic 向 1000 位母亲做的调查，87%的母亲夜里思虑家庭、财政和亲子关系。另外，30% 左右的人表示，希望偶尔睡个懒觉，或者在床上吃早餐。

Tempur-Pedic 借助这个活动，一方面鼓励子女尽孝，表达对母亲的感激和爱意；另一方面将母亲的辛苦和产品改善母亲睡眠的好处结合在一起。

二　以家庭互动构建

家庭互动往往可以营造温馨的氛围。场景主要有父母对子女的教育，在家里与朋友的聚会，同父母亲人一起聊天、讨论电视节目……有一则广告讲述子女说今天哪儿都不去了，就在家陪老人聊天。平常事，让人心情久久不能平静。

1. 广告项目：Old Spice 广告

Old Spice 是宝洁公司在美国推出的沐浴露、须后水和止汗露品牌。它以迷人的香气、清爽的效果驰名美国。本来经营不善的产品在创意的推动下，竟成为实力超强的一个品牌。此次影视广告采用戏剧化的故事情节。故事中设定的激烈冲突成为广告的看点，而这种冲突将故事的发展推向高潮。

妈妈唱："我的儿子你在哪？我好想你哦！这个男人是谁，为什么住在我家？我那可爱的小家伙居然变成一个男人。"

画面展示爸爸手中拿着一瓶 Old Spice，向外喷。

企业主语："至少他以后不会睡在马路上。"

妈妈唱："Old Spice 把我们的儿子变成男人，我想念我的儿子。"

爸爸语："我很开心！"

企业主语："现在他有机会过来打工啦！"

妈妈唱："Old Spice 把我们的儿子变成男人，昨天他还在这里玩耍。"

爸爸语："这里很快就变成储藏室啦。"

妈妈语："太快啦！"

爸爸语："他是男人啦！"

妈妈语："他还是个孩子！"

爸爸与其他朋友共语："他是男人啦！"

妈妈与其他朋友共语："孩子！"

爸爸与众人共语："男人！"

妈妈与众人共语："孩子！"

爸爸与众人共语："男人！"

妈妈与众人共语："不，不是的！"

爸爸与众人共语："不，是的！"

妈妈与众人共语："不，……"

妈妈语："Old Spice 把我们的儿子变成男人！"

爸爸语："顺其自然吧！"

另一个妈妈语："他还需要玩具！"

还有一个妈妈语："我好想哭！"

还有一个爸爸语："这是喜悦的眼泪！"

整个故事采用倒叙方法，先是讲使用产品的效果，小男孩想象使用了 Old Spice 产品，变成了大人，可以跟女朋友约会。妈妈总是以悲哀的语气感叹变化得太快！而爸爸用的是赞赏的语气，并流露出自豪和喜悦之情。故事的高潮是父母双方对儿子迅速成长展开激烈的辩论。这就是广告的看点。激烈的争论提起人们的精神。最后，爸爸劝诫妈妈不要过度悲伤，要顺其自然。整个故事构思巧妙，Old Spice 竟具有这样的功效——"拔苗助长"。这让妈妈们接受不了，让爸爸们暗自惊叹。广告如此真实地反映了大部分家庭的现状，父母在孩子成长过程中扮演的角色不同，家庭对个人的成长有着重要的影响。

这则广告不仅构思新颖，而且表现手法独特。儿子和女朋友在前面看电影，父亲、母亲的形象被嵌在观看电影的椅子里。用虚拟景象来表现父母在暗处，默默看着儿子的成长。这个形象是凭空想象出来的，并不存在。儿子与女朋友在冰上滑冰，母亲的形象则在冰层下面。一边感叹他的儿子变成了男人，一边在鱼缸里拿着玩具。最后，母亲的手延长，把墙上一家人的相册拿下来，夸张到极点。这种在现实中根本无法出现的画面，在影片中都出现了，并塑造了多维空间，从一个侧面反映出母亲的能干，无所不能。

2. 广告项目：生命可口可乐广告

生命可口可乐广告令我们眼界大开，虽然亲情话题有些老生常谈，都是表现为人父母生活中的点点滴滴，不过来自阿根廷首都布宜诺斯艾利斯的这支广告，还是让绿色版的生命可口可乐在这棵"老树"上开出了"新花"，温暖人心。

广告开头是准妈妈拿着早孕试纸告诉准爸爸孩子即将到来的消息，然后讲述了这个熊孩子的成长史……熊孩子把家里弄得一团糟，到处是玩具，熊孩子和狗抢食，熊孩子把可口可乐瓶弄倒了……此处省略无数镜头。最后的结尾堪称完美，妈妈再次拿着早孕试纸给爸爸看，他尖叫起来："完了。"不过事情不是你想象的那种，他们紧紧拥抱，打算迎接第二个熊孩子！

这个故事构思巧妙，讲述孩子非常调皮，经常惹祸。家长往往很无奈。但无论孩子再怎么调皮，家庭总是充满欢歌笑语。可口可乐另类广告，再乱也是家庭，采用逆向思维诉求，达到比正常诉求更深刻的效果。

三　以父爱来进行构思创意

广告通过宣传父爱的伟大来达到想要的效果，父爱跟母爱一样重要，父亲在儿子的成长过程中同样有着无可替代的作用。

（一）忙里偷闲父亲类型

这类广告往往揭示了父亲忙于工作、应酬，对家人关心不够。

一则广告是讲儿子半夜不睡觉，让爸爸帮忙找小熊娃娃，爸爸刚出去，又叫爸爸倒水喝，反反复复，爸爸有些烦躁，生气地说："你该睡觉了，宝贝！"儿子却说："我喜欢你。"爸爸回了句："我也喜欢你。"爸爸冷静下来后，又补充道："如果有什么事情尽管叫我，我也非常爱你！"情节简单却吸引人。儿子的要求就是对父亲的考验，让人感动，发人深省。广告主要揭示大人需要多陪陪孩子，需要有耐心。这种耐心可能是大量心血的付出，是无私的爱。

一个男孩在周末的时候，想找他爸爸陪他一起玩耍。但是他爸爸在电脑旁工作，说不能陪他玩，因为担心会没人支付薪水。这个小男孩一脸不高兴，把他平时攒的所有的硬币摊在桌子上，说："我可以买你一点时间吗？"他的爸爸感到无地自容，立马放下手中的活，对儿子说："我的时间对你永远都是免费的。"这则广告宣扬了积极向上的态度，是鼓励父母多陪伴孩子的公益广告。

一则圣诞节广告讲的是，快过节了，女儿给父亲发出邀请，请父亲看她的才艺表演。但是父亲总以忙来推托她，不是接电话，就是修车、熨衣服，对女儿的邀请毫不在乎，只顾在超市里买东西，女儿倍受打击。女儿抓住一切跟父亲相处的时光，卖力练习，父亲也是不管不问。节日当天，女儿表演时竟然忘了动作。这时候父亲奇迹般出现了，女儿非常激动。父亲教女儿自己家族的独特动作，女儿跟着模仿，她的表演是最棒的，受到在场所有人的喜爱。广告表达了父爱在关键时候不能缺席的主题。

（二）全面手父亲类型

广告项目：雪铁龙 C4 Picasso 汽车广告

雪铁龙于 2012 年推出新一代轿旅车，它拥有灵活多变的空间，可以适应较高的乘载需求。更重要的是，它在安全评价上表现优异，是不少家庭用车的重要选择之一。因此，自 2013 年推出新一代大改款后，雪铁龙再次主攻有家庭的男性市场，于父亲节顺势推出一支幽默广告，想借此打动父亲的心。这则广告，目标市场定位非常准确。

广告中的父亲养育了三个孩子，寓意这位父亲责任大，压力大，需要同时把三个孩子照顾好。广告展示了滑稽的画面。父亲驮着三个孩子去拍摄丛林中的鸟，因为是稀有品种，难得碰上，父亲要抓住一切机会拍摄，结果孩子在一块嬉闹，相机没拿稳，鸟已经飞走了；驮着三个孩子打网球，举步维艰；驮着三个孩子去跳舞，结果令舞伴垂头丧气；驮着三个孩子去踢球，刚开场，因为爸爸长期带孩子反应迟钝，球被抢走，令队友闷闷不乐；驮着三个孩子去冲浪；驮着三个孩子去骑马；驮着三个孩子练瑜伽，因为要照顾其中一个快要掉下来的孩子，不得不将手放下来，父亲显得格格不入。这位爱家的好男士，在自我空间与家庭空间中矛盾重重。只有在开雪铁龙 C4 Picasso 汽车的时候，才算如释重负，三个孩子坐在后驾驶座上，在充足的空间里，自得其乐。

故事的节奏由紧张到轻松，主要表现在两个方面：一方面是演员的情绪节奏，另一方面是外在的动作节奏。节奏，是这则广告设计的巧妙之处。它是主观人为的，不是客观存在的，能够影响观众的心理。广告前半部分节奏紧凑，观众情绪起伏大。到后来，父亲开上车后，节奏变得舒缓，观众那颗悬着的心也放松下来。节奏能够与情节完美结合，堪称经典。最后广告语揭示谜底：至少在开车的时候，你可以享受乐趣。

爸爸的忙与闲，在故事的前后，形成了鲜明的对比。借此也让人留意到产品特性——空间很大。在此广告中，节奏起到了三方面的作用：第一，节奏让我们牢牢记住车的优势，而不是关注父亲与儿童，故事重点突出；第二，节奏带动气氛，最后的画面既温情，又感人；第三，它可以使异质化的东西同质化，不和谐的东西变和谐。总之，节奏在提高整个影片的艺术档次、文化品位中，有着举足轻重的作用。

（三）细致入微慈父型

好的父亲不仅是良师益友，而且会给予我们无微不至的关怀。此类广告中男士不仅是事业打拼型的，而且他们转向家庭，跟妻子一块照顾孩子，甚至一有时间就陪妻儿，颠覆了传统男人形象。男人也有很柔情的一面，可以细心照料儿童和承担家庭的责任。有人说父爱如山，在人生的成长过程中，父爱如同大山一般，给我们依靠。

濮存昕在立白洗洁精的广告中充当了一个好父亲的角色，不仅身穿围裙为儿子做饭，嘴里还念叨着"今天老爸给你露一手"；立白去渍霸洗衣液广告中黄磊在家带孩子，跪在地上陪孩子玩游戏。[①] 父亲身上强烈的家

---

① 马丽娜：《电视广告中的新男性形象分析》，《大众文艺》2014 年第 24 期。

庭责任感，能够给观众带来好感，也能够获得观众的认可，更增加了产品的信赖度。

通过生活中的小细节来描述父爱，以小见大，广告的艺术生命力被很好地表现出来。

1. 广告项目：路由器广告

路由器广告，更让我们对父亲的爱肃然起敬。故事以一个父亲拿着相片回忆为开头，完全采用追叙的叙述方式。在一个风雨交加的夜晚，父亲一手提着婴儿篮，一手撑着伞，那时候父亲想的是如何照顾好婴儿，父亲把车门打开，自己却被淋湿一大半；当儿子发烧的时候，号啕大哭，父亲想的是如何安抚他，抱着几个小时不嫌累；父亲不厌其烦地扮演圣诞老人，儿子却对父亲扮演的圣诞老人不屑一顾；儿子跟朋友约会，父亲在一旁耐心等候，一等就是一两个小时；当儿子踢球的时候，父亲当了守门员；当儿子生病的时候，父亲甚至捐给了儿子一个肾；然而，当父亲给儿子送牛奶的时候，儿子却说"我讨厌你"……为什么会这样，原来是儿子的网速太慢了。广告提示让路由器拥有更高的网速，父亲就不会感觉如此尴尬，没有满足儿子的需求，父亲心中深深自责。广告表现的都是平常的小事，但是每件事累积起来，就会让人深刻体会到父亲的艰辛，体会到父亲那种只求付出、不求索取的精神。

2. 广告项目：网上钱包广告

广告通过描写一对情侣吃饭，点了贵的东西，男孩因为钱不够向父亲要钱，父亲通过网上钱包转账给男孩的故事，体现网上钱包的重要性。广告反映父子温情的一面，这本来是在日常生活中非常尴尬的一件事，却因为网上钱包使事情得以圆满解决。这则广告没有什么花哨的技巧，正是它的平凡无奇，使整个广告富有生命力。

（四）性格坚毅的父亲类型

广告项目：卢卡千里行广告

广告开始是父亲教导儿子学习游泳的场面。也许对于普通孩子来说不算困难的事情，对于这个患有唐氏综合征的男孩来说却异常困难，但他的父亲耐心向他示范，显然他们已经习惯了这个过程。这个过程可能异常烦琐，比较耗时间，但是父亲坦然面对。

广告采用倒叙的叙述方式，讲述父亲回忆孩子出生时的情况，从一开始他在产房中等待儿子的降生，到发现他儿子面部的特殊，再到与其表姐等待医生对卢卡的检查结果。虽然只有 15 秒，在父亲那好似过了十几分钟。"唐氏综合征"，每个字，都像匕首般刺疼父亲的心。在观看广告的过程中，观众能想象到父亲由大喜转入大悲的心理变化。到后来父亲教儿子打水漂，他紧紧揽住儿子的肩膀时，儿子开心地笑了，观众被带入情节当中，感叹父子之间深厚的感情。此时广告推出千里行的公益活动，正常人驱车行走这么复杂的路况都有问题，更何况卢卡这样的人。这也让更多的人关注唐氏综合征。

总体来看，广告没有太强烈的视觉感官上的冲击，而是采用纪录片的方式，给人润物细无声的力量。这是公益广告应该有的形式与特征，不需要雄伟，而应该温柔。

此广告的特点就是应用了对比，卢卡不幸的遭遇与父亲坚毅的性格形成了鲜明的对比，在面对疾病的时候，卢卡父亲的毫不畏惧让人感受到生活的美好。同时，卢卡灿烂的笑脸也让人印象深刻，好似从未被疾病折磨，从未遭受过不公平待遇，生活一直这么美好。

（五）老年病父类型

广告项目：公益广告

父亲到了老年，患了阿尔茨海默病，记忆力越来越差，甚至认不出自己的儿子，有时也不知道家在哪里。在一次家庭聚会中，父亲把两个饺子揣进兜里。儿子感到很尴尬，爸爸却说："我儿子最喜欢吃饺子啦。"结尾处显示的字幕"爸爸已经忘了一切，可是却从未忘记对儿子的爱"更是点睛之笔，可见父亲对儿子的爱是非常深厚的。

（六）无助父亲类型

广告项目：《没有医院，就没有希望》

在中东，因为战争，有一个女孩受伤了，危在旦夕。父亲赶紧将其送往医院。在路上，父亲一边开车，一边跟女儿讲话、唱歌，鼓励其千万不要睡着。但是，来到医院的时候，父亲大失所望，这里已经被战火摧毁了，女儿彻底失去了治疗的地方。这则公益广告主题突出：医院不应沦为战火攻击的地方。在战区，医务工作者每天都会遭受袭击。广告发人深省：医务救护服务，不是攻击目标。

四 以关爱老人为主题

1. 广告项目：音乐节广告片 *Music Life*

Music Life 广告片创意与智慧并存。广告开头讲述老年人成立合唱团，努力练习合唱，既描绘了音乐节背景，也映衬了大家对音乐节的重视。

老年人反复吟唱和老年人健忘，是阿尔茨海默病的种种表现，表明老年人唱歌这件事不容易。因为年龄过大，有些老人在学习的过程中睡着了。通过一些细节的描述，如精心给老年人打扮、老年人上场后无比激动，来表达老年人有像小孩子一样可爱的一面，从而突出了主题：老年人需要照顾，需要陪伴，呼吁社会上的人献爱心，呼吁这样的活动应该经常举行，这样老年人的生活才会丰富多彩。

2. 广告项目：公益广告

老人常年自己在家，儿子回来后准备走。老父亲抱怨又剩下自己一个人过节，然后儿子就立马转过身来说："今天哪儿都不去了，就陪你吃饭。"这类广告所要表达的主题就是儿子应经常回家看看。

3. 广告项目：公益广告

一个十多岁的小女孩拿出手机，拨通了离她很远的爷爷的电话，然后画外音传来："中国移动，沟通从心开始。"

4. 广告项目：《阿嬷的卫生纸》

小时候，爸妈工作忙，都是由阿嬷照顾他。阿嬷总会瞒着爸妈，用卫生纸包东西偷塞给他。虽然每次打开卫生纸，里面的东西不一定是他想要的。但在他童年回忆中，印象最深的，还是那等着打开卫生纸的时刻。长大后，手上拿的再也不是阿嬷的卫生纸，而是手机了。虽然阿嬷有时候也会打来，但因为有太多工作等着处理，总是没有办法及时回电。直到有一天，阿嬷没有再打来。他们说，阿嬷失智了，就连亲人都不记得了。看着阿嬷的表情，她真的完全忘记他是谁了。他把电话写在卫生纸上，塞进阿嬷的手里："阿嬷，要打给我哦！"离开时，阿嬷偷偷往他的口袋里塞了一包东西，一如既往地说："读书要乖哦。"这是用卫生纸包着的点心。

这一刻他终于明白，阿嬷的卫生纸里，包的不只是她的关心和呵护，还有那些他早已忘记的每一个珍贵的时刻。尽管这支台湾春风纸巾广告有很浓的商业气息，从开篇引入纸巾这个关键道具开始，就植入了品牌信息。但是故事具有真实性，且充满令人动容的人文情怀。[①]

第二节　乡情塑造法创意广告

中国人的传统意识中一般有"故土难离""叶落归根""美不美，家乡人；亲不亲，故乡人"等观念。这都是地域文化的特征。同一地区的人，世世代代生活在相同的自然环境中，过着相似的生活，有着相似的生活习惯。而一旦常年离开故乡，在其他地方看到故乡才有的事物时，一股思乡之情油然而生，如西北人看到兰州拉面就自然而然感到亲切。

南方黑芝麻糊广告语"小时候，我一闻到黑芝麻糊的香味，就再也坐不住了。一股浓香，一缕温暖"所体现的乡土观念，是文化传统中最持久和最根深蒂固的观念之一。

乡音在广告中具有地域性特点。像天翼乡情龙卡影视广告中用了四川口音。"打电话不要钱吗？""你电话不离手，打电话不要钱吗？""你说对啦，天翼乡情龙卡，全村互打不要钱。"最后跳出广告语：天翼乡情龙卡，人人有实惠，全村都免费。

这则广告重点突出，简单好记！典型的乡村人，乡村音。

陈浩民代言的维他奶广告以回忆为主。陈浩民扮演的角色提着大包小包回家，父亲在家门口等着他；想起小时候跟同学在牛车上玩耍，在池塘里洗澡，手里不忘拿着维他奶喝；到他离家回城的时候，父亲穿过月台，去给他买瓶维他奶，让人深深体会到父亲对儿子的疼爱。

央视猴年春节又现公益广告诚意之作《梦想照进故乡》，这次广告不同于历年春节团聚、中华文化等传统题材，而是用陕西农妇在窑洞里盖起养鸡场、云南退伍军人重新打理起老家的柑橘园、福建大学生毕业后回村里建起学堂三个普通人回归故乡创业的温情故事，讲述普通人的故乡情怀与亲情理念，传达一种"在一起，才是家"的淳朴情感，他们将对家人的爱化作动力，在故乡实现创业的梦想，赋予了"回家"更深远、更现实的意义。广告围绕陕北"高原黄"、云南"碧空蓝"和福建"茶园绿"三大

---

① 《有些营销广告，比电影还会讲故事》，微信公众平台，https://mp. weixin. qq. com/s?_biz = MzA3ODE5MjMzNQ%3D%3D&idx = 1&mid = 208663259&scene = 6&sn = 8f66112afc5dca9e860 028653758b501，最后访问日期：2018 年 11 月 22 日。

色调，展现了黄土高原具有 270 多年历史的窑洞、云南的原生态高原风光与原始茅草屋建筑，以及福建历史悠久的老式土楼，全篇取景呈现典型的乡土风貌，激发观众对故乡的眷恋之情。

《窑洞里的养鸡场》以陕北农村家庭主妇养鸡的真实故事为原型，讲述普通乡村家庭妇女心底真实质朴的梦想。"不管生活过得咋样，只要一家人能天天在一起吃饭就满足了。"让自己在城里打工的丈夫回家，才是她的梦想。

《甜蜜的事业》讲述一名云南的返乡军人为了守护母亲与爱人，重新打理老家山坡上的一片橘园，经过几番挫折终于迎来丰收，并调动了乡亲们的积极性。返回乡村用同一块土地养大下一代，守护在家人身边、看见家人的笑，才是最甜蜜的事业。

广告充分地体现了亲缘性，体现了乡村伦理和家庭关系，也突出当地的风俗习惯。①

第三节　友情塑造法创意广告

友情是朋友与朋友之间的真挚感情，是从小缔结的兄弟之情。有的结成了"铁杆"，有的互为盟友，有的是生死相交，有的如蜻蜓点水一般……用友情构思的画面，一样催人泪下，对树立正确的价值观、人生观起着重要的作用。友情塑造法创意广告通常用夸张的表现手法，让不可能变为可能，甚至能够化敌为友，有很强的说服力。

一　选用友情创意的方式

（一）运用节日

1. 广告项目：Sainsburys 连锁超市圣诞节广告一

从 2014 年英国 Sainsburys 连锁超市圣诞节广告就可以看出：处于战争中的人们，尤其渴望和平、团聚。圣诞节前夕，两军处于停战期。吉姆拿出了爱人的照片和她送的巧克力。一方的军队唱起了《圣诞之歌》，另一

---

① 孙鑫：《央视春节公益广告〈梦想照进故乡〉篇——"让故乡成为有梦的地方"》，央视网，http://1118.cctv.com/2016/02/25/ARTI572bXeO2XRGsP3AfcqFS160225.shtml，最后访问日期：2018 年 11 月 22 日。

方也开始跟着唱起来。不同的语言，同一首歌曲，同一种情感。《圣诞之歌》，让战争前夕的夜晚变得温暖起来。天亮了，吉姆孤身起来，另一方开始戒备，气氛变得紧张。结果出人意料。尼奥让停止开枪，迅速站起来，一方缓缓走向另一方。场景扩大，那一刻友好的握手，让观众感触很深。广告用"大爱，和平"这一主题，表达了战士们对和平的渴望。他们在一起踢球，《圣诞之歌》响起，双方化敌为友……

突然远方号角响起，大战在即，大家黯然转身回到阵营，谁都不愿重回战争，但国家之间的利益不同，只好服从命令。吉姆、尼奥回到各方阵营后，都意外地发现对方给的礼物。最后广告回归主题"圣诞在于分享"。

这个广告运用了圣诞节这一特殊节日。圣诞节的确意义非凡，能化干戈为玉帛，并且能让人们在感情上相互交流，进行更深层次的互动。

2. 广告项目：Sainsbury 连锁超市圣诞节广告二

广告讲述了一个浓浓的邻里友情的故事。故事中的猫咪 Mog，活泼好动，调皮捣蛋，在平安夜不小心碰到电线，导致房间里的东西损坏过半。最后差点把整个房子烧了，不过没人知道是它干的。当主人正愁无法过圣诞节的时候，邻居们纷纷帮助 Mog 一家打扫房屋，并送来食物和用品。邻居间的互帮互爱，凸显主题"圣诞在于分享"。

（二）运用动物和动物之间的友情

广告项目：闹钟广告

广告中，兔子和熊是一对好伙伴，经常一起玩耍，形影不离。但是随着季节的更替，每到冬天，熊就要冬眠。就这样，两个朋友分开了。其他的小动物们正在准备圣诞铃铛，兔子感觉非常孤单。在熊冬眠的时候，兔子想给熊一个圣诞礼物。礼物其实是一个闹钟。它把熊给唤醒了，熊看到兔子非常惊奇。这则广告给观众一种温馨浪漫的感觉，以熊冬眠为线索，贯穿首尾，使这个广告中的情节更加自然，最后揭示礼物是闹钟，也就是广告最初的目的，让观众对闹钟这件物品更加重视。没有它，熊也不会醒。广告对闹钟的作用进行了说明，给观众留下深刻印象，增加观众的购买欲望。

（三）运用人和动物之间的友情

1. 广告项目：公益广告

一个老人和狗形影不离，相依为命。老人和狗都把彼此视为精神寄托。广告的开头，使用了大量生活中的场景，烘托出温馨的气氛。其后，老人的病故是整个故事的转折点。狗永远失去了它的主人。狗没有放弃，一直在等它的主人出现，它并不认为主人已经离去。后来狗终于等到了，它在一位女病人的身上又闻到了熟悉的味道。广告的主题被揭示出来：器官捐献。故事的结局也有了合理的解释，女病人体内有老人的器官。广告触动人心，让人回味无穷。看此广告，仿佛经历了一场爱的洗礼。

2. 广告项目：洗衣机广告

广告讲述了一个盲人和导盲犬的故事。导盲犬和盲人玩耍，导盲犬将盲人丢出去的东西捡回来。盲人视导盲犬为指明灯。导盲犬身上都是泥，见到盲人非常亲切，扑到盲人身上。盲人的白衬衣被弄得非常脏。但是镜头一转，盲人把脏衣服脱下丢到洗衣机里，导盲犬在外边等待。画外音响起："今天是我最开心的一天，我可以自己洗衣服了。"

3. 广告项目：《蒙蒂的圣诞节》

由 John Lewis 百货公司创作的《蒙蒂的圣诞节》，讲述小男孩与企鹅蒙蒂之间的友情，让无数观众为之感动。这个故事的编排，符合戏剧创作的起、承、转、合。广告选用的动物很特别，不是大家很熟悉的猫狗，而是人们不常见，甚至对它习性不了解的群居动物企鹅。企鹅非常可爱，像我们常用的 qq 表情包。企鹅通人性，又具有灵气。

广告选用的都是小男孩的日常生活场景，比较接地气。"生活片段"的想法是在纽约艺术总监俱乐部的年会上提出来的。广告中用了大量的生活片段，让人感觉很真实。它主要是为了营造融洽的氛围。其实，这只企鹅完全是由三维动画设计出来的。但是设计得很逼真，让人信服。

整个广告成功的关键在于选取的元素典型化。小男孩与小企鹅捉迷藏。小男孩堆积木，小企鹅用嘴叼来积木。动物很聪明，可以听懂小男孩的命令。小男孩跟小企鹅一起玩蹦蹦床。小男孩踢球，小企鹅在后面追。小男孩吃早餐，偷偷把食物留给小企鹅。这个画面很有意思，表明男孩的兴趣已经转到小企鹅身上，友情已经升华。小男孩与小企鹅共寝，小男孩与小企鹅建立了良好的友谊。这种友谊来源于朝夕相对，来源于生活的点点滴滴，来源于日积月累。

故事发展期，小男孩跟企鹅一起看电视，共同分享。小男孩与小企鹅一起滑雪，小企鹅看到青年男女同游的画面后感到莫名的失望。小男孩与小企鹅一起坐公交，小企鹅看到老年人街头接吻的场景后更是一脸的惆怅。

故事高潮期，在圣诞节来临之际，小男孩决定给小企鹅一个神秘的礼物。他找来另一只企鹅来给小企鹅做伴，并把它们放走了。

从此，小男孩对着的不是真正的企鹅，而是两只企鹅玩偶，但是他感到非常欣慰，对自己做的事非常满意。故事从另类视角让人明白人与动物能和平相处。

（四）运用人工智能机器人和人之间的友情

随着技术的发展，世界变得越来越智能化。但人工智能也带来了不良影响，它使人与人之间的关系越来越冷漠，甚至彼此之间不能相互理解。而下面这则超市广告则唤起人们对机器人的好感。

广告项目：超市广告

广告讲述在人工智能机器人的攻占下，人纷纷逃离城市，躲到森林里。整个城市一片死寂，到处是大工厂和神态僵硬、被命令指挥的机器人。画面中，一队队排列整齐的机器人，在齐刷刷行走。而一个机器人，偏偏对超市里一个电影海报感兴趣，并发现圣诞节这一主题，想弄懂圣诞节的真正含义。于是来到放映厅，在影片中，它看到一家人围坐在桌子前，小女孩期待着圣诞礼物。机器人非常好奇，决定去一探究竟。于是机器人翻山越岭，踏过小溪，来到深山里面的木屋。它给小女孩送去了圣诞礼物，一颗圣诞树上的小星星，一家人邀请它共进晚餐，机器人感受到从未有过的温暖。从此，机器人不再冷漠，而是充满爱心。人和机器人，彼此间没有距离，就像家人一样亲密无间。这则广告让人们记住了德国连锁超市 Edeka 的名字。

二 友情塑造方法

（一）讲述特定的人

这个人一定有特别之处。比如泰国广告片《友情万岁》中的女主角，性格内向，从不主动跟别人讲话，所以交朋友很困难。

（二）讲述特定的事

还是那个女主角，在她准备去曼谷学习的时候，她唯一的朋友教她交到新朋友的方法是找到共同话题。她先是换上一件与其他人一样的校服，增强亲和力。第一次，她找到的话题是："你们昨晚有看 Elon Musk 的 SpaceX 登天直播吗？我觉得我们能够探索宇宙，然后又成功返回地球，真是太酷了！"所有的同学以诧异的眼光看着她，觉得她谈的话题太高深了，犹如《星球大战》的番外篇。她的好朋友告诉她这个话题太小众了，让她换个大众点的。第二次，她谈及的话题是："你们知道 NASA 能把宇航员自己的便便变成口粮吗？"所有在吃饭的同学，再一次被吓到了。好朋友再次出现，告诉她说点大家都知道的，和他们生活有关的。这一次她揪住一个学妹告诉她："你知道全书复印是违法行为吗？这其实是普法知识……"好朋友打飞的出场，要她谈一些又大众又和生活有关，还得人人都知道的话题。然后她在大家面前侃侃而谈："你们知道 INS 吧，大家都说他们 2017 年一共赚了我们 800 亿泰铢……你们知道孔刘吧，你们知道他父亲是棒球选手吗？另外，韩国的棒球产业是一个很好的案例。你们知道我们的泰国影视演员 Nadech 吧，他的家乡在一个有趣的地方，在……"所有的人听得不由心中一颤，东西都拿不稳了……好朋友再次给她支着儿，让她讲简单、好用、人人都知道、人手一个、人人都关心、超级主流的"K + App"，然后她找人询问"K + App"如何转账，发现身边多出很多朋友，他们都愿意教她。她终于找到了新朋友。

第四节　爱情塑造法创意广告

爱情，或让人甜蜜，或让人悲痛，或让人缠绵，或让人生死相许。爱情的魔力实在是太大了，可以让人失去理智，让人疯狂。

一　表现人物内心状态，构建虚拟场景

广告项目：鳄鱼品牌广告

故事发生在一家餐饮店，男主想要追求女主，却又紧张不安。他在一步步向女主靠近的过程中，脑海中幻想着这样一幕画面，从高楼上往下跳。随着他离女主越来越近，他离要跳的高楼也越来越近。这两条主线交叉进行，最后男主快吻到女主的时候，另一个画面则是男主狂奔后一跃，往楼下跳去。现实中男主吻到女主的同时，幻象中男女主角也吻

在一起。

广告用了交叉蒙太奇的表现手法。两条主线同时进行，将男主的告白，幻化成一场惊心动魄的场景，表现男主内心的激动和对女主的在乎。两条主线都在极力突出男主内心灼热的爱，广告手法独特，内容精彩，情感丰富，画面非常具有表现力和感染力。

二 设定特定的地点

男女主角所处的地点总有一段距离。比如一个在火车车顶，一个在火车车厢里。然后男女主角不停地奔跑，急切地想见面。

广告项目：通信设备广告

广告体现男女主角非常恩爱。男女主角刚分离然后马上就想见面，广告把这种情绪用画面表述出来。在火车站，刚下火车，接着又遇见，刚过路口，分离，然后拐过路口，又相见。运用蒙太奇剪辑的手法，将男女主角想见面的心理表达得非常清楚。

三 在叙事方式上，安排得别致一些

（一）用逆向思维的方法进行叙述

广告项目：凌仕香水广告

这支创意广告将邂逅的男女主角置身在不同的历史时期和场景中，有第四季冰河结束时期，维苏威火山爆发时期，奥斯曼帝国时期，西进运动时期，19世纪末伦敦街头，泰坦尼克号冰海沉船，第二次世界大战，肯特州立大学。男女主角相逢却不能相爱，一碰面就危机重重。不是冰块塌陷了，就是火山爆发了，要不就是男主陷入无休止的战争。到后面，剧情峰回路转，一瓶香水出现了，男主喷上它，一改悲惨的命运，男女主角终能在一起。广告将产品的功能夸大，在轻松幽默的气氛中宣传产品。恰到好处的浪漫背景音乐，烘托出历劫重逢的爱侣之间爱情的难能可贵。片中浮现字幕 "Don't Rely on Fate"（别把你们的相遇交给命运），揭示前面男女主角不能在一起的原因，也为后面凌仕香水的出场做足铺垫。

广告用了《庞贝城的末日》《埃及艳后》《泰坦尼克号》等影片的经典情节，描绘了邂逅的浪漫与唯美，符合产品的宣传定位，赢得观众青睐。

（二）利用独特情节，巧妙叙事

1. 情节设计一览无余

比如男主角在电视上求婚，女主角一打开电视，醒目的求婚钻戒映入眼帘，男主角已经跟女主角相处多年，借此电视节目向女主角表白，虽在情理之中，却让人很感动。

2. 情节设计出乎所料

广告项目：Diesel 服饰广告

故事的男女主角相恋，生了一个小男孩，男女主角长相很好，但是小男孩长得比较丑。既不像男主角，也不像女主角，实在是令人诧异。原来男女主角在认识之前，都整了容。但是男女主角相识已久，对相貌要求已经退居其次。广告把 Diesel 服饰一贯不羁的风格很好地表达了出来。

3. 情节设计幽默风趣

广告项目：冰激凌广告

一对恋人在一起，吃一份冰激凌，男孩一勺勺喂女孩。当一勺冰激凌放入女孩口中，女孩闭眼细心品味的时候，男孩趁机偷吃了几口冰激凌。本来平淡无奇的故事加入一点男孩的小心机，增加了故事的趣味性。

4. 情节设计曲折，让人迫切需要解决困难的良药

广告项目：屈臣氏化妆品广告片《素颜是相亲的底牌》

情节设计比较曲折，一位妙龄女孩去相亲，跟男主彼此亮出自己的底牌。一开始，女孩掀出自己的底牌，"爱吃醋"。男主马上解释道："别担心，哥的朋友都是男生。"女生继续掀牌，"喜欢无敌连环 call"。男主马上说："哥愿意为你 24 小时不关机。"接着男主翻牌，表明"哥有钱"。他拿出豪华车的钥匙，送女孩高级项链。剩下最后一张牌，女孩很紧张，非常不愿意男主翻开。男主笑眯眯地说："哥想知道你的一切！"接着谜底揭晓，"素颜"（丑）。男主十分惊讶，把项链从女孩脖子上拽下来，迅速离开。又一男主上场，手捧鲜花，还有随行乐团伴奏。然后他介绍自己长处，"哥很浪漫"。当女孩揭露自己的短处时，男子火速离开。再一男主登场，带一小宝宝，对女孩唯一要求是爱孩子。女孩直接告诉男子她的短处，然后露出素颜，连小朋友也吓哭了，男子迅速离去……终于，相亲女遇到一男子，并告知女孩谢谢她这么坦白，但随后男子揭的底牌更令人惊讶，他是被家人逼迫才来相亲的，女子变得灰心丧气。最后女子对着镜子里的那个自己说："其实男人不是自己的一切，那么自己最终想要的，是一个可以改变自我的奇迹……"广告语揭晓主题：皮肤好的女人所向披靡；见证奇迹的水晶油，蕴含来自日本能够修复肌肤细胞的精华油，有效去除彩妆残留，温柔抚慰肌肤。广告表达了素颜一样可以很美的价值观。

5. 巧妙设计传情物

广告总喜欢设计一些能把陌生男女联系到一起的传情物。比如宜家一则广告中，女主角手里拿着一个凳子，当她乘公交车离去的时候，碰巧遇到男主角也拿了一个一样的凳子。凳子就成了他们的传情物，于是男女主角奇妙的爱情之旅开始了……

广告项目：诺基亚广告

窗外雷声滚滚，雨声潺潺。画面中，一个女孩落寞地拿着水壶开始倒水。镜头转换，一首动听的爱情歌曲缓缓响起，在另一个国度，喧闹的街上，一个男孩给路人一款诺基亚手机，请求路人帮他在教堂前面拍照，教堂门前悬挂的牌子上印着"CHURCH OF GOOD WILL"标语。当路人按动快门的时候，镜头转到女主角，她正端着茶杯，站在窗前，望着风雨交加、雷声不断的窗外，思念着自己的恋人。雷鸣中镜头又做了及时的转换。此时男主角来到地下商场的柱子前，柱子上围着"YOU ARE HERE"的标语，男主角对着柱子上的标语，做了一个爱心的手势，然后虔诚地跪下，想着向心爱的女孩求婚。这时女主角的画面从男主角右边切入，仿佛男主角真的跪在女主角的面前一样。后面的镜头是在光线柔弱的屋内，女主角与猫儿为伴，配上背景音乐，更加凸显了女主角的思念之情。男主角把手机照片传给女主角，手机成了男女主角的传情物。

第五节　情趣塑造法创意广告

一　拍摄性感画面

人们在生活中往往追求情趣，情趣就像生活的调味剂。LILO广告中，女主拿着LILO挑逗男主，整个广告充满情趣。另一则广告，《爸爸只穿内裤》，听名字就很有意思。男主在家只穿三角内裤，很性感。透过落地窗，窗外的女人和孩子们看到后，瞪大了眼睛，大为惊叹。狗看到后，也瞪大了眼睛，汪汪直叫。男主心里美滋滋的。男主肥硕的身材与紧绷的内裤形成对比。虽然看起来不大雅观，但收视率颇佳。整个广告拍得比较搞笑，就跟王宝强在电影《唐人街探案2》中，穿三角内裤在唐人街上逃窜一样，让人们在嬉笑中度过愉快的时光。

西方善拍情趣广告，画面中经常出现女性的长腿，或性感的双唇，还在广告中配有小物件，比如棒棒糖，用来活跃气氛。

二 加入奇幻、幽默元素，消除人们的抵触心理

1. 广告项目：大众汽车广告

大众汽车广告就在广告中加入了魔术。爸爸哄孩子很有一套，挥挥手指，车的天窗就开了；倒车，手根本不用握方向盘，只要手顺着方向盘的方向转转，车就倒进去了；来个手势，倒车镜就合上了。这种魔幻场景很快就把孩子们吸引过去。看广告和看动画片没什么区别，人们接触此类广告还会有抵触心理吗？

2. 广告项目：柯达胶卷广告

小男孩登台表演，结果裤子掉了，这一尴尬的场景瞬间就被拍下来了；小男孩挤牙膏，结果满脸都是，这尴尬的一幕被拍下来了；小男孩去理发，极不情愿的表情也被拍下来了。这种平时难见的场景，需要好的胶卷才能记录下来。柯达胶卷的优点就显示出来了。

三 通过比较其他产品，人们购买更加理性

广告项目：猫粮广告片《最好的计划》

《最好的计划》这支广告，不是从人的角度思考问题，而是从猫的角度思考问题。猫很聪明，在主人未给食物之前，猫早就想好吃什么，它盯上了鱼缸里的鱼。于是盘算从什么地方爬过去逮鱼最合适；跳上桌子的角度是多少，才不会留下痕迹；沙发要怎么爬上去，不会留下爪子印。猫制定了各种方案，酝酿了许久，还是没有把握。最后猫粮出现，故事终结。鱼与猫粮相比，猫粮才是猫真正所需，不用再费劲捉鱼。

这种表现手法，要比单纯讲猫粮好吃，有意思多了。

第九章　其他诉求法创意广告

第一节　理性与感性结合的诉求创意广告

广告的感性诉求方式和理性诉求方式也不能截然分开。也就是说，广告策略要考虑到各方面制约因素的复杂关系。

其中包括广告使用场合。一般来说，公共场合使用的商品，宜于制定感性诉求策略，因为使用者注重自我形象。中外名酒大多是在宴会、酒席上使用的，所以更多地暗示饮用人的高贵形象和品位。服饰品牌则擅长推出一种既时尚又保持自己独特性的款式，所以感性诉求也很适合。而非公共场合使用的商品，如家电、卫生用品等，其广告策略则应该以理性诉求为主。春兰空调影视广告，讲的是消费者买了春兰空调，可以安安静静地享受清凉而不用被压缩机的噪音搅得心神不宁了。这个广告揭示了这款产品可以帮助人们摆脱生活困境。

广告项目：康怡纸尿裤广告

广告讲得也很直白。用的画外音是："宝宝，换纸尿裤了。每次更换，好大的气味。"镜头很简单，一个宝宝跑过来，妈妈问："有没有更好的？"画外音："康怡宝宝，绿色干爽纸尿裤，在纤薄柔软的面层上，加入了神奇的绿色去臊导渗层，将水分平均地锁在底层。"这里用三维动画展示，非常清楚。

画外音："轻松去除尿味，让小屁屁更干爽、健康。康怡宝宝绿色干爽纸尿裤。康怡，因您而变。"镜头到这里，前后显得特别生硬，讲完使用的好处，就鼓励消费者都去买，没有试用光凭诉说，效果自然不佳，这也是理性诉求的缺点之一。

所以，创作者一直在寻求更合适的诉求方式，在理性的同时，积极寻找感性。感性与理性的融合，使广告"刚中带柔，柔中有刚"，是一种近乎完美的表现形式。

一　实用与满意相结合

理性广告以商品的实际功效为基础，追求客观的"真"，让人感到产品可信，值得购买。而感性广告以人内在的情感和价值为依据，追求主观的"善"，提高产品的亲和度，产品不再冷冰冰的，让人被动地默默接受。

广告诉求的内容只有做到实用与满意的结合，才能让消费者全面理解现有的产品。只有将实用与满意结合起来，同时表现真善美，才能使消费者真正认可产品、购买产品。

广告项目：潘婷品牌广告

广告为周迅设计的广告语为："我的事情，我决定。头发不够健康，发梢易分叉，总是留不长，只好剪个短发造型。发质改善了，和枯黄分叉现象说再见吧。头发爱留多长就留多长。自己的发型，当然要由自己来决定！选择潘婷，信赖潘婷，你呢?"这样的广告内容设计，既运用理性诉求突出了产品的功效，又运用感性诉求将女性的独立、果断及敢作敢当表现了出来，与20多岁独立自强的职场白领女性的内心情感相吻合，引起强烈的情感共鸣，使得消费者选择和信赖潘婷。

二　科学与艺术相结合

符号学大师皮埃尔·吉罗指出：艺术是主观的，它影响主体，也就是说"借助于一种印象，即以在我们的机制和我们的心理上产生的作用来打动主体"[①]；科学是客观的，它在于为客体组织结构。所以，只有科学与艺术融合的广告作品才能既表现客体，又打动主体。

1. 广告项目：Atlantic 空调广告

创作者以 *37Days* 来命名，该广告以时间顺序展开，既讲述客观真理，又给人美的享受。

---

① 缪文海：《广告诉求策略：理性与感性的融合》，《江南大学学报》（人文社会科学版）
2003 年第 5 期。

在一个海拔高、气候寒冷的地方，将一个封闭的立方体放在那里，这个立方体是透明的，像一个玻璃的罩子。通过每天记录立方体里植物的生长变化来验证空调性能的好坏。在美丽的高原上，太阳几乎没有出现，温度非常低。在透明的立方体中，放置了一些特殊的装置，来供植物们生存。在实验的前几天，广告交代了植物从白天到黑夜的变化。等到几天后，冰块里的种子因为温度升高、冰块融化，落到了特制的容器里。接下来，种子开始生根发芽，在白茫茫的雪中，生长出了绿油油的可爱的小草，花儿含苞绽放的过程，美极了。所有的植物随着时间的流逝，都已长大，绿意盎然。广告将立方体的绿色植物和室外的冰雪满地进行对比，证明了 Atlantic 强大的保温功效。一只蝴蝶破茧而出，更给画面增添了生命力。最终这个大约 100 秒的广告伴以舒缓的音乐和 Atlantic 品牌名字的出现结束。这则广告很符合热爱生活、享受生活的人们的口味，给人一种自然清新的感觉。

2. 广告项目：公益广告

广告告诫人们不要酒驾，但它并不是直接叙述。广告的名称叫 *Celebration*，意为庆祝。镜头直接切入车祸现场，紧插一首乡村摇滚风格的音乐，动感活力，振奋人心。被困车内人员呼吸困难，全无求生之意。事故现场各工作人员，唱着 *Celebration*，营造了一种欢快的气氛，令人甚为不解。巧设悬念激起观众观赏的兴致。

其中，广告对各类人物形象，包括伤员、警察、救护人员、消防员等的描绘生动、精准。此广告按逻辑顺序展开，受伤，紧接着进入伤员医疗救护程序，镜头下的画面从车祸现场转入营救路上救护车内，再到医院走廊，最后切入急诊室。其间，这首所有人都哼唱的 *Celebration* 从未间断过，中途插入文段说明主题：在过去 50 年里，每年因酒后驾驶而死的公民人数从 1640 人下降到 230 人，这是一件值得庆祝的事情。而后镜头切入急救画面。从画风角度讲，广告画质清晰，色彩对比强烈，给观众留下深刻的印象。广告前半部分色调明快，后半部分色调昏暗。两名警察站在门前，待门开的时候，哼唱突然停止。原来是伤员抢救失败，警察正在通知家属。开门的为一位抱着孩子的妇女，她在得知消息后失声痛哭。

该公益广告采用欲抑先扬的手法，最后提出"即使是 230 个人死亡也太多了"，对人们进行暗示，意在呼吁人们勿酒驾，为了家庭幸福与社会安定，要学会对自己负责。

3. 广告项目：饮品广告

雀巢广告语"味道好极了"融科学于艺术，讲的是客观存在的事实，却让人联想到它的口味、它的理念、它的异域文化。的确，人们在喝饮品的时候，特别关心口味。口味一旦不佳，终生不会购买。为什么可口可乐如此成功，就是因为老少皆宜，喝了还想喝。很多人爱喝它不爱喝水，因为它有滋味。这也充分证明了产品的吸引力。所以饮品围绕着口味做广告，正中顾客下怀，找对了方向，是以产品质量取胜的案例。

在激烈的广告竞争中，科学与艺术融合的作品，才有无穷的魅力，才能出奇制胜。

三 智力注意与情感参与相结合

法国著名语言学家皮埃尔·吉罗指出：信息接收者的"兴趣"有两种，一种是智力兴趣，要求接收者对于解码和解释给予较大注意；另一种是纯粹的情感兴趣，在这种兴趣里，智力注意相反却很弱，要求参与传播者有同一步调的生活情感，即"只组成一体"的情感。广告强调感同身受，这样容易让消费者接受。比如说喝咖啡，人们喝的是一种兴致、一种情趣。人们在意的是某个牌子带给人们的精神享受，或是闲情逸致，或是对生活的一种感悟。

同时他又表明，在一种文化里，知识与情感之间存在一种反向关系。在符号编码中，智力的注意与情感的一致性是成反比的。现成的理性知识的各种广告符号，需消费者付出努力对信息进行加工处理，甚至有些数字、图表可能带给大家的仅是很浅的印象，这些印象一转即逝，影响不大，对感情经验不起作用。表现情感经验的各种广告符号，引起消费者的情感参与兴趣，但要求注意力松弛，对理性知识不起作用。一则广告作品，若有过多的理性知识符号，就会要求人们"长久"注意，易引起人们心智疲倦。消费者对这类广告不可能一直注意力集中。过多的情感经验符号，吸引消费者参与其中表现的情感，使人轻松愉快，但过多的愉悦又转移消费者的注意力，使他们参与到信息的娱乐情感价值中，从而忽略商品的功能信息。因此，广告作品应是两种类型的符号的优势互补，既要吸引消费者的注意力，又要唤起消费者强烈的情感参与，从而达到最佳效果。

正如产品三九胃泰在宣扬其疗效好以引起消费者注意的同时，仍没忘记塑造"悠悠寸草心，报得三春晖"的感人形象以让消费者产生共鸣，从而达到很好的诉求效果。又如"白天吃白片不瞌睡，晚上吃黑片睡得香"的白加黑广告，前半部分偏感性，后半部分偏理性。

四 需求与欲望相结合

这主要从消费者角度讲，消费者是理性与感性的结合体，既有理性需求，也有感性欲望。需求是物质的、有限的，欲望是情感的、无限的。消费者的需求与欲望是与社会生活的大环境相一致的，是向着高度理性和高度感性融合方向发展的。根据马斯洛的需要层次理论，人们满足了生理需要后，便有了更高一级的需要。面对多元化的社会和个性化的消费者，广告如果能用特别的方式为受众提供所需的产品信息，那么这类广告还是会受欢迎的。如果还能解决受众的烦恼，令受众愉快，那么这类广告就可以让受众真正满意。这就说明，广告若能通过理性诉求传达产品功能利益信息，满足消费者的基本需要，又能用感性诉求帮助消费者寄托某种情感，消费者就会愉快地接受广告并乐于购买广告产品。

塔格豪尔是瑞士第五大手表制造商，手表定位为职业运动表，其广告语"顶住压力，永不趴下"，一方面表明手表的质量好，另一方面赋予拥有者一种永不言败的品格。同样，诺基亚手机的广告语"科技以人为本"，既重科技含量又重人文关怀，成功地向消费者传达了诺基亚是"科技与时尚融合"的产品这一理念。这两则广告之所以能取得成功，就在于既满足了消费者的质量需求，又满足了他们的精神欲望。

第二节 优势诉求法创意广告

优势诉求法主要是宣传一个产品的优点，这个优点往往是独一无二的，是同类产品无法比拟的。这种创意方式定位准确，不至于不知所云。在创意时采用的形式和内容多种多样，主要目的是诱导消费者消费。

一 形象描绘产品的优点

这种对优点的描绘往往带有夸张的成分。广告通过绘声绘色的描述使顾客在脑海中想象自己享用产品时的场景。这种宣传注重顾客亲身体验，更具有说服力，传达"顾客至上"的理念，提高顾客的参与度。只有参与了才有发言权，产品好坏一目了然。

1. 广告项目：耐克的宣传广告

画外音"伟大，是由我们自己创造的。不知何时起，我们认为伟大是一种天赋，保留给被选中的人……你可以忘记这些，伟大并不是什么遗传的天赋，也不是什么遥不可及的事情。伟大并没有什么，就像人人能呼吸一样。每个人都可以，所有人都可以，发现你的伟大，耐克可以做到"虽然很朴实，但确实让人感觉到耐克的力量很强大，可以让人做很多以前不敢想、不敢做的事。而且穿上它，让人感觉离成功很近。无论是懦弱的人，还是不自信的人，穿上它似乎都能改变命运，美梦成真。

广告用的是拉镜头，画面中出现一个超级胖子，为了减肥，练习跑步。胖子从远处跑来，形象渺小，慢慢地，形象变得越来越大，会让人感到离这个胖子越来越近。胖子自我感觉良好，穿上耐克鞋，感觉很有力量，对减肥充满信心。在这里，广告已经不是在强调产品的使用价值，而是在强调产品给人带来精神上的追求。诉求已经不自觉地上升了一个层次。广告给人一种承诺，这种承诺让人追求的目标提升了一个档次。

2. 广告项目：宜家床品广告

叔叔来小朋友家做客，要借小朋友家的高低床用。画面描述叔叔又胖又壮，一看就是重量级的大汉，能否睡在高低床的上方，让人质疑。故事设定为故意让小男孩睡下床，叔叔睡上床，以此来证明床的质量好。叔叔吃力地爬上去，小巧的儿童床不知能否负载他的重量，床似乎已经发出声响，真让人担心床会不会突然塌了，压住下面的小男孩。但是宜家的品质很有保证，人们的担心是多余的。小男孩在下床自得其乐，全然不担心会有危险。产品的优点被表现出来。整个广告设计非常巧妙，巧在不合视觉常规上，人们习惯上认为大的东西在底下，小的东西在上头。一旦颠倒过来，人们视觉就会不舒服，正是这种强烈的不舒服，吸引了人们的注意。

二 诉求中运用对比的方法

1. 用质量不好的产品衬托自己产品的优秀

产品质量一直是消费者关注的重点，即便是再好的产品，消费者也只有在真正体验过之后，才会去关注、购买。

广告项目：路虎原装配件广告

路虎公司是世界上生产四驱车的公司之一，也是著名的英国越野车品牌。几十年来，路虎始终秉持探索未知、永不止步的精神，引领世人开启一段段传奇旅程。独一无二的全地形反馈适应系统，为探索发现度身打造的标示性车身设计，以及不断突破自我的创新全地形科技，带受众迎向未历之林、未历之山、未历之水以及未历之漠，予受众一场"见""行""思"的全方位感受盛宴。

路虎原装配件广告选取的表现元素是一个威猛的狮子，它能发出像鸡一样的打鸣声，同一系列的广告还做了一条鳄鱼，它能发出狗一样的叫声，让人不可思议。最后广告语是"使用路虎真正的部件"，实际上是在提倡大家使用原装配件，否则品质就不能保证，从而产生不良的后果。广告先把不好的结果说在前面，引起人们警觉。虽然传播学中讲求中性诉求效果最为强烈，但是广告中很少这样使用。广告中往往含有夸张的成分，把不好的效果夸大到极致，引起人们的足够重视。但是这时候需要考虑人们的接受度，过分描述可以给人们创造惊喜，但反过来讲，如果是新事物，人们可能接受不了，甚至产生反感。所以广告创意通常要掌握一个度，既不能过火，也不能太温。

2. 将不使用该产品的后果描述得很严重，劝说人们使用该产品

广告项目：牛奶广告

大部分的牛奶广告是通过反衬来描述喝牛奶的好处。比如小男孩不肯喝牛奶，但看到老爷爷骨质疏松、行动不便后，开始喝牛奶。喝牛奶带来的好处似乎立马就能见到。这种夸张的描述引导消费者去购买该产品。

3. 用同类事物带给人们的不同反应来表明哪类事物更受人们欢迎

广告项目：网站广告

镜头中的男女主角一脸无奈，虽然穿着盛装，雍容华贵，却无人与他们搭讪。有人想让大家参观他的新游艇，结果大家都回绝了他。并不是有钱就能买一切的快乐。然后笔锋一转，描述衬托的主题。因为大家都被大卫和劳拉吸引了，他们刚旅游回来，身着奇装，神采飞扬，滔滔不绝。"你们知道当地人怎么打招呼吗？"他们把舌头吐出来。周围的人很好奇，对此表现出莫大的兴趣。广告语：访问 Expedia.com.uk 网站，旅游让你发现得更多。整个广告非常简短，运用对比的表现手法，突出旅游带给人们的愉悦感。要找合适的旅游地，就去访问此网站。游艇本身就具有很大的魅力，可是相比之下，人们更倾向于另一方。这种对比，更多的时候是同类事物的相互比较。好是被反衬出来的。

4. 戏剧冲突非常强烈的对比

广告项目：宜家广告

广告讲述厨房里厨具能发出悦耳的声音。广告前半节的节奏很紧凑，夫妻因为生活琐事发生口角，气氛凝重。但是在吵架间歇，厨房里飘出舒缓、清扬的音乐，让人感觉很放松。前后一紧一松，形成鲜明对比。

5. 前后反差非常大的对比

广告项目：宜家广告

在一个雷雨交加的晚上，男子向窗外望去。此时重点描述男子很落魄，胡子邋遢，外边是他家肮脏不堪的阳台。他发现一只鸭子被雨淋湿了，后来鸭子不见了。第二天，天气转晴，空气清新。男子来到阳台，面朝天空，感受大自然的美好。在一个纸盒旁发现了昨晚的鸭子。他给鸭子喝了水，结果鸭子在他家的阳台方便了。他嬉笑着说："你是只鸭子还是头猪啊！"男子迅速清理了鸭子排便的地方，与周边优雅的环境对比，他的院子显得更乱了。他在网上订购了宜家的产品。等到东西都到齐的时候，他请朋友们品茶。这里已经变成一个干净整洁、温馨舒适的场地，与之前环境完全不同。这样的环境燃起了他对生活的希望，衬托出宜家改变生活的主题。

三　讲述精彩的故事

一个精彩的故事能够给顾客留下深刻的印象。更重要的是，故事让人百听不厌。

1. 广告项目：宜家广告片《在跟我的朋友玩》

宜家是瑞典家具卖场，现已成为全球最大的家具和家居用品商家之一。"为大多数人创造更加美好的日常生活"，是宜家公司自创立以来一直努力的方向。宜家品牌始终和提高人们的生活质量联系在一起，并秉承"为尽可能多的顾客提供他们能够负担，设计精良，功能齐全，价格低廉的家居用品"的经营理念。宜家的产品定位于"低价、精美、耐用"的家居用品，"低价、精美、耐用"为宜家创造了很好的口碑，宜家满足了具有不同需求、品位、梦想、追求以及财力，同时希望改善家居状况并创造更美好日常生活的人的需要，因此受到很多普通年轻家庭的青睐。

宜家的广告从来都是让人感觉家是很温馨的，家里的物品很舒适。但是它从来不是说自己产品怎么好，而是善于讲述各类神奇的故事。广告制作手法独特、构思巧妙，在平凡中演绎不寻常。

《在跟我的朋友玩》广告片中，把孩子喜爱的玩具全部拟人化，各类玩具像人一样跟孩子们互动，类似保姆，无所不能。而且玩具比保姆更具亲和力。

朋友一是萌萌的泰迪熊，它帮着小女孩叠桌布，帮小女孩拿凳子。用身体给小女孩当板凳，帮助小女孩从高处跳下来，帮助小女孩放碟子。然后跟小女孩一块玩得不亦乐乎，迎接新朋友的到来。

朋友二是一个机器人。机器人身上有磁石，可以把刀叉像变魔术一样吸到身上。机器人身上有一个按钮，小男孩一按，刀叉全部掉到了桌子上。

朋友三是一个小猴子，小猴子翻身而来，帮着拿洗菜盆。随之而来的小女孩，带来一个面包。

朋友四是一个战斗超人，由一个小男孩带来，战斗超人一斧头把面包劈开。战斗超人眼睛发射微波，把椅子放到桌子旁。

朋友五是由一个女孩带来的一个硕大的娃娃。

朋友六是一只绿色的恐龙，恐龙一喷火，饭就煮熟了。

朋友七是另一只猴子，它从冰箱里拿出一根香蕉，并愉快地在地上打滚。

所有的孩童和玩具一起跳舞，其乐融融。广告中热闹的场景、欢快的气氛，让人感觉不身在其中都很遗憾。

都是讲温馨，但宜家广告，让人感觉与众不同。

2. 广告项目：宜家广告片《猫》

《猫》是宜家2010年推出的一则影视广告，它是由伦敦Mother公司为英国宜家策划的广告。整个广告时长一分钟。宜家家居店打烊后，人们把100只猫放进店里，并且用事先安放的摄像头录下猫咪们整个晚上在宜家的所作所为。影片没有一句台词，以猫咪们在宜家店内从嬉戏到各自找到各自舒服的空间为线索，一气呵成。每一只猫都能找到一个舒适安逸的空间，表明宜家能给我们家的温暖，充分体现了宜家的品牌诉求。从广告表现手法上分析，该广告运用蒙太奇的形式表现，将猫咪们在宜家中不同地点、不同角度的画面拼接在一起。短片一开始，是三个表现宜家寂静场景的空镜头，交代了事情发生的时间和地点，并给观众设下悬念，片中还有两个慢镜头。"醉翁之意不在酒"，与其说广告表现了猫的状态，不如说借用猫展现了宜家家居的各个角落，从侧面体现了宜家家居的精美、耐用和舒适。

3. 广告项目：彩虹糖广告

彩虹糖广告整个系列都运用了大量的故事，故事有时候感觉是天方夜谭，讲述世界上从来没有的事情，但是让人感动，很有吸引力。

故事从男人被彩虹击中开始，从他的妻子、母亲、医生以及目击者的视角，讲述这件荒诞的事对他们生活的影响。

男主角的自述和他人的旁白，形象地描绘了他的这段经历。从难以接受、足不出户到逐渐认可自己的身份，妻子陪伴男主角一起战胜了自己，最终接受他是彩虹人的事实。

令人不得不称赞创意精彩之余，男主角满脸密密麻麻的彩虹糖不免让观者内心不适。

妻子自述："那段时间是我最难过的日子。"

母亲说："它身上的颜色非常绚烂。"

医生说："当 David 变成那样以后，我是第一个目击到的。"

目击者说："我目睹了整件事件的发生。"

找了一堆人做见证，交代事件有板有眼，像真的一样。

男主角自述："我叫 David Million，我在 14 个月前被彩虹击中。如今，我的整个身体都是彩虹糖制作的。自从被彩虹击中以后，我的生活发生了很大的变化，我的身上往下掉彩虹糖。我不能总是控制掉下来的彩虹糖，我们在房间里准备了扫帚和簸箕，还有随时需要的碗。走在路上，人们还会盯着我看。他们应该在想，我吃起来是什么味道。至少好处之一是省钱。我不用再去理发店啦。"

妻子说："当然会有开心的时候和不开心的时候，但是至少我们在一起经历这些事。"

男主角说："我什么都不记得了。"

妻子说："当时我正在做饭，他带医生出去散步。"

男主角说："就是毫无征兆的，突然开始了。"

目击者说："太阳直接穿破云层，就像个彩虹神。彩虹糖纷纷倾泻而下，落到地面上。到处都是上百种颜色的彩虹糖。"

妻子说："然后我接到了一个电话，我不知道会发生什么事，我的心跳很快。"

母亲说："我很震惊。"

男主角说："然后我醒了，整件事都挺诡异的。"

医生说："从医学角度讲，他没有任何问题，除了皮肤被彩虹糖完全覆盖。"

妻子说："我了解我的丈夫，正经历着一场身份认知危机。"

男主角说："我花了很大的工夫才认识到，这些只是小糖果而已，最终我决定不再躲避。"

妻子说："他尝试过戴墨镜。"

男主角说："我才不是彩虹人，我花费了一定的时间来接受我自己。"

妻子说："大家都说内在决定一个人，但是我觉得 David，外在同样改变了他。"

旁人说："当我第一次见他的时候，我们根本无法正常交谈，他一直在支支吾吾。"

妻子说："我了解我的丈夫。"

旁人说："他也算这里的红人了吧。"

男主角说："我是用彩虹糖做成的人，但我觉得这没有什么，尤其是对我。生活是很甜蜜的，但是谁能做到每天起床这样说了？"镜头转到他跟妻子生活很幸福的画面。

母亲说："我认为他是世界上最棒的人。"

有人认为整个广告是荒诞不经的。人身上长糖豆，闻所未闻。脸上长满豆子，感觉很恐怖。但是观众记住了产品，记住了产品绚烂的颜色。产品的特征，以一种奇特的方式被展现出来。

4. 广告项目：香水广告

一个女生被熊熊大火包围，消防队员突破重重困难冲进大火之中，找到了被困的女生，为了防止她受伤，还将自己的外套披在了她头上，把她抱出火灾现场，成功脱险。原本女生对消防员充满了感激之情，但是当一个宇航员出现时，女生毫不犹豫地冲向了他，原因竟是他身上的香水味。可见香水的味道是多么好闻，广告的奇妙之处就在于此。

四　设置悬念，突出产品优点

广告中事先设置悬念，你越想知道的事情，越让你弄不懂，你才会兴致勃勃去刨根问底。

广告项目：Wideroe 挪威廉价航空公司广告

Wideroe 是挪威廉价航空公司，对想穷游的人们来说是一个理想的选择。

故事的开头是小男孩一直强烈要求爷爷给他变个魔术。爷爷一直不肯答应。小男孩一再要求："再变一个，再变一个。这是最后一次了。只要再变一次就好！"爷爷依然不肯变给他。

故事高潮是爷爷搓手，往空中吹了一口气，把手摆成飞翔状，一架飞机飞来。故事一开始设置悬念，小男孩让爷爷变魔术，爷爷就是不给变，吊足观众胃口。后来爷爷变出一架飞机，人们又对这架飞机产生了兴趣。最后广告介绍这架飞机就是 Wideroe 飞机，并且价格低，适合大多数人乘坐。

故事中既有交叉蒙太奇，又有重复蒙太奇。在小男孩和爷爷的形象交叉出现的同时，推动故事情节发展。

五　运用夸张、拟人等多种表现方法综合表现

广告项目：Cravendle 牛奶广告

这则广告主要讲了猫和男主争夺牛奶的故事，牛奶魅力之大，人和动物都喜欢，猫早就垂涎三尺。而且在此把猫的欲望进行了夸张，它们拥有像人一样的拇指，可以干很多它们以前不能干的事情。

一男子倒牛奶，吸引了桌子上的一只猫。

广告的开头抛出一个问题，引起人们的注意。画外音："为什么猫会一直盯着你看？它们好像知道这只是时间问题。想象一下它们也有像人一样的拇指，它们会干什么。"

猫在玩球，猫在修指甲，猫在绣花，猫在看书，它们可以像人一样具有高智商，并拥有人一样灵活的手指。

一只猫在打手指，把其他猫集合起来。猫从四面八方跑来，向着门冲

去。故事的高潮是猫打开了门，集结在门口，向着那瓶牛奶进攻……

画外音："假如它们集结起来会怎么样？一群猫咪，能拉帮结派的高智商生灵，一支井井有条的队伍，脑子里只有一个目标——牛奶！前进吧，猫咪！"

产品的优点是运用夸张、拟人等多种表现手法综合表现出来的，这些表现手法运用得非常自然，不做作。

六　描述产品的原产地，突出环保优势

广告项目：夏普木质手机 Touch Wood SH-08C 广告

Touch Wood SH-08C 机身采用伐木过程中剩余的材料，运用奥林巴斯 3D 木质压缩成型加工技术制成，每一部手机的木质纹理皆有不同。质感惊人，纹理古朴，这种并未添加任何人工色素或油漆成分的设计，让木材保留了原有的味道。木材的耐久耐水，防虫防腐，使手机更加坚固。

广告中选用的画面，较为贴近主题：远山、原始森林、高山流水、一只欢快的鹿。广告比较注重描述细节。

在这样的自然环境下，一只鸡蛋完成了神奇的旅程。这些木头被切割成小块，搭建起来。这里也体现了废材料的拼接。然后将其排成一条长龙。让一个鸡蛋在这些木块堆积起来的桥上滚过，鸡蛋经过长长的通道，完好无损。放慢镜头，鸡蛋在木块上滚动，犹如在琴键上游走一般。广告从水平与垂直两个方位拍摄了鸡蛋滚动的历程。

一是证明木头的弹性很好，能够很好地保护脆弱的鸡蛋。进一步引申为，木质外壳可以很好地保护手机内设，并且具有很好的透音性。二是突出设计的精准，鸡蛋经过曲折的道路，却能依然保持原样，令消费者惊叹。现实中是不可能出现这样的场景的，这一切都是用模型代替的。这种创作，进行了艺术加工，为大家塑造了一段奇异的景观之旅。

第三节　品牌诉求法创意广告

一　一个产品一旦成为品牌，就会在消费者心中形成一定的口碑

品牌通常是能够经受住时间检验的。像全聚德烤鸭、谭木匠、青岛大

包、海尔这些品牌都在消费者心目中留下了很深的印象。人们普遍认为，到北京一定要去吃烤鸭，口感好，地方特色浓厚，吃烤鸭是一种追求。而谭木匠的梳子做工精细、经久耐用，独特民族花纹让人充满怀旧之情。青岛大包让人回味无穷。张瑞敏为体现海尔品质，怒砸冰箱，让人记忆犹新，海尔的一句"真诚到永远"广为流传。

二 品牌重在维护，重在树立概念

奥格威曾指出："每一则广告都应该被看成是对品牌形象这种复杂现象在做贡献。如果你具有这种眼光，许许多多日常的麻烦事将变成乌有。"① 品牌诉求策略，多出现在品牌的成熟期，需要保持观众对品牌的热情，丰富品牌精神内涵，保持稳定的消费群体，形成特定的购买习性。而这一阶段的影视广告目的在于加深顾客对品牌的认知。

1. 广告项目：Diesel 广告

广告背景：意大利品牌 Diesel 由 Renzo Rosso 在 1978 年创立，发展至今，Diesel 品牌成为最性感的品牌之一，喜欢 Diesel 品牌的人遍布全球。Diesel 的风格时尚且富有创意，灵感都是来自日常生活的点点滴滴，与潮流动向紧密联系在一起。Diesel 明显的"D"字标志令人印象深刻，主要以牛仔材质设计男女服装。

2011 年，Diesel 品牌广告描绘了一个为勇者和无可救药的傻瓜开创的世外桃源。概念非常新颖，并且加入非主流元素。这是一个介于真实和虚拟之间的地方。说它真实，是因为它拥有众多完备的法律，甚至有着悠远的历史；说它虚拟，是因为人们永远无法在地球上找到这样一个地方。所以它看起来是这样的不可思议。在 YouTube 上可以看到 Diesel 品牌推出的 Diesel 岛的生活短片，人们可以从那些荒诞中感受 Diesel 岛上人们的朴实，看到一个接一个的勇者开拓新天地的场景。创造的是勇者的故乡。世界各地有不少 Diesel 迷。他们翘首以待。他们中有些人厌倦多年被社会边缘化，内心太汹涌澎湃、太勇敢、太个人主义，终于找到这样的地方，他们可以移民。这个岛不是一个度假胜地，它是一个国度，一个乌托邦式的热带雨林。Diesel 网站揭示了广告主题：到岛上的虚拟访客可以编写法律，观看

---

① 《情景交融型广告文案》，豆丁网，http://www.docin.com/p-1531042433.html，最后访问日期：2018 年 11 月 22 日。

岛屿的生活短片，认识岛上的公民，当然还可以通过交互式网页，购买岛上人们钟爱的时装。

（1）系列广告一

广告的主角是模特。模特颜值高、身材好，能把服饰的优势充分展示出来。男男女女代表着时尚的前沿，充满活力。

画面出现一位长者，拿出一本书，开始照着读。

画外音："孩子们，你们的国家不像其他的国家。当然，其他的国家可能有着丰富的历史，他们目前是什么样的啦？它们的未来啦？所有的一切一团糟。你们的历史将这样写，在不久以前，大约50个人离开他们的家园，有着一袋子的梦想。更重要的是，他们身上带着现金。在很多天的磨难之后，他们落脚岛上。他们想着征服这座岛并杀死土著人。像其他国家的做法一样。"（画面展示，其实他们并没有这样做。）

画外音："因为他们具有高尚的品质，并且你看最近的武器价格了吗？"（画面展示，一个手榴弹980元，还有各类杀伤性武器，价钱昂贵。）

画外音："他们决定和平解决这件事。贿赂当地人。他们把它叫作Diesel岛。因为Diesel公司正在为岛拨款。他们用三件衣服的牛仔布做了面旗帜，用来代表不同种族的人共存。他们在一起生活得非常和谐。从来没有人这么做过。多民族如此和谐，这个岛再次创造奇迹。这是一个国家新的开始。一个国家有着非常强大的民众，有着非常庞大的动物。在那里，人们不会感到房屋的危机，那里树木繁茂。先锋们在那里开垦土地，期望着一天把有机的西红柿变成基因改造的杂交产物。这是一个独立的王国。但是有一个问题，因为这个岛属于另一个国家。因为他们的军队没有发现我们已经宣称了独立。我们是非常优越的。一个国家修改了现存制度，它被认为还需要完善。因为他们定义了另一种制度。这些先锋们通过集体沐浴来节约水。为了保证安全，他们建立了围墙，防止外来人员非法入侵。但是这些围栏连三十厘米高都没有。因此，他们需要跳过围栏，进入领地。"

点评：画面看起来非常滑稽，让人感觉不可思议。

画外音："他们期望能跟世界上大多数国家一样，享受平等。他们选了他们自己的领袖，而这个领袖可能拥有诸多丑闻。岛上的夜晚已经来临，还有三个小时他们就获得岛上人口增加的机会。多么好的一个国家。"

点评：广告虽长，却能有趣地展现岛上的生活，这种生活令人向往；本广告的亮点就是虚构的故事情节，也可以说是丰富的想象力，但是它不是凭空捏造出来的，而是建立在对现有国家分析的基础上的。

（2）系列广告二

画面描述了一个老者拿着一本书说："剩下的部分犹如我所说的。"

广告安排了一个稻草人，让人感觉非常新颖。而且这个元素的出现让整个画面变得活跃，有效避免了广告呆板、诉求乏味。最后特意安排了说话的稻草人被点着了的情节。

画外音："大家好，先锋们。现在到了睡觉的时间。所以拿着你们的枕头，亲吻着你们的同伴说晚安吧。到床上听今天的摇篮曲。真是非常忙的一天，我们用我们的双手建了房子，我们选一个目标作为我们的宠物。我们祈祷我们的海盗湾。真是如此忙的令人讨厌的一天。我们从愤怒的法国人手中拯救吉卜赛人。我们写信给主教并试着令人信服。避孕套很强大，但是并不像他说的那样。今天很忙，我太累啦。明天我将拆除大量破坏性的武器，并且推翻奴隶制。所以最好我们现在去睡觉，我们知道明天的世界或许很黑暗，但是我们希望明天的世界会更好。从 Diesel 岛发来的信息。"

点评：这类广告传达了后现代美术观念，运用怪异的美术、道具、摄影、数字后期来揭示中心思想。

（3）系列广告三

画面描述了一群男男女女举起一个旗帜建立了一个虚构的岛，这个岛是一个幻想出来的理想岛。

画外音："这是一个愚蠢的岛。这是一个勇敢的岛。我们的内心很高兴知道，我们是问题最小的。日本人，他们工作太努力，尼日利亚很腐败，希腊已经开始破产，我们是问题最小的。法国有点浪漫，澳大利亚是好脾气的国家，厄瓜多尔是很热的国家，我们是问题最小的。意大利有太多的通心面条，瑞典太冷了，我们是问题最小的。中国的人太多了，美国有太多没有营养的食物，委内瑞拉将发生一场战争，我们是问题最小的。Diesel 岛，Diesel 岛，这个地方既乏味又勇敢。我们的家园。"

点评：广告主要采取娓娓道来的方式讲述 Diesel 岛是问题最小的，并用了大量的对比，通过描述这些国家的问题来突出此岛的和平、适宜，借此来体现其产品的舒适度。

这几则广告揭示了西方人的价值观，西方文化比较强调个人价值，在广告中追求自我的感官享受，善于运用一些荒诞、夸张的形式进行表现。西方广告呈现多元化、开放的特征。另外，西方广告给商品更多的附加价值，让人们浮想联翩，回味无穷。

2. 广告项目：大众汽车广告

来自德国的大众汽车在德语中被翻译为"Volkswagen"，"Volks"在德语中的意思为"国民"，而"Wagen"，在德语中的意思是"汽车"，即"国民的汽车"。此广告主要为了突出大众汽车具有良好的性能，适用于社会不同阶层的人们。五款不同的车代表了大众的品牌理念，作为"国民的汽车"，经济适用是非常重要的。大众汽车就外观而言，一律的家族脸谱，特点是皮实耐用，动力充足，保值率相对高一些。对于对车要求不高的群体来说尤为实用。而大众旗下有许多新车型，种类更加丰富。广告不是单纯地向我们介绍车的种类，而是向我们推广大众的品牌。大众是希特勒1936年提出的设想：生产一种廉价的汽车。他说："每一个德国人，至少德国职工，都应有一辆自己的汽车。"所以，大众便由此产生。经过80多年，大众已经积累足够的制造经验。

清晨，家庭中的每个人都以不同的方式起床，以不同的方式吃早餐。有的人在冲咖啡，有的人在喝茶。当他们准备早餐时，却发现牛奶用完了，来自不同家庭的他们分别开车去买牛奶。有老人，有抱孩子的家庭主妇，有上班男青年，他们分别开着大众各种不同款式的车，到附近买牛奶。这里强调的是一个习惯问题。他们有的很匆忙，蓬头垢面就出来了，有的妆容很整齐。结束购物后又开着不同的大众车回家了。

广告主要运用了累积蒙太奇，展现了每个人早起不同的状态，也展现了每个人开的不同样式的大众车。因为内容有一定的相似性，所以总体效果累积加强。这则广告给观众带来一种信息：大众车就像牛奶一样，是生活的必备品。

第十章 影视广告的创意思维方式

第一节 形象思维法创意

形象思维又称直觉思维。形象思维法是将具体的形象，如眼睛看到的图画、耳朵听到的声音、鼻子嗅到的气味、舌头品到的口味、皮肤碰到的触觉，记忆在头脑中的一种方法。人们不但记忆了一个个的感知形象，人们还记忆了一些感知形象出现的先后顺序。当人们感知到新现象时，记忆中与新现象类似的感知形象以及紧随其后的感知形象就会被激活，各种感知形象就会在人们的头脑中变幻，这种感知形象在头脑中的变幻就能引导人们的行为。利用表象进行思维活动、解决问题的方法，就是形象思维法。如果一个人要出差，他首先要准备洗漱用品、带换洗衣物、看近期的天气、了解当地的喜好、查询合适的交通工具等，这些表象思维就是形象思维。

广告项目：星霸水果酸糖广告

广告讲述了一场家族的聚会。老人招呼年轻人去看新生的宝宝，年轻人临走的时候拿了一块糖，在看宝宝之前，将其吃掉，却因为太酸，在看宝宝时摆了一副哭脸。宝宝看着他，也哭了。于是这个年轻人受到了家族的指责。广告语在此处打出：星霸水果酸糖，请适当食用。通过年轻人、宝宝与家族的反应，广告达到了喜剧的效果。这是典型的因果类型。

第二节　抽象思维法创意

一　抽象思维法的含义和特点

抽象思维是思维的高级形式，又称为抽象逻辑思维或逻辑思维。抽象思维法就是利用概念，借助言语符号进行思维的方法。其主要特点是通过分析、综合、抽象、概括等基本方法的协调运用，揭露事物的本质和规律性联系。从具体到抽象，从感性认识到理性认识，必须运用抽象思维方法。

二　抽象思维法的运用

符号具有高度的概括性，在抽象广告中应用居多。但是应用不好，会让受众难以理解广告的原义。10 个受众如果有 8 个理解不了，就证明这是一个失败的广告。所以此类方法一定要慎用。

广告项目：卷发棒广告

广告一开始就是一段纯音乐，音乐高昂澎湃，屏幕冒出一个简单的表情":)"，这代表一个笑脸。随后表情摆正，用嘴角的符号代表人的心情，用头顶的符号表示人的发型。随着音乐节奏的变化，人的嘴角的符号不断变化，同时头顶的符号也在不断变化。这表示人的发型，可以随着心情而改变。心情舒畅的时候，换个时髦的发型。心情郁闷的时候，换个短短的蘑菇头。这则广告表达了换发型不是什么难事，而且变得异常容易，有种随心所欲的感觉。最后屏幕上出现一行字：Any mood，any style。

用符号来表现人的发型，概念非常新颖，整个广告很简单，以黑色为背景，配以白色的表情。广告只有黑、白两色，没有多余的人物、故事等，配有一段纯音乐，跳跃性很强，符合人们心情多变的特点。

第三节　顺向思维法创意

广告创意中采用的顺向思维是一条熟悉顺畅的路，但它往往会使创意思维陷入一种固定的模式，只想表达产品如何好、会给人带来什么好处等。这个好处是顺理成章的，是从上到下，从左到右，从前到后，从低到高，或是通过比较强的逻辑推理，自然而然得出的结论。它也是给顾客的一种利益承诺，是直观的，是一种迎合性的思维方式。它是广告中常用的，也是人们接受起来比较容易，不费什么力气的。

广告项目：iPhone 7 plus 广告片《理发店的成功秘诀》

广告讲一个小伙子在一家理发店理了头发之后，用 iPhone 7 plus 的摄像功能拍了一张照片。然后把照片做成海报贴到理发店外。因为发型设计得非常棒，吸引了很多的顾客。更多的顾客来到店里理头发，然后把照片贴出去。理发店的生意越做越好，门前排起了长长的队伍。这种买家秀的宣传方式，成为理发店成功揽客的秘诀。

一　以产品的商标为创意来源

这种商标可以理解成一种符号，一种物与所指之间联系的纽带。在广告中，这个商标也可以创造奇迹。比如说一则洗衣粉广告，画面是一个球星在看演出的时候，拿着饮料喝，饮料上的商标一下子甩到了他的 T 恤上，商标被印在 T 恤上。然后画面转到球星接受各个电视台记者的采访，讲述其这次神奇的经历。结果在他不在家的时候，商标被其女佣用洗衣粉洗掉了。广告剧情一波三折，且合情合理，商标在这则广告中显得尤为重要。

二　以产品的包装为创意来源

这种方式有很多。有的突出产品的产地，如比利时巧克力包装盒上就把比利时风光作为主要图形，以此来证实产品的质量。有的突出产品的原材料，如八宝粥包装设计，以其八种精选原材料为主要展示图形，显示其高质量、精加工的特点；由中药做的酵素，包装上就展示这些中药。有些包装上展示的是商品的使用方法与程序，给初次使用该商品的消费者带来方便，也突出商品本身的特色。示意图一般被安排在包装盒的背面或侧面，通常采用简单和使人一目了然的图形。

三　以产品的功能为创意来源

广告项目：手机广告

广告讲述了一个温馨的故事，选用了父亲与小女孩的医生对话的一个场景。医生说："我明白，她对接受她母亲去世的事实需要一定的时间。"

父亲说："是的，她非常依恋她的母亲，她们在一起非常亲密。我希望你能做什么事情帮帮她。"医生说："她这个年龄确实需要有人帮她。"女孩的父亲表示："我尽量做得更好。"此时画面描述了父亲看到女孩母亲的遗像，一脸惆怅。小女孩情绪低落，灰心丧气。然后剧情出现了巨大的反转，突然小女孩手机跳出一条微信信息："你怎么样了，亲爱的？"小女孩母亲的头像动了。"尽管我不能长期陪伴着你，但你还有你的父亲。你可以告诉你父亲一切事情。"女孩看到后，亲切地拥抱她的父亲。广告语："更多线路，更加亲近。"那条微信其实是父亲爱女心切，演绎的小把戏。

四　以产品的生产过程为创意来源

矿泉水有多达上百个的制作步骤，通过图像演示，人们清楚地了解到产品的精工细作，真实体会到这种产品的内涵。或者将车的修理过程进行展示，把每个零件的巧妙配搭作为创意点。汽车内部零件怎么配搭，大部分人都会觉得非常神秘，用夸张的比例演绎，人们才能真正了解它的内部构造，从而惊叹于技艺的精湛。

但是有时候自卖自夸，会让消费者感到厌恶，尤其是大的夸张和不断的重复，让人再也不想看这种广告。

第四节　逆向思维法创意

一　逆向思维的含义

逆向思维对它的认识对象采取否定的态度，证明它是虚假的、错误的，最起码是不全面的、不准确的。西方人常用这种思维方式，但因其会产生奇特的效果，越来越多的人喜爱这种方式。

艾·里斯在《影视广告攻心战略——品牌定位》中曾说："寻找空隙，你一定要有反其道而为之的能力，如果每个人都往东走，想一下，你往西能不能找到你所要的空隙，哥伦布所使用的策略有效，对你也能够发挥作用。"[①]逆向思维开拓人们的想象空间，换种思路思考问题，会使人们眼界

---

① 衢州影视广告：《衢州影视广告创意思维的方法》，飞天影视，http://www.qzfttv.com/content/？223.html，最后访问日期：2018 年 11 月 22 日。

大开。很多广告喜欢使用这种方法，犹如发现新大陆一般。

二 打破固有思维

逆向思维是创新的源泉，人们的思维活动往往受思维定式的影响。人们习惯按照常规做某种事情，但是常规往往会禁锢人们的思想，让人们想问题跳不出这个怪圈。如果在这个时候另辟蹊径，运用反向方式思考问题，会产生意想不到的效果。更重要的是这种意想不到的效果是针对消费者的。

三 广告采用逆向思维法的理论依据

（一）认知理论

该理论由德国认知心理学家格林瓦尔德于 1968 年提出，经过怀特、佩蒂等人的深入研究后，逐步发展完善。认知理论认为广告效果在观看广告当中或之后。受众会选择性理解、选择性认知、选择性认可，最终改变态度。逆向思维最终以一种反向的方式影响受众，反向行不通的时候，人们就会改变态度，以积极的心态，去接受、享用这种产品。

（二）马斯洛的需要层次理论

美国社会心理学家马斯洛认为，人类的需要应依层级由低到高排列。它们分别是生理需要、安全需要、归属与爱的需要、自尊的需要和自我实现的需要。[1] 需要层次理论要求广告要满足消费者的需要，不仅仅满足其物质需要，更重要的是满足其心理需要，以正确的广告定位激发消费者购买动机和信任动机。需要是消费者购物的前提，而广告正是满足这种需要的一个契机。

四 逆向思维在广告中的作用范围

（一）针对产品的质量

产品的质量是产品的生命线，是受众追捧的最终目的。单纯说产品的质量多好多好，或者找证人、找权威人士来说明的方法越来越被人们

---

[1] 雷超越：《浅谈逆向思维在广告中的应用》，人民网，http://media.people.com.cn/n/2015/0701/c397270－27237425.html，最后访问日期：2018 年 11 月 22 日。

淘汰。

现在广告大多选用融入感强的故事来吸引观众的眼球。

（二）针对因果关系

逆向思维可以通过反推得出结论，它是不依照题目内条件出现的先后顺序，从反方向（或从结果）出发，进行逆转推理的一种思维方法。这种方法往往会起到意想不到的效果。有针对因果关系的，比如松鼠自杀了，是因为所有的松子都被用来制造巧克力。看起来滑稽的一幕，却揭示了真谛。松鼠自杀的方式运用拟人的方法，更有亲和力。逆向思维中"倒因为果"的方法在生活中的应用是极其广泛的。有时，某种恶果在一定的条件下又可以反转为有利因素，人们认识到不好的结果，就会纠正自己的错误行为。但问题的关键是如何进行逆向思考。

倒因为果经典的案例应当是人类对疫苗的研究。人类在抗击一场场灭顶之灾时，毫无疑问，有效的法宝就是运用倒因为果的逆向思维——以毒抗毒。

广告项目：《跟随着青蛙》

雨林联盟是一个非营利的环保组织，获得慈善导航网最高等级四星级荣誉。其致力于改变土地利用方式和消费者的行为，以保护生物的多样性和促进可持续发展。只有那些符合灌溉标准的农场，才能获得该联盟的青蛙标志。该标准包括三方面：环境保护、社会公平和经济可行性。《跟随着青蛙》广告片，就是为雨林联盟产品设计的。产品只有在质量和信誉上都取胜，才能获得青蛙标志。不合格的产品，雨林联盟是不会轻易给它贴那只具有象征意义的青蛙标志的。

这则广告前半段完全看不到产品，就是在讲惊心动魄的故事，后半段才揭示广告的主题，劝说人们多使用广告中的产品，就不会造成悲剧的发生。

广告的开头，男子本来过着安逸的生活，拥有幸福的家庭、稳定的工作，还有一个私人的健身教练。直到有一天他看到了有人在破坏森林。他觉得他不能坐以待毙，他必须做点什么来制止这种行为。

《跟随着青蛙》广告分镜头：

镜头旁白："你是一个好人，你和你的家人在一起，你在健身房锻炼，加油！加油！继续。你洗澡时会节约用水。你上班时喜欢穿戴整齐。你捐款、做慈善，并给垃圾做分类处理。你开普锐斯（世界上最早实现量产的混合动力汽车），但是你尽可能骑自行车。你工作的同时，偶尔会分心，比如给你母亲寄一张贺卡。但是你有时会自言自语，说自己做得不够好。实际上你能做得更多。"

广告语言分析：这段描述用来突出男主非常善良、热情、有爱心，是一个正义感十足的人，是一个热爱生活的人，是一个非常节俭的人。

镜头旁白："世界正在崩溃分裂，而你经常做的却是瑜伽动作。有一天你看到热带雨林正在以将近 13 万平方千米的速度被破坏的新闻，这相当于每 78 秒就损失一个足球场。你感觉糟糕、愤怒、内疚、罪孽深重，你对此无动于衷太久了。你想要为此做些什么？你必须为此做些什么？好吧，你不会去做的。"

广告语言分析：这段引出故事开始的原因，并且运用了正话反说，实际暗示如此有正义感的人一定会做出什么惊人的事来。

镜头旁白："老子不干了，你丢下工作。抛妻弃子，坐了下一班去尼加拉瓜的飞机。然后转巴士直奔热带雨林。穿越河流和小溪，朝着雨林正中心大步迈进。对着手机喊'带我去雨林的腹地'。你正要靠近，你就要到了。你现在到了。你不能为了迎合当地的部落，为了获得他们的尊重和信任，丢掉自己的节操。"然后当地人在他的胸膛烙下了一个蝴蝶的印记。男主痛不欲生，最后只能欣然接受。

广告语言分析：这一段描述男主承受非一般痛苦，勇气可嘉。

镜头旁白："你意识到你不是生活在传说中的异乡里，不可能成为当地的荣誉斗士，领导反抗力量，成为大英雄。如果他们能做到你也能，等我来拯救你们吧。"

广告语言分析：这位男主有一股英雄主义气概，不顾一切维护正义；他已经采取了实际的行动，并和当地人打成一片，即使被烙下印记也在所不惜。

镜头旁白："等敌人过来，我们就这样。你可别组织策划占领雨林运动。知道没希望之后，领导革命对抗乱砍滥伐的多国联盟军，幻想通过末日般的一次战斗就能拯救人类。那你只会在两天后从萨尔多瓦的医院醒来，而且左脚还少了两个脚趾头。我这是怎么啦？于是离开美国中部，奔向墨西哥，再穿过马德雷山脉，现在你终于崩溃了，点燃你四年来的第一根黯然销魂烟。一不小心还放了把大火。把那只曾经给你工作带来欢乐的濒临灭绝的小萌物给烧死了。"

画面描述：用活着和烧死的松鼠的两张照片做对比，画面惨不忍睹。

镜头旁白："终于你回到家，却发现你的工作被一个叫 TJ 的家伙霸占了。那个叫作家的地方再也不属于你，没错，就是那个健身教练。"

画面描述：他的老婆跟着健身教练走了，并且给了他结实的一拳。

广告语言分析：这段交代反抗联盟的惨痛结果，损失巨大，仿佛落到万丈深渊，工作丢了，妻离子散。

镜头旁白："你绝不能做以上这些事情，但是你可以做的就是跟随这只青蛙。购买带有雨林联盟标志的产品，就可以很好地保护我们的雨林。这样，你就不需要做那些不该做的事情了。"再次证明雨林联盟的产品货真价实。

镜头显示了各类带有雨林联盟标志的产品，其中有咖啡饮品、茶饮品等。各类产品让人眼花缭乱。购买雨林联盟的产品能够很好地阻止乱砍滥伐。原来，一切如此简单，只需跟随那只青蛙。不必付出巨额代价，不会一无所有，甚至生命不保。

故事一波三折，激荡人心。镜头跨越的地方很多，同类的并置镜头给人很强的推动力，不断加深人的印象。广告一开始就把不买产品的结果公之于众，严重的后果让人承担不起，达到了强烈恐怖诉求的效果。

（三）针对产品的性能

这种类型的广告，通常都是进行恐怖诉求，把事情的后果描述得难以接受，人们才想到要是做点什么是不是能改变现状，或者在事情没发生之前去采取什么措施。逆向思维往往让事情看起来非常有意思。

1. 广告项目：戛纳影视广告中 DIRECTV 针对产品性能的系列广告一

广告讲述："当你感觉疲惫的时候，你向窗外看，当你向窗外看的时候，你看到了不该看的，有人正在转移尸体，看到了不该看的，你只能跑路。为了跑路，你只能伪造自杀现场。伪造了自杀后，你只能改头换面。改头换面以后，你参加了自己的葬礼。不想参加自己的葬礼，请取消所有的有线电视，安装 DIRECTV。"整个故事的因果关系一环紧扣一环。把一种不好的结果放在前面，一步步推理，最后得出结论。

2. 广告项目：戛纳影视广告中 DIRECTV 针对产品性能的系列广告二

广告讲述："当你电话费太高的时候，你会黯然伤神。当你黯然伤神的时候，你会想到找别人去倾诉。首先想到的可能是你的父母。当你向他们寻求安慰的时候，你迅速回到了家。当你回到家的时候，你大吃一惊，你发现父母的生活很随意。当你看到父母的私生活很随意，你以泪洗面。在你伤心欲绝又开着车的同时，你撞上了比萨店墙面。不要再撞南墙了，请取消所有的有线电视，安装 DIRECTV。"

广告中，男主看似倒霉透顶，而这一切究于安装了速度慢的有线电视。以夸张、超现实的手法描述，让人感同身受。DIRECTV 的性能要比其他电视好很多。广告使用比较创意手法及直观诉求方式，让人眼前一亮。

3. 广告项目：铁路安全广告

总有报道说花季少女在铁轨旁拍照，结果命丧黄泉。铁路安全非常重要，所以这则广告足以引起人们警觉。

广告中反复出现"蠢蠢的死法"的字幕，不断加深人们的印象。广告设计了无数迷人的卡通小人。卡通小人比较活泼。它们尝试着各种自寻死路的方法，让人记忆深刻。另外，卡通小人接触的人群各种各样，有儿童，有成人。人们向来比较喜欢萌萌的卡通小人的表现力。

比如让头发燃烧起来的小人，用棍子戳黑熊，结果被熊吃掉了；吃了早就过期的药，头上长了无数的包；引诱食人鱼；用叉子拿面包机里的吐司，结果触电；自己修理电器，结果着火了；自己学开飞机，直接就挂了；吃了两个礼拜过期的派，上吐下泻；邀请变态杀人魔进屋子；划了毒贩的新车；在外层空间揭开头盔；把干衣机当藏身处；把响尾蛇当宠物；上网卖了肾；吃了强力胶；去摸按钮，结果触了电；在狩猎的季节打扮得像头麋鹿；没事惹毛黄蜂；站在火车站站台的边缘上；栅栏放下穿越平交道；穿越月台上的铁轨；等等。一切，都可能发生。上述所有的不安全行为，最终就是为了引出注意铁路安全的主题。

（四）针对产品的服务

它强调的是在广告中主要表达软性的一方面。产品服务是消费者购买物品所应享受的除了产品之外的体验，包括购买前的产品介绍、推销手段的运用等，购买时的选择权和对产品的知情权等，以及购买后的销售跟踪服务。

广告项目：圣约翰急救医院广告

某人突发疾病，突然死亡，周围的人束手无策。"改变一切，免费学习一切急救知识，来圣约翰急救医院。"医院不光救人，而且能教旁人学会急救知识，每年能挽回 14 万人的生命，相当于一年癌症死亡的人数。

五 逆向思维法的使用要求

使用逆向思维方法也需要有个度，不能一味地追求夸张，否则就会让人觉得太假，难以相信，难以接受；也不能一直描摹坏的方面，否则观众就会产生反感情绪，对广告厌恶，广告效果也会一落千丈。

第五节 垂直思维法创意

垂直思维法也称纵向思维法，是指传统逻辑上的思维方法，它按照一定的思考路线进行思考，即在一定的范围内向上或向下进行纵向思考。其主要特点是思维的方向性与连续性。方向性是指思考问题的思路或预先确定的框架不能随意改变；连续性则是指思考从一种资讯状态开始，直接进入相关的下一状态，循序渐进，不能中断，直至解决问题。

有人用了两个比喻来形象地说明垂直思维法的方向性和连续性：譬如挖井，只能从指定位置一锹一锹连续往下挖，不能左右挖，也不能中间漏掉一段不挖；又如建塔，只能从指定位置将石头一块一块向上垒，不能左右垒，也不能中间隔掉一段不垒。

垂直思维法的优点是思路清晰，比较稳定；缺点是思考的空间有限，容易使人故步自封、脱离实际，使广告缺少创新、重复雷同。比如许多广告反复强调"省优""部优""金奖产品"，这种公式化的标榜毫无新意可言。

第六节 水平思考法创意

水平思考法又叫侧向思考法，由英国心理学家爱德华·戴勃诺博士提出，其原则是首先找出占主导地位的观念，通过多方位思考，寻求各种不同的新见解，以摆脱旧意识、旧观念的束缚，从而抓住偶尔一闪的构思，深入发掘新的构思。水平思考法的主要用意在于打破定型化的思考模式，依靠"非连续式"及"为变而变"的横向思考而重新建构一种新概念、新创意。比如小辛走到房间，没有开灯，找到了他的玩具熊。正常的情况，人们一定认为是晚上发生的事情，垂直思维就是这样认为的。但实际情况是，玩具是小男孩白天在阁楼找到的。

爱德华·戴勃诺建议，以下几种方式可以激发水平思考：一是提出对应现状的弹性方案；二是向现有之假设提出挑战；三是革故鼎新；四是暂时搁置对某事之判断；五是推翻一般的诉求方法；六是对某一情景建立起类比思考，类比思考，就是在广告创意中常常引用的一种基于水平思考的典型方法。

创意通过联想加以生成后，人们可从多项构思中挑选几项，加以斟酌。

广告项目：牛奶广告

广告选用小男孩当主角，主要是孩子出现在银屏上，让人感觉比较萌。小男孩踢球总是偏离球门，于是他越来越生气，最后喝了牛奶，搬动了足球架，把球门向右一推。创意并不是太新颖，却引人入胜，小孩子的天性让人喜欢。另外，从侧面反映出喝牛奶可以增大力气，开拓孩子的思维。

水平思考法有以下几个原则：找到支配性的构思，寻求各种各样的看法，从垂直思考的习惯中挣脱出来，有效利用偶发性的机遇。

第七节　头脑风暴法创意

头脑风暴法，也叫集体思考法。这种方法是通过集思广益进行创意的方法，为创意思考方法中最常用的方法之一。美国的阿历克斯·奥斯本于1938年首次提出头脑风暴法，后在广告界广为流传。现代社会的创意活动，已经不再是个人活动所能够完成的了，而往往是经过集体思考或集体合作之后才能完成。头脑风暴原指精神病人头脑中短时间出现思维紊乱现象后病人的胡思乱想。奥斯本借用这个概念来比喻因思维的高度活跃，打破常规的思维方式而产生大量创造性设想的状况。头脑风暴法的特点是让与会者敞开思想，使各种设想在相互碰撞中激起脑海中的创造性风暴。奥斯本曾经说过，头脑风暴法是一个团体试图通过成员自发提出的观点，为一个特定问题找到解决方法的会议技巧。头脑风暴法是使用一系列引发新观点的特定的规则和技巧的方法。这些新观点在普通的情况下无法产生，必须通过群体人员的相互启发才能产生。

头脑风暴法是个尝试—检测的过程。通常是，把 4—15 个人组成的小组聚集在一个房间里。找一个中心人物进行协调、介绍头脑风暴会议的目的和概略说明规则，这个人也应该确保规则被遵循，应该积极地鼓励参加者。这个人既是促进者，又是主持人。

比较理想的情况是，找一个无关紧要、比较有趣的主题进行简短的热身。这会使人们的创作热情高涨，它会帮助人们形成一种无拘无束的状态。当形成这种状态的时候，人们就应该开始进入正题。

这个团队首先要确定目标，讨论与主题相关的任何事情，可能是一个产品，或是某一个产品的周年纪念日。目标建立起来后，任何建议哪怕再小也会被提到桌面上来。所有内容会有专门人员记录在案，通常的方法是写在大的便签纸上，记录在黑板、幻灯片、草纸上也可以。较大的小组，可能需要两三个人做笔录，避免漏掉任何信息。头脑风暴结束后，才予以评价。这时候主持人可能会把它们改变、歪曲和夸张一下，看有没有更多的观点出现。在此过程中，每个人和每个观点都有均等的机会。创意方案在意的是数量，是思维能最大限度发散。延期或不给予对观点的评判，鼓励狂热和夸张的观点。在他人提出的观点上可以建立新观点。这样，可以获得尽量多的观点。

当他们提出新观点，尤其是观点非常怪异的时候，不断告诉他们"继续想"，可能还会有更新潮的想法。会议自始至终在比较宽松、自由、和谐的氛围中展开。要尊重每个与会者提出的构想与建议，欢迎每一种创意的产生与出现，最大限度地调动每个与会者的积极性，激发其创造力。

尽管头脑风暴法有诸多优点，但也有无法掩饰的缺陷，因而有人对它提出了强烈批评。批评的焦点集中在它削弱了具有独创性的广告人的创意力量，迫使优秀的创意者去迎合那些缺乏创造力的成员提出的平庸的构想。

第十一章　影视广告创意的类型

第一节　故事型创意广告

　　故事型创意广告是借用文学创作的手法，将商品和服务信息通过新颖、独特的情节设计展现给受众。广告像讲故事一样，故事的力量有多强大，人们留下的印象就有多深刻。很多人从小愿意听一些故事，"80后"一般是伴随着故事书长大的。人们普遍对说明书、规则比较反感，而对听故事感兴趣。故事的感染力更是非同小可，故事让人神往，忘了吃饭，忘了睡觉。人们听故事时注意力非常集中。好故事可以让人们谈论、记忆，人们甚至被里面的事所感染，还有可能模仿故事中的事去行动。因此在创意过程中可以寻找启发灵感的故事，创意也能像讲故事一样娓娓道来。用户能从中找到与自身的相关性，激发用户的购买欲望。

　　近年来戛纳国际创意节的获奖广告，都是在编织一个个精彩的故事。

一　按照叙述方式可以分为直接陈述式、倒叙式、追忆式

（一）直接陈述式

　　这种方法采用正常的语序，符合逻辑推理，符合时间顺序。它属于线性叙事，由情节 A 到情节 B，到情节 C，到情节 D，最后到情节 E。每个情节紧密相连，具有严密、封闭的因果逻辑关系。

1. 广告项目：马麦酱广告

　　背景分析。英国有种酱叫马麦酱，由酵母菌发酵而成，富含维生素 B，质地黏稠，颜色较深。吃法很简单，抹在吐司上。口感很复杂，有的人甚

至觉得它有臭鞋底的味道；有人则避之不及，称它为生化武器！马麦酱的广告语是：Love It or Hate It。翻译过来就是喜欢它还是讨厌它。有人称它为英国最难吃的东西，有人却爱得疯狂，甚至连整场婚礼都以马麦酱为主题，还有人把他当作拯救生命的东西，但是这种酱让很多人难以接受，属于重口味食品。给这种酱做广告，真的需要不走平常路。

广告内容。救援队去了伦敦西部的一个房子，原因是邻居认为房子里的东西有点问题。救援队人员说："我们接到报案，需要搜查。请大家配合一下。哦，好多瓶瓶罐罐，怎么能这样？"救援对象就是被遗忘的马麦酱。不久，又接到一个报案，救援队人员说："能进去看一下吗？"房主说："好吧！"救援队现在意识到，案件可能涉及各行各业的人员。救援队人员问："有什么想说的？"房主说："我错了。"过了一会儿，露西也接到一个电话举报，另一个房主说："我们家没有的……"不久，新加入的救援队人员就找到了一罐酱。救援队人员说："真令人震惊！"其中一个救援队人员问："怎么啦？"另一个救援队人员说："是个婴儿。"一个救援队人员问："多大？"另一个救援队人员答："才几个月！"旁白："受惊了！"救援队人员说："保护马麦酱的工作，压力重重。"旁白："我知道，但是我没想到会这么惨。"终于，马麦酱进入了领养中心。前来领养的一个小孩说："我喜欢这个。"马麦酱找到了新家。广告语出现：爱它，恨它，但是不要遗忘它。

广告叙述分析。整支广告平铺直叙，讲述一个故事的开端、发展、结果。开头的设计非常吸引人，给大家留下了一个谜团：马麦酱还需要拯救，这是怎么一回事？过去拯救的都是人、动物、植物，拯救一罐酱，很多人还是头一次听说。因此广告最初给人的印象是非常新奇，吸引人往下观看。在接到报警电话后，救援队迅速展开营救。此时人们开始重视这件事，甚至会与以往的经验联系起来，这是不是一个刑事案件。观众在观看的时候就会高度紧张。结果，罐头被搜出来，放在一个专门的展览中心，摆放有序，等待新主人认领。观众心情放松，对酱的归属感到满意。

广告效果分析。对企业而言，马麦酱真的与众不同，每一罐酱都堪称精品，所以才会受到如此重视。企业派出救援队人员去每家每户跟踪，了解酱的使用率。而对顾客而言，他们会认为这家企业的售后服务非常好。

广告技术分析。广告运用了叙述性蒙太奇，它是一种以交代情节和展示事件中的真实声音为主的蒙太奇，即按故事的发展脉络、事件的逻辑顺序和因果关系，来组接声音和画面、声音和声音的一种客观的、写实性的声音蒙太奇。在蒙太奇的叙事中，结构往往比较紧凑，一个情节连着一个情节，没有多余的场景，显得干净利落。

广告缺点分析。故事开头会给人一种错觉，这种酱是不是不受欢迎，不然为什么好多家庭把它遗忘在角落里。

2. 广告项目：农夫山泉广告片《一个人的岛》

画外音："他叫徐忠文，是农夫山泉取水口的守护员，他的工作是在千岛湖，这座宽度不足三十米的小岛上，确保供水的正常。""今天晚上要增加水泵啊，现在厂里压力低，要增加个泵。"有人给老徐打电话，老徐说："哪里……我知道了。"这根深入水下五十米的管道和阀门，距离工厂七八公里水路，是老徐岛上生活的全部寄托。他 2013 年来到这里。每天都在这里，没有回过家。过年都在这里，走不开。但老徐觉得，在岛上的每一分钟都很重要，离开人，水不够怎么办？每周，工厂会派人来岛上巡检，也会顺便给老徐带些菜和肉，老徐最拿手的就是红烧肉，再配上一碗白米饭，老徐说，这是他孙子的最爱。"孤单的啊，我老太婆经常讲回家、回家。"对于老伴这样的想法，老徐说："想是想他们，这里也走不开，做一件事要负责啊，守护好这片水源，就是守住了农夫山泉的第一道关，每一个员工的坚守，成就了农夫山泉二十年的品质。我是源头搬运工。"最后呈现广告语：我们不生产水，我们只是大自然的搬运工。语言很平实，故事很简单，意味很深刻。

广告评价：越贴近生活，越靠近老百姓的事，越容易被大众所接受。

3. 广告项目：支付宝广告片《郑棒棒的故事》

广告讲述的也是一个普通人的故事，一个挑担为生的棒棒，挑担三十年，家庭异常困难。一边是老婆有病，急需用钱；一边是货主遗落的两袋货物，价值万元。已经五天，他从早到晚都在寻找货主，最后累病了。他去了很多地方，警察厅、邮局……都没有找到货主。他打开货后，发现里面是羽绒服，好多人都劝他卖掉。但是他认为道德比金钱更重要，于是苦等货主。他坚信货主也是非常着急，自己不能发不义之财。最后货主对他非常感激，但是他贫困依旧。故事讲述的是一个老百姓有着高尚的道德，这是难能可贵的广告。广告反映了良好的价值观，值得人们深思。

4. 广告项目：Levi's 牛仔裤广告

广告中先是表现很多美人鱼去救一位落水的男子。美人鱼一开始注意的是男子帅气的外貌。当发现男子穿的是 Levi's 牛仔裤的时候，便纷纷失去理智，抢夺那条裤子。男子弄明白怎么回事之后，吓得拼命游回岸边。广告反映了美人鱼对 Levi's 牛仔裤的喜爱，要去抢这条牛仔裤。不择手段，势在必得。男子使劲拉着，反映对这条牛仔裤的珍惜。在不断的拉扯中，牛仔裤都安然无恙，衬托它的质量非常好。广告的妙处在于没有通过任何语言对自己产品进行描述，而是通过故事的叙述手法，将品牌巧妙地融入其中，比那些摆事实讲原理的广告，更具有独特的说服力。

此外，广告中暗含着深刻的文化底蕴。Levi's 牛仔裤引领时尚潮流，有着鲜明的象征意义，代表着独立、自由、冒险，也代表着一种新的生活态度。

5. 广告项目：巧克力广告

一个周一的早晨，布朗先生像往常一样准时起床，出门前随手拿了一块某品牌巧克力，然后去上班。他边吃巧克力边等地铁，巧克力如此诱人以至于他都没发现，这味道吸引了一堆不知从哪里来的小孩。这些小孩一直跟在他身后，望着他手中的巧克力。上地铁了，整节地铁弥漫着巧克力的甜甜的味道。打瞌睡的闻到这味道顿时精力充沛，听音乐的小青年停下舞动的步伐，吃早餐的早已忘了自己手中的汉堡掉在地上……布朗先生准时到达办公室，刚进门就吸引了美女上司的注意力，她走过来，问布朗先生晚上是否有时间一起吃个饭。布朗先生的桃花运来了。晚饭结束时，美女上司凑到布朗先生的脸上……时间就此凝固，布朗先生睁开双眼，发现自己躺在自家的床上，原来这一切只是他做的一个梦，只是手里还拿着昨晚吃剩的巧克力。

（二）倒叙式

广告项目：黄页广告

广告开始的镜头是主人公穿着裙子在警局拍照。时间回到几个小时之前，主人公拿着车钥匙出门，他走之后，家里的留言机响起来，是今天为他洗车的那个小伙子，告诉他虽然洗了车，但是忘记了加油，因为在黄页中找不到主人公的移动电话号码，只好打了家中的电话。但主人公没有听到。此时的他，已经在开车的路上，却因为汽车没油，只能被迫在路边停车。去寻求帮助，回来却发现车子被拖走，去停车场想要把车子要回，却遭恶犬追赶，虽然逃脱，却一丝不挂，无奈只能将别人挂在外边晾晒的裙子套在身上。走上马路寻求帮助，与汽车司机搭话，却被警察抓回警局，如果当时他将自己的移动电话号码记录在册，这一切的一切就不会发生。广告最后描述的是主人公抓着铁栏杆无奈的表情与其后方其他被关押人员的坏笑。广告运用夸张的手法，将主人公离奇悲惨的经历与简单直白的语言结合在一起，给人留下深刻印象。故事一波三折，幽默感十足。

（三）追忆式

广告项目：二手车广告

为了表现这是一款独一无二的车，广告将虚拟和现实结合起来。首先，销售员向有买车意向的人介绍车的性能，并邀请其试驾。买主在试驾过程中感觉车的空间特别大，特别省油，并且隔音效果非常好。销售员告诉买主，其实这个车是有故事的。它原属于一个外交官，他经常带着他的女儿到处游玩。这个女儿就是车里面的一位虚拟的女性，她一直在哭泣，看起来有伤心的事，而在车外有一个男士一直不停地追。因为车的隔音效果太好了，虽然男士在大声地喊女士的名字，但是车内一点也听不见。直到车自然停下，女士才和她的情郎相拥在一起。女士说了一句："没有你，我会死掉的。"任何人拥有这样一辆有故事的车，都会产生很多联想。

很多广告采用追忆式的叙述方式，像回放老照片，让人觉得该产品历史悠久，值得信赖。这类广告适合表现照相器材。

二 按照广告的表现技法可以分为戏剧冲突式和煽情鼓动式

（一）戏剧冲突式

往往戏剧冲突最为激烈的部分，就是故事的看点，耐人寻味，发人深省。

1. 戏剧理论的发展历史

戏剧理论最早由法国戏剧家布伦退尔提出。他指出："戏剧是表现凡人同那些限制我们的神秘力量或自然力量斗争时的意志，我们之中的一个人活活地被推上舞台，去同命运、同社会法律、同一个和他自己一样的凡人进行斗争；如果必要的话，还要同自己斗争；同野心、权力、偏见、愚昧以及周围一切恶毒的行为进行斗争。"[1] 但是这种理论并不完善，英国戏剧家亨利·阿瑟·琼斯指出："当剧中一个或几个人物，有意识地或无意识地起来对抗某个敌对的人，或敌对的环境，或敌对的命运的时候，便产生了戏剧。"[2] 他把"对抗"当成了戏剧的本质规律。顾仲彝认为："戏剧最重要的表现就是冲突。"[3] 归纳起来，一部好戏要有好的题材和组织结构、引人入胜的故事情节、性格鲜明的人物，还要有强烈的戏剧冲突。

2. 戏剧冲突的定义

广义的戏剧冲突是主人公或人物的意愿和行为受到阻碍，以及受到阻碍后他的应对势态。它包括三种冲突：一是人与自然的冲突，狂风暴雨，泥石流；二是人物与人物的冲突；三是人物内心的冲突，即纠结。狭义的戏剧冲突就是讲人物与人物之间的冲突，这是在广告里面用得最多的。它一般包括四个方面的特点：一是尖锐激烈，由于矛盾双方都有足够的冲击力，冲突是非常激烈的；二是高度集中，在特定的时间和空间里表现矛盾；三是进展紧张，观众一直处于紧张和期待中，这将迅速推动剧情；四是曲折多变，广告中的戏剧冲突往往一波三折。

3. 戏剧冲突的来源

（1）戏剧冲突来源于动作和反动作，来源于不同动作的撞击。这里的动作主要是指具有逻辑联系的且能引起连锁反应的行为。越强烈的动作给人的印象越深刻。

广告项目：彩虹糖广告

玛氏公司是著名的跨国食品公司，被誉为美国食品行业的"宝洁"。玛氏拥有德芙、M&M's、士力架、彩虹糖等品牌。

彩虹糖广告的设计者想象力丰富，这次的人物是两个决斗的男人。广告开始是两个男人抢橙色彩虹糖的画面。其中一个男人说："橙色是我的最爱。"另一个男人毫不犹豫地说："决斗吧。"可见彩虹糖对两人有很大

---

[1] 佟迅：《〈牡丹亭〉、〈罗密欧与朱丽叶〉悲剧美学特征之比较》，《电影评介》2010年第12期。

[2] 《关于"戏剧冲突"》，道客巴巴，http://www.doc88.com/p-7943353539924.html，最后访问日期：2018年11月22日。

[3] 严双林：《戏剧冲突的内涵到底是什么?》，《戏剧艺术》1979年第Z1期。

的吸引力。同时，又留下悬念：决斗方式是什么？接着一群人相互转告"老方法"开始了，说明大家对于决斗方式司空见惯并且也都喜欢彩虹糖。之后镜头转向两个人决斗的场景，掰手腕使力的动作是冲突的来源。在双方势均力敌的情况下，其中一个男人看着手边的彩虹糖，顿时有了坚定的信念：我要得到它。于是猛然发力赢得比赛。整个广告戏剧色彩异常浓厚，气氛烘托得让人热血沸腾。彩虹糖明艳的橙色和当地古风浓厚的暗灰色形成对比，突出彩虹糖色彩鲜艳。镜头转向在场的人们，无论是夫人们还是孩子们都非常强壮，再次说明在争夺彩虹糖的过程中，这样的决斗经常发生。彩虹糖受到各类人的喜爱，以至于小孩也练就一身强有力的肌肉。如此夸张的手法让人忍俊不禁。故事结尾显示广告语：为彩虹而战，拥有彩虹。

彩虹糖广告整体采用了戏剧冲突的诉求方式，这种方式让人心潮澎湃，能把故事迅速推向高潮，符合彩虹糖系列广告一贯的夸张、无厘头、特立独行及让人眼前一亮的风格。

广告项目：耐克广告片《终极对决》

广告用将近5分钟的时间讲述了一些知名球星从辉煌到没落再到重振的心酸历程。对于已经很出色的球星来说，他们的对手只有机器，他们中的很多人自甘堕落。最终，在商业利润的驱使下，人们研制出了克隆球星。克隆球星无论是在体力还是在技巧上都胜过人类，而且不会犯错误。结果，这些所谓的知名球星失败了。

没落的英雄各有不同的"下场"，包括退役后肥胖的罗纳尔多，去抗鲸鱼的鲁尼，在理发店为客人理发的理发师，在夜市费力叫卖仍无人问津的贩书者，丢在服装店当模特的C罗，真是英雄无用武之地，他们纷纷改行，"下场"一个凄惨，令人惋惜。

罗纳尔多重新找齐了大家，最后借助耐克鞋赢得比赛。夸张的动作和表情，激烈的比赛过程，牵动观众的情绪。紧张的气氛让人忘记这是一个虚拟的动画世界，而是让人身临其境。在对方将要得分的时候，画外音"Risk Everything"激发了球星们的潜力。在球快进门时，将球踢到自己队友的脚下，力挽狂澜，故事推向高潮。

（2）戏剧冲突来源于意愿。意愿能反映人本质的东西，小孩子的意愿更能反映内心的真实想法。一个美国民权领袖说："我有一个愿望，黑人与白人要平等，孩子们要手拉手，这就是愿望。"广告中两个不同的人，可能喜欢同一个产品的不同方面，两人争论不休，最终产生冲突，成为吸引观众的点。

广告项目：奶粉广告

一个小孩说这是儿童专用奶粉，另一个小孩说这是儿童专心奶粉。两个小孩争论不休。后一个小孩说，这又不是做功课，功课采用专心，以验证另一个小孩说法错误。广告是在强调统一儿童专用奶粉的好处。它能补充钙、铁、锌、硒、维生素。

（3）戏剧冲突来源于观念的差异。即使是同一个问题，类似的人可能会持截然不同的观点，并且态度坚决，互不相让。宗教的、地域的、民族的、风俗的、男女性别的差异都会造成观念的差异。有的广告为突出观念的差异，会安排剧烈的冲突，甚至大动干戈。比如在图书馆看书的两个人，因为某事起了冲突，可能越争论越兴奋，最后气愤地把图书馆架子全部推倒了。这样的夸张使广告更有看点。或者是两个旅行的人，各自选择自己的路线不相让，最后大动拳脚。或者是自习室的占位学生，始终坚信位置是自己的，最后产生冲突。

广告项目：奥利奥广告

两个想要海里逃生的人，在小船上为了吃饼干的哪一部分争论不休。有一个人说他喜欢吃夹心，另一个人说他喜欢吃饼干外层。两个人各持己见，互不相让。最后一个自认为自己观点正确的人，竟念着咒语飞到天空上，顺利逃生。

（4）戏剧冲突来源于人物性格的差异。文学作品中喜欢塑造一根筋的人，这种人比较呆板，容易与人发生冲突。特定的冲突能塑造独立的人格，人物个性分明，更容易引起人们的注意。典型化的人物塑造早在汤显祖的戏剧理论中就已提过，广告中更喜欢描述有个性的人，使画面有看点。

（二）煽情鼓动式

1. 广告项目：泰国人寿的广告

"你叫温蒂，丈夫叫布颂。你是个喜爱植物的人。喜欢天蓝色，穿六码的鞋。怕冷，但喜欢喝冰水。喜欢辣汤，却不喜欢水茄。吃饭的时候，你一定要听这首曲子。"每一天，他都要对老伴重复这段话。他的老伴患了阿尔茨海默病，早已不记得他了。他绅士般拉起她的手，如同当年结婚时一样。他们在音乐中翩翩起舞，伴随着这些年的回忆交替出现。一支舞结束，她的脸色忽然变了："你是谁啊？"他苦笑着低下了头，这样的情景他早已习惯了。他蹲在地上为她系鞋带。她说："去散步吗？"他说："嗯。"她说："不累吗？"他微笑着摇头："不累。爱你怎么会累呢？即使你忘了我，我还是会一如既往爱你。我不会忘记你的任何喜好，还有你的那些小脾气，更加不会忘记婚礼那天给你的承诺——我会照顾你一辈子。说好是一辈子，少一天，少一分，少一秒都不行。"这是泰国人寿的广告，与大多数泰国广告一样，也是根据真人真事改编的，非常具有感染力。很多网友都在说："泰国的每一则广告都会让人有流泪的欲望。并不是他们刻意矫情，而是他们拍广告都是走心的。"这则广告对故事里的情感进行了细腻的描绘。

2. 广告项目：麦当劳 60 周年庆广告

广告中的人物是一位平常扮演小丑的魔术师，他已经干了 60 年。在广告中，这位魔术师不断地带给人欢乐，有的时候还会伤到自己，但他仍旧乐此不疲，从未有过怨言。在给大家带来快乐的同时，他自己也感觉很快乐。在干完一天的工作后，他开着车在外边找吃饭的地方，当时已经很晚了，很多店都已经关门了，于是他来到了麦当劳，在他点完餐后，他的对面就是那个麦当劳的小丑，老人朝小丑笑了一下，感觉很欣慰。这位一生都在为他人默默奉献的老人，非常值得人敬佩，也暗喻了麦当劳无论何时，都在为人们服务，从不间断。广告符合麦当劳宗旨，为他人带去快乐，让生活更美好。为他人带去欢乐的人不会变老，永远年轻。

广告中塑造了一个小角色，一个平凡的人站在平凡的岗位上，干出了不平凡的事。

第二节　生活片段式创意广告

一　生活片段式创意广告定义

生活片段式创意广告用几个日常生活片段来描述消费者的生活方式。同时通过介绍故事发生的环境、时间、地点及所做的事等辅助元素来增强表现效果，利用与生活息息相关的信息来触动观众，把产品融合到生活情节中去。

二 生活片段式创意广告内容

1. 广告项目：包装食品的广告

金发美女陶醉地沐浴、梳头、穿衣，一边精心地描眉、涂口红，一边加工食品，并尝口味、调调料、放香叶、摆餐具、点蜡烛……不时回望墙上的时钟，像是等待意中人的到来。清脆的门铃声响起，迎面走来的是母亲，烛光下，母女品尝美食和幸福的滋味，字幕出现"百分之百的爱"……这则广告讲述的都是日常琐事，受众却非常喜欢。原因在于受众认为它表现得真实，贴近生活。

2. 广告项目：三菱汽车广告

广告一开始出现一位办公室员工，举着电话对老父亲说："爸爸，这个礼拜可能没办法回家啦……对呀，对呀……比较忙呀！"从办公室的环境看，女儿应该是公司的高层人物，她穿着正式的行政套装，办公桌旁是巨大的落地玻璃窗，桌面放了许多物品，打电话的时候还敲打着键盘，说明事务繁多。然后随着女儿的自述，画面不断切换场景，父亲的背影是她印象深刻的事。画面中父亲在乡间的小路上骑着自行车带着小女儿。画外音："每次回家都会经过那个福利社，我记得那个冰棒的味道像爸爸背的味道。他总是要接我回家，即使我在台北他也要来接我。"父亲在冷饮小卖部给女儿买冰棒，到火车站接放假回来的女儿……一幕幕生活场景上演。弗洛伊德的精神分析理论就是建立在这样一种观点之上，广告要抓住人的注意力，抓住人心靠的就是心理上的影响。冰棒的味道当然不可能和父亲背的味道一样，这里是要说明坐在父亲的自行车后吃冰棒是女儿童年回家路上最深刻的记忆。自行车前进，坐在后面的女儿从小学生变成了中学生，他们经过的路，两边是高高的庄稼，很不好走，父亲吃力地骑着车。女儿说道："爸爸总是要坚持接我回家。"中学时期，人的自尊心变强，渴望证明自己已不是小孩，希望和同龄人在一起。读中学的女儿坐在父亲自行车上，脸上是不太情愿的表情，他们身边有穿校服的男生经过，看着她，她却假装看不见，也许她的内心正在抱怨父亲让她看起来还是个长不大的孩子。画面描述非常细腻，虽然是同一件事情，却衬托出女儿不同的心情。画面从转动的车轮转换到火车靠站，女儿自述："后来我在台北念书放假回家，他也一定要来接我。"接着是女儿给父亲打电话："爸爸，我想回家……不用了，不用了，我买车了耶！"父亲又想去接她，但她拒绝了，因为自己已经买车。画面中，女儿在路上开车，然后自诉："这是第一次开车回家。"女儿下车后，对父亲说："叫你不要来接我，你在这等多久了？"接着画面是父亲在前面骑着自行车，女儿在后面开着车，眼里闪着晶莹的泪花，心里想：大概是怕她迷路吧。最后，画面出现父亲年轻时载着女儿回家的场景，女儿微笑着。旁白：三菱汽车……欢迎您随时回家。英文字幕做成房子的形状，暗示家的含义。

父亲骑自行车带着女儿上学，还有冰棒吃，这是多么幸福、甜美的事情。画面就是用这样的构思，巧妙地引入产品，显得很自然。

3. 广告项目：公益广告

广告主要讲的是赡养老人。老母亲失去老伴后，和儿子一家住在一块。但是老母亲吃饭的时候比较挑剔。一会嫌饭硬，一会嫌不好吃，儿媳与孙子看不下去。但儿子一如既往满足母亲的要求，并回忆小时候生病住院，母亲细心照顾，付出了很多，所以母亲老了，就像小孩一样，是该做儿子的好好孝敬母亲的时候了……朴实的生活情节，能勾起人们很多回忆，越是亲身体会的，越有感触。越是生活的往事，越能反映生活的真谛，越能体现人们的生活态度和需求。

4. 广告项目：反毒品公益广告

一个老者和年轻人坐公共汽车，年轻人毒瘾上来，表情异常，对着老者的肩闻了一下，整个画面简单，却意味深远。广告从细节入手，以小见大，指出毒品危害人的本质。

5. 广告项目：Keiju 奶油广告

在 Keiju 奶油的广告中，一位家庭主妇因为双腿太胖穿不上连衣裙，突发奇想地把 Keiju 奶油抹到大腿上，连衣裙接着就穿上了。"Also for Cooking and Baking"，广告语也突出了奶油的基本功效！这则广告通过生活中的小细节，引发产品和人的一种互动，引起人的自然联想，过渡非常自然。

6. 广告项目：烤箱广告

一群外国人坐在餐桌旁等待吃饭，另外一个人在烤架旁边烤食物，他把烤好的食物丢向那些等待吃的人们。第一次他丢出一个汉堡，一个中年男子用托盘接住了。第二次他丢了一块烤肉，另一名中年男子也用托盘接住了，该男子表现出非常高兴的样子，那个烤肉的人也微笑回应。第三次他丢了一个烤虾，恰好丢到了女士身上，那位女士用无奈的眼光看着他，那个男子尴尬地笑了。广告已经成功地吸引了人们的眼球，在广告高潮的部分，向大家推荐了这款烤箱。

广告一开始并没有说任何有关商品的内容，而是通过前面一系列动作成功吸引观众的眼球，最后介绍了一下自己的产品。

7. 广告项目：汰渍洗衣粉广告

广告借其他广告的主角，进行串位演出。有了汰渍，再也不用担心啤酒的污渍；本来是为香水做广告的绅士，穿着干净的演出服，出现在天堂般的环境里，地地道道为汰渍做宣传；修理工躺在车下，脸上满是泥土，但是身上的白衬衣如漂过一般，因为是用汰渍洗的，与污渍形成鲜明对比；有人喝可乐，担心滴身上洗不掉，而穿白衬衣的男士因为有了汰渍，一点不担心可乐的污渍，反而信心满满。人们穿着用汰渍洗衣粉洗的衣服出席宴会。汰渍的功效在广告里被很好表现出来。

三 运用生活片段做广告，比较有说服力

广告项目：宜家广告

有一个女子卖槟榔，卖了二十年，养大了六个小孩。因为小孩多，所以她的经济一直不宽裕。而且卖槟榔的地方也是非常有限，看起来相当杂乱。小孩子的生活空间也很有限，感觉不够用。小孩有的在沙发上睡，还有的在柜子上边睡，没有正式的床。而女子直接陈诉："人就是这样，你在什么地方生活，你就要用什么样的生活方式。"而宜家就在她家原有的地方，重新改造，实现小空间大利用。宜家的设计有很多人性化的东西。比如说，设计一个帘子，这样就可以将外空间和内空间隔开，小孩子流口水就不会担心被外人看到。小孩子有了床和放衣服的衣柜，甚至连相框都摆得整整齐齐。改造后，所有人感觉空间用不了，甚至一家人一起吃饭，也不感觉拥挤。广告将宜家巧妙的设计融入其中，表达了很大一部分家庭主妇的心声，目标群定位非常准确。

第三节　解决问题式创意广告

一　解决问题式创意广告定义

这种创意先提出生活中遇到的问题，然后解决问题，在此过程中展示某商品的特性。此类广告的数据通常来源于科学的调查，比较具有说服力，可信度高。另外，问题可以反复罗列出来，以强调问题的严重性。

广告项目：海飞丝广告

广告中，男女主角合撑一把伞，亲昵地在雨中小林走着。第一次约会，碰到下雨，本来是可以描述很浪漫的场景，但是男主一脸沮丧地说："可是……我的头皮屑……"女子做不悦状。切换场景，女子叙说她看到了海飞丝广告。广告展示一星期后，没有用海飞丝的一边还有头皮屑，用海飞丝的一边就看不到头皮屑了。最后突出广告语：P&G……美化您的生活！这种创意主题明确，解决办法简单易行。

二　解决问题式创意广告常用的方式

（一）解决问题式创意广告来源于人们的日常生活，所以广告也是从人们熟知的事入手，以小见大，告知孩子在成长过程中独立解决问题的重要性

卖菠萝的阿姨有一个五岁左右的小女孩，名叫菠萝。但是卖菠萝的阿姨觉得自己没上过什么学，能教给菠萝的只是些生活常识，比如怎么切菠萝。但是菠萝家穷，菠萝看到其他小朋友吃冰糕自己也想吃。妈妈就教给她做菠萝冰糕，非常好吃。然后菠萝想到一个好主意，将冰糕卖出去换钱，但是她第一次失败了，没人买她的冰糕。菠萝不明白为什么那么好吃的冰糕没人买。于是妈妈告诉她应该到菜市场去学习经验。小女孩来到菜市场，发现小贩们各有各的促销手段。比如卖辣椒的吆喝"五块一袋，十块三袋"；卖烤肉的宣扬自己的烤肉又香又软，一咬满嘴汁。小女孩回去迅速做了一个广告牌，上面形象地画上冰糕的模样，然后在集市大声叫卖："要不要菠萝冰激凌，五块一根，十块三根！菠萝冰激凌，每口好滋味！"没想到，这次她成功了，冰糕被小朋友抢购一空。妈妈看到她自己

能够解决问题，感到非常开心，想到即使有一天她不在了，这个小女孩也能好好生活！后来小女孩顺利完成了本科学业，并获了 Sarnrak 项目奖学金！

（二）先要叙述问题很有难度，或者不解决就会很有麻烦

1. 广告项目：宜家广告

小朋友很邋遢，动不动就找不到袜子，然后各种翻箱倒柜也无济于事。结果小朋友长大以后，发现自己小时候丢失的一只袜子，但是为时已晚……用宜家整体橱柜，就不会出现这样的问题。整齐有序是橱柜设计的卖点，定位非常准确。

2. 广告项目：公益广告

在印度，新生儿的疫苗注射一直问题重重，因为医疗系统不完善，妈妈们往往因为不记得或者不知道婴儿注射过什么疫苗，经常拖延注射，或者停止注射，或者把注射过疫苗的本子丢了。

代理商巧妙地借助印度人喜欢佩戴祈愿珠这一事实，创造了特殊的"免疫祈愿珠"。他们用不同的颜色代表婴儿已注射疫苗的种类，串成可以佩戴的手环。这样一来，每一位医生在接诊儿童时就能一眼看出他们接种过什么疫苗。传统文化结合创意，解决了医疗系统缺失所造成的社会问题。

3. 广告项目：Whirlpool 广告

广告先抛出一个问题：有一家学校 70% 的孩子逃课！紧抓当下热点问题，这个问题非常严重，会引起家长的广泛关注。再进一步追述问题的原因：孩子的衣服洗得不干净，不想被别人知道。

自从用了 Whirlpool 洗衣机之后，衣服洗得特别干净，学校学生的到课率提升到了 89%。广告虽然还是在说洗涤的干净程度不一样，但是通过提出问题、解决问题的方式来表现，是很成功的。

（三）用贴近生活的语言来描述，让人倍感亲切

广告项目：美的空调广告

画外音选自空调维修师的自诉："这是空调的长期运行实验室。这里的每台空调，都要经过不间断的运行测试。我的工作就是，每天给空调运行做记录。我在这里发现问题，就是要确保空调在用户家里不出问题。这台空调是我们这的长跑冠军，它从 2008 年开始测试，我的女儿也是从那年

出生，现在她七岁了，这台空调到现在还在运行。美的空调，专业制冷三十年。"

（四）注重寻求解决问题的角度

不同的国度有不同的信仰、喜好。比如前面提到的，柬埔寨人民因为缺铁而导致疾病，甚至死亡，一开始的解决方法是建议人们将一个铁块放进锅里，但是没有被民众接受，甚至他们用铁块垫椅子。然后创意者发现当地人喜欢一种鱼，代表吉祥如意。于是他设计了一款铁鱼装饰品，可以放锅里使用。在人们用了九年以后，发现身体内的缺铁量下降了。

第四节　名人型创意广告

一　名人型创意广告定义

名人型创意广告是以影星、歌星、体坛名将、社会名人等作为品牌代言人的一种广告表现形式。名人是产品形象代言人，名人的气质可以为产品增光添彩，属于一种借势营销策略。这种策略在饮料、服饰、日化产品上应用得非常广泛。

二　名人的类型

（一）体育名人

刘翔获得奥运会冠军之后，代言了耐克、可口可乐、伊利、中国邮政、腾讯微博、VISA 等品牌。

（二）影视名人

像红楼梦酒的代言人就是陈晓旭，她曾经是林黛玉的扮演者。本来曹雪芹的名著就红遍大江南北，陈晓旭的林黛玉形象更是在一代人心中留下了深刻的印象。赵丽颖凭借古装剧《花千骨》赢得不少影迷好评，她长相清纯，活力四射，代言的路由器广告更是把可爱路线发挥到极致，一身蓝色学生装，与一群人在一起跳操。"自从有了贝尔塔路由器，爸妈再也不用担心我们的学习了。我们的口号是'改变生活，改变理念，改变速度。一呀一呀一呀一，一心一意为大家。二呀二呀二呀二，二话不说买回家。三呀三呀三呀三，三倍速度去冲浪，去冲浪。无敌穿墙王，冲浪好帮手。

穿穿穿，穿穿穿……穿墙。'"广告让受众重新燃起青春的激情。

（三）节目主持人

2013 年春天，中央电视台播放了《我看见你》公益广告片，广告片中，水均益、白岩松、敬一丹、朱军、柴静、欧阳夏丹、撒贝宁等十七位央视节目主持人齐登场。在黑白色调的画面和舒缓的钢琴声中，他们用手语传递温暖和希望。另外，像《中国好声音》的主持人华少，语速很快，被网友誉为"优秀的凉茶销售员"；像《我为歌狂》的主持人余声，朗读着像绕口令般的广告词，时常获得观众雷鸣般掌声。

（四）历史名人

王石登上珠峰，代言 8848 钛金手机。1800 年前曹操就给酒做过"广告"。"对酒当歌，人生几何！譬如朝露，去日苦多。慨当以慷，忧思难忘。何以解忧？唯有杜康。"

三　名人型创意广告作用

（一）给大众塑造一定的理念

百事可乐精心调查发现年轻人喜欢酷。于是抓住年轻人喜欢酷的心理特点，推出一系列以年轻人认为比较酷的名人为形象代言人的广告，像迈克尔·杰克逊、瑞奇·马丁、郭富城等。

（二）借助名人的一定影响力造势

有的描述草根角色，比如王宝强，每次一出场就能逗得大家哈哈大笑。他跟徐峥的配合简直就是天衣无缝。比如他代言的康师傅酸菜牛肉面，徐峥演的角色，把一碗牛肉面，极为不舍地递给王宝强，然后说："就一口哈。"结果王宝强一口把整碗面都吞到肚子里，让徐峥哭笑不得，人们在这样的场景里记住了"康师傅老坛更爽"那句广告语。

有的描述某一类女演员的气质，比如佰草集通过纯天然中草药调养女人的气血，来达到驻颜的功效。画外音："佰草集太极面霜，传承千年古方，萃取天地灵草，日间抵御，夜间修护，阴阳割昏晓，一览众山小。登峰造极，太极面霜。"代言人刘涛在仙境中出现，从一袭白裙，到刘涛的高颜值，再到后面飞起草木精华无数，塑造了一个世间难寻的休闲境地，是修身养性的好地方。与佰草集纯天然养颜的主题交相呼应。

四　名人型创意广告优点

运用名人代言，这是各大品牌发展和扩大影响的必然趋势。有一个典故说，曾有一匹马，伯乐来看之前，在市场拴了三天卖不出去，而伯乐看了之后，不仅马卖出去了，而且价格上涨了十倍。这个伯乐恰如名人。伯乐效应也就是名人效应。名人是特殊群体，他们具有一定的影响力，往往成为公众和媒体关注的焦点。商家也是看准了这些商机，赚取丰厚利润。1984年，耐克公司找到了乔丹合作，广告中脚穿耐克鞋的乔丹，激情四射。耐克公司迅速成为知名企业。巩俐代言美的空调广告，为空调打响了知名度，提升了美誉度。十一位知名艺人代言优信二手车广告，共同说此二手车，值得信赖，充分地体现出人多力量大的特点，产生的群体效应不可小觑。

（一）利用粉丝经济扩大消费群体

很多名人本身就拥有强大的粉丝群，而这类粉丝的热情高涨到难以想象的程度，模仿名人的声音、动作、喜好，甚至名人喜欢的东西他们都"爱屋及乌"。所以打出某一类名人，就相当于巩固了某一些消费群体。香飘飘的代言人选用陈好，主要是因为当年她在《粉红女郎》里演的"万人迷"角色，深受大家喜爱。广告中利用她妩媚、性感、小资的特性，来衬托奶茶的香气怡人。消费群体主要是二十四岁到三十二岁、喜欢过无拘无束的生活、有闲钱为自己舒适的日子埋单、宁愿单身也不愿凑合婚姻的女性。优乐美的代言人是周杰伦，周杰伦兴趣广泛，广告目标受众群男女皆可，这将受众范围扩大了很多。广告对话很直白。语晨问："浪漫是什么？"杰伦答："浪漫就像优乐美。"语晨说："我闻到了你的浪漫。"对白简单，带动性强。姚晨的六神花露水广告，简单大气，文案配上"要不表态，要不够坦率，要不野到疯，要不宅到底，要不他是全世界，要不全世界都是他。没了纠结，没了困扰，只剩六神花露水和我，裸露我们的本色，在夏天，六神花露水"，让人沉醉在自然清新的世界里。

（二）能使产品迅速扩大销量

1. 广告项目：百事可乐广告

20世纪80年代，百事可乐选用一群小孩和迈克尔·杰克逊一起做广告，前面画面展现小孩们喝着可乐，后面展现小孩们跟随迈克尔·杰克逊的舞步自由跳动起来。根本看不出来是在刻意描摹一种产品，人们欣赏着舞蹈，聆听着优美的歌声，陶醉其中。而迈克尔·杰克逊本人也特别适合做此类广告，本身不好烟酒，家庭观念非常强，为百事可乐广告的优秀代言人。

2. 广告项目：沃尔沃卡车广告

沃尔沃卡车广告让尚格·云顿这位动作明星着实又火了一把。在先前的一部名叫《芭蕾特技》（*The Ballerina Stunt*）的视频中，两部卡车并行驶向隧道，两车之间搭起一条绳索，一位女运动员表演空中走绳索的特技，最后两辆卡车一起冲进隧道，特技演员在卡车驶入隧道前惊险走完全程。这支广告在开头出现一段激昂的文字："我作出我的选择，我无畏其艰难。它迎风疾驰，而我屹立于其上，破开长风……你认为什么才是完美的车身构造……它是一个史诗般的杰作！"伴随着尚格·云顿的独白，镜头拉远，老牌功夫明星站在两辆疾驰的沃尔沃卡车的后视镜上！"这将是载入史册的一字马！"两辆车同时行驶，而尚格·云顿搭在车上的双脚一点点分开，做出一个一字马的动作。当老牌明星露脸并独白时，那些话语便吸引住人们，随着镜头转换，大家的好奇心被调动起来，一字马的展示更是让人惊叹，将广告推向高潮，也突出了卡车的平稳性。广告选用尚格·云顿代言，扩大了产品销量。

3. 广告项目：阿迪达斯广告片《我不是偶像》

名人本身就是一类文化的象征。《我不是偶像》是阿迪达斯的广告。画外音："如果你觉得偶像就是站在舞台上，满座的球场上，票被销售一空的音乐厅里……如果你觉得偶像就是被谈论，还保持沉默……如果你觉得偶像是知道姓就应该知道你是谁……如果你觉得偶像就应该让粉丝快乐……如果你觉得偶像就是应该让人们知道他在哪儿，和谁在一起，早餐吃什么，出席什么活动……如果你觉得偶像就应该有造型师……安全感，神秘，漂亮的名字，好看的脸蛋，明显的标志……如果你觉得偶像就是路人，其他国家的人，你没见过的人，告诉你，你很特别的……如果你觉得以上可以定义一个偶像，那我不是偶像。"广告宣传阿迪达斯1969年上市的 Superstar 系列。

这部短片请来美国著名歌手、时尚达人 Pharrell Williams，著名球星 David Beckham，英国流行女歌手 Rita Ora 和 NBA 球星 Damian Lillard 来共

同演绎。整支广告采用逆向思维的方式，否认自己是偶像，其实自己已经很有名了。

广告通篇黑白的风格用来刻画明星背后的那一份落寞与孤寂，他们的不被公众过分关注的愿望通过独白表述出来。黑白画面表现的是偶像在台上一呼百应，强烈的对比更加凸显了广告主题，使观众对产品纯粹经典的形象印象深刻，产生购买欲望。

五　名人型创意广告缺点

名人什么产品都代言，结果就使消费者很彷徨，不知道是什么产品。而且名人一旦代言不好，也会影响个人信誉。葛优代言的亿霖造林广告中"合作造林，首选亿霖"的广告语让人记忆犹新。但它陷入传销危机，葛优的个人信誉也受损。名人型广告选择什么样的名人很重要，有时选不好主角，不但不能促进销售，反而影响产品销量。像一些女艺人代言的德芙巧克力，代言时间都不是很久，产生的效果也没有预期那么好。

六　名人型创意广告创意技巧

（一）选取的名人要与所要表现的主题相吻合

罗纳尔多代言金嗓子，让人感觉有点不伦不类。罗纳尔多是体育名人，跟音乐名人完全不搭边，更不用说和药品联系起来。而且没有好的故事情节，顾客当然不会买账。李雪健为六味地黄丸做广告，"没有声音，再好的戏也出不来"，演员跟商品的功效有自然的联系，让人不会感觉生硬。

（二）要有好的创意

如果请了名人，却舍不得多花点钱做创意，这就好比买了上好的猪肉却舍不得买一点葱姜，舍不得请好的厨师来做。请名人花 300 万元，做广告片却只花 20 万元这本身就是不合理的。好好的原料没做出好菜，结果和投放费用少一样，白扔了请名人的费用。尤其当名人请得不是那么理想时，比如名人与品牌气质不搭配，或者因为某些原因就是请了不如竞争对手强的代言人，广告商就需要动一些心思改变这种现状。

好的创意能够改善这种状况。北极绒保暖内衣就是一个很好的例子，创意恰到好处，达到了产品和品牌传播的目的。广告语"地球人都知道"更是成为流行语。

第五节　证人证言式创意广告

一　证人证言式创意广告定义

证人证言式创意广告是以促销商品或服务为目的，由商品经营者或服务提供者承担费用，通过一定的媒介和形式，邀请公众人物或社会大众充当消费者，以其对商品或服务的使用感受作为证词，证明商品质量或者服务效果的商业广告。

二　证人证言式创意广告表现方式

（一）专家论证或者是使用者亲证

一般像牙膏广告会出现一个专业的医生对牙膏去除细菌的效果进行详细的论述。以他特有的专业性给大家分析使用这种牙膏的好处。他的说法更易让消费者信服。一种新药或采用专家或采用病人的现身说法，人们才可能去尝试。早些年刷屏的购物广告大多采用这种手法，如家庭主妇介绍洗衣粉或者家用小电器等。

广告项目：洋芋片广告

洋芋片广告中，一个试吃的观众在试吃之前反复强调所说的话都是真实的，并且对天发誓。另一个观众表示如果说假话将越吃越肥。然后将两包洋芋片都蒙上包装，写上袋子A和袋子B，让试吃者试吃，最后揭晓谜底，A袋子食品比较好吃，是波乐洋芋片。这种广告会让观众更易接受。

（二）以孩子眼光进行论证

很多广告还非常喜欢用孩子来表演，因为很多人认为孩子的可信度高，能反映产品真实的一面。像可乐果广告，让两个小孩表演，一个小孩说可乐果很好吃，另一个小孩说真的很好吃，再次强调可乐果口味好。小孩天真无邪，喜欢吃，更能说服人们去购买。

（三）做一个真实的测试，让观众信服

广告项目：有机食品广告

瑞典的一家超市推出有机食品，但是有一家人从不购买，给出的理由是价钱昂贵，他们有一大家子要养。超市在这个家庭进行了为期两周的测

试，将他们家所有的饮食替换成有机食品。测试刚开始时，他们的身体内部有残留的农药，包括杀虫剂、杀真菌剂、生长调节剂。两周后，所有的家庭成员身上已经检测不出有害物质。最后给出的结论是，虽然我们对农药残留的危害了解甚微，但是我们可以想象多种化学用品混合起来造成的危害，尤其是对孩子来说，这种危害是更大的。这种方式使有机食品广告收效显著。

第十二章 影视广告创意的表现手法

好的表现手法可以为创意增光添彩，增强广告的感染力，给消费者留下深刻的印象。

第一节 对比型创意广告

一 对比型创意广告定义

对比型创意广告是广告主通过广告的形式将自己的公司、产品或者服务与同行竞争者的公司、产品或者服务进行全面或者某一方面的比较的广告，为表现自己的产品或服务优于或异于同类竞争者，广告主要从产品或服务的特征、品质进行论述。

二 对比型创意广告优点

对比是在各种设计领域都常用的手法，对比能够使倾诉主题更加突出，冰与火的对比使冰显得更加寒冷，火焰则显得更加炙热，黑与白的对比使黑白分界更加明显，珍珠与岩石的对比更凸显了珍珠的光滑圆润。在绘画中有疏可走马，密不透风之说。而在影视广告中，真与假、虚与实，既可以创造情境，又可以创作意境，能够把情境中的人物的心态变化清晰表现出来。

三 对比型创意广告表现方式

（一）直接式

两种场景差异明显，有着鲜明的分水岭。

广告项目：服装广告

这类广告用的视觉语言非常直接，一组人是坐电梯上去的，一组人是坐电梯下来的。上去的那个电梯里面站的是没有穿衣服的男男女女，利用人与人站得密集恰当遮挡，符合视觉上不过分裸露的原则。往下下的电梯里站着的人衣着光鲜，服装款式各不相同，主要体现一种改变。这种对比的方法，能够让人清楚看到进入服装店的人穿上这种衣服的变化。这则广告简单明了，传达了只要顾客穿上他们的服装，便能焕然一新的理念。

（二）戏剧冲突式

戏剧冲突能够更好地突出对立双方特点。

1. 广告项目：烤箱广告

在广阔的草原上，人群分成两个阵营，气势恢宏，让人震撼。两伙人，一伙儿喊着"pie"，一伙儿喊着"pizza"，气氛逐渐升温，争吵也愈发激烈。最后，一个双层的烤箱化解了他们的矛盾。

2. 广告项目：圣诞彩票广告

广告开始渲染了一种低沉压抑的气氛，男主人公心情郁闷，他独自一人前往酒吧，祝贺中奖的安东尼。周围人的兴奋与他的抑郁形成了鲜明的对比，观众本以为故事到此就结束了，但当他准备为他的咖啡付费时，故事出现了转折。原来男主人公中了圣诞彩票的大奖，这将全场气氛推向高潮，男主人公的兴奋之情溢于言表，他迅速与周围人融为一体。喜剧性的结尾，给人以欣慰、愉悦之感。

3. 广告项目：奥迪官方经销商修理中心广告

画面相当震撼，广告没有直接说产品怎么样，而是通过对比来营造气氛。先是一辆奥迪车疾驰而过，让很多私人修理厂的修理工惊叹。之后场面异常宏大，无数私人修理厂的修理工想方设法围堵这辆车。这辆车最后驶进官方经销商修理中心。同时，这些私人修理厂商纷纷聚集在官方经销商修理中心门口，似乎还想把那辆奥迪车抢出来。

这支广告实际上并不是在讨论奥迪可以提供什么样的售后服务，而是将官方经销商修理中心与私人修理厂对比。这支片子中，看到奥迪车而发动进攻的私人修理厂的修理工，像狼扑向羊一般凶猛。正是这种表现手法，让人们真实地感觉到场面的震撼。

四 对比型创意广告表现方式的技巧

（一）故事设计得非常新颖有趣

1. 广告项目：汽车广告

在一个小镇中，所有的房子都没有屋顶，当下雨时，人们纷纷利用各种手段避雨，有的人甚至临时吊来了屋顶。而这时，敞篷车自动打开了篷子，司机和乘客并没有被雨淋到。广告体现出这种敞篷车的优势。

2. 广告项目：清新剂广告

一片满是污垢的地带，味道特别难闻，且有常年不住人的屋子……广告中将清新剂喷在此地带，让人们蒙上眼睛去闻。他们都幻想这是一个鸟语花香的地方。这种对比衬托出清新剂的功效强大。人们摘下眼罩，发现周围与自己想象完全不一样。通过对无知者的测试，广告多了一份趣味，进一步升华了主题。

（二）通过打击同行来表现产品的优点

广告项目：汽车广告

男主人往一辆款式不太新潮的汽车里搬东西，准备带全家去旅行。这时旁边一辆敞篷车里的两个小伙子放声大笑讥讽他。一辆这么小的车，要带上妻子、两个女儿和母亲，这么多人，车里恐怕容不下。男主人没有理他们，继续往后备厢里装物品。紧接着，在小伙子的嘲讽中，他的四个家属很有气质地进入车子，然后他们开车出发了，画面中只剩下嘲讽人的小伙子。

这则广告没有用老套的独白和浮夸的演技来介绍车的优点，而是将诉求的主题直接展示出来，给人真实感，使消费者对其所选产品产生一种亲切感和信任感。光和背景的烘托，使产品置身于一个具有感染力的空间，增强了广告画面的视觉冲击力。男主人的车是传统的SUV，两个小伙子的车是敞篷跑车，这里的对比突出了SUV的优点。同时，合理的夸张，加深了人们对车的认识，为广告的艺术美注入了浓郁的感情色彩，使这款车的特征更加突出。

第二节 比喻型创意广告

一 比喻型创意广告定义

比喻法是指在设计过程中选择两个各不相同，而在某些方面又有些相似性的事物，"以此物喻彼物"，比喻的事物与主题没有直接的关系，但是在某一点上与主题的某些特征有相似之处，因而可以借题发挥，进行延伸转化，获得"婉转曲折"的艺术效果。与其他表现手法相比，比喻手法比较含蓄，但一旦领会其意，便能给人意犹未尽的感受。一些商品的性能不可能都被人们所熟悉和接受，特别是在新产品不断涌现的高科技时代。这就需要从人们熟悉且又与所宣传商品存在某些相似之处的事物入手，如空调尚未普及时，某空调品牌的广告语"火热的夏天是一片雪地，严寒的冬季是一炉炭火"以雪地和炭火比喻空调的制冷和制热功能，非常贴切。

在广告创意中运用比喻法，更多的是通过唤起受众对形象和情感的体验来实现广告的心理说服。它所提供的情感信息并非体现商品、服务等实体本质的必然联系，但可以借助生动具体的形象和融汇其中的情感，引导受众产生积极的联想，通过积极的联想让受众从心理上加深对商品、服务等的认识和理解，为受众进一步产生购买行动，奠定心理基础。

二 比喻的类型

广告创意中运用的比喻主要有明喻、暗喻和借喻三种常见类型。

（一）明喻

明喻的本体和喻体的比喻关系十分明显，把本体说成像喻体一样，构成"本体像喻体"的格式。常见的喻词有"像""如""好像""犹如""仿佛""好比"等。出于广告语言简洁的考虑，明喻又多省略本体，有的还一并省略喻词。明喻在广告创意中运用得比较普遍。

1. 广告项目：童鞋广告

画外音："像妈妈的手一样柔软舒适。"比喻用在此处增加了产品的亲和力。

2. 广告项目：宜家广告

广告中男主角穿着纸壳做的衣服，坐着仙人掌般的沙发，显然这样的家具让男主角很不舒服。当男主角滑倒的时候，发出了很大的声音，将熟睡的婴儿吵醒了。当男主角洗澡时，搓澡的用具，也如仙人掌般刺手，他恨不得马上把用具换成兔子毛，好让他舒服一些。运用比喻手法将家具的不良性能很好地表现了出来，让人感同身受。

3. 广告项目：芬兰一家公益机构反对父母酗酒的广告

伴随着低沉的音乐，每个孩子脸上都露出隐隐害怕的表情，令人心生寒意。突然，画面中出现了可怕的怪兽，原来正是它们令孩子感到不安。它们与孩子一起吃午餐，看着孩子玩耍，牵着孩子走在回家的路上，为孩子系上安全带。原来这些怪兽都是孩子酗酒的父母。在广告的结尾，屏幕左方出现一句话：How do our children see us when we have been drinking? 这则广告运用了极度夸张的手法，将酗酒的父母比作让孩子们惧怕的怪兽，在令人震撼的同时，发人深省。

（二）暗喻

暗喻的本体和喻体的比喻关系比较隐蔽，把本体直接说成喻体，构成"本体是喻体"的格式。常用的喻词有"是""为""变作""成了"等。同样，在广告语境下，暗喻也常常省略本体和喻词。暗喻在广告中运用得也很普遍。比如东方航空公司的广告语"我们就是人类的翅膀"，把航空公司比喻成"人类的翅膀"，非常形象。

1. 广告项目：莫科索娃基金会广告

一个奶瓶从楼梯上滚下来，经过大街小巷，落到下水道里，随水流漂荡，然后镜头转到天桥边的排水沟、铁轨、乱石、马路，最后镜头转向婴儿房，一个婴儿伸出一只手，丢掉一个奶瓶……画面出现一句广告语：关爱弃婴的莫科索娃基金会。广告用奶瓶来暗喻婴儿，被胡乱丢弃的奶瓶就像被丢掉的婴儿，让人为之动容。

2. 广告项目：网络安全广告

谈及网络的东西非常不好表现，概念也比较抽象，受众对此难以理解。下面这则广告以暗喻的方式，让我们充分了解了网络安全重要性。

在一个房子里，住着母亲和她的一双儿女。一些看上去像是坏人的人来找她的儿子，她让她们进去了。一些穿着暴露、浓妆艳抹的女子来找她的儿子，她也让她们进去了。又来了一个拿着枪的机器人，来找她儿子，她也笑眯眯地让机器人进去了，随后机器人对着屋子一阵狂扫，把屋子弄得乱七八糟。最后来了一个陌生人，来找她的女儿，她竟然毫不犹豫地让陌生人把女儿带走了。当我们正在指责母亲的不负责任的时候，发现母亲在这只是个比拟，把网络不安全的事情，幻化成各类不良人群进入她家，把小孩教坏了，她却全然不知，可见网络安全是多么重要，否则母亲会后悔一生，痛苦万分。故事非常生动，将看不见、摸不着的抽象的网络安全化身为具体的形象，让人们一目了然，引以为戒。

（三）借喻

借喻的本体和喻体的比喻关系更加隐蔽，直接用喻体来代替本体，构成"喻体代本体"的格式。本体和喻词都不出现，只出现喻体。离开广告语境，借喻很难被准确理解，因此在广告写作中很少运用借喻。如华商广告公司迁址广告语：我们需要换更大的窝。用幽默调侃而不失机智的笔调，把公司新址比喻成"更大的窝"，以后者代替前者，在亲切轻松的氛围中让客户感受到主人对事业前景的乐观态度，传达出可资信赖的信息。①

1. 广告项目：车辆维修站广告

一个母亲带着儿子去看心理医生。心理测试完成，医生带着儿子出来，儿子面无表情，表情呆滞，而母亲问医生他儿子有没有当工程师的潜质，一点也不关心儿子的精神状态，只关心儿子的职业前途。于是医生开始劝这位母亲，他儿子有些精神方面的问题。他的抑郁是在后天培养中产生的，如果不帮助儿子树立自信心，他干任何事情都会缺乏动力，甚至逃避。而医生的作用，就是重建她儿子的自信心，对他进行疏导。但这并不是义务的。最后母亲额外付了高额的费用。但是物有所值，他儿子的病好了。结尾转入广告的主题，技师跟心理医生一样，车辆维修的服务是独一无二的。所以选用一家专业的维修站非常重要。两个情节看似不相关，其实是用了借喻的方式，讲述的是儿子看病的故事，以"修人"喻修车，思路独特，引人深思。

2. 广告项目：澳洲宠物狗保险公司广告

有些产品比较抽象，直接诉求的话人们会难以接受。通过喻体说明本体，人们比较容易理解。像澳洲宠物狗保险公司广告中，Bupa 公司找来了几只澳大利亚知名的狗狗，训练他们寻找那些没有抹防晒霜的路人。狗狗身上携带防晒霜，为正被暴晒的人们，提供方便。防晒霜瓶子上面写着"防晒救援，请保护好自己"。最后出现广告语："这些狗狗保护你的皮肤，而你可以来 Bupa 宠物狗保险公司来保护你的宠物。"

---

① 金常德：《佳喻生辉　妙语成金——比喻在广告写作中的作用》，道客巴巴，http：//www.doc88.com/p－6405225872810.html，最后访问日期：2018 年 11 月 22 日。

保险公司与广告一样，人们接触这类事物往往带有抵触情绪，但是看完这支广告，全然洗刷人们对保险公司的不良印象，甚至会觉得很有必要去买保险，广告中的狗狗就像亲善大使一样，在炎炎夏日，人们忘带防晒霜，正不知所措的时候，它们给人们帮助，如同天上掉下来的馅饼。广告的效果显而易见。

3. 广告项目：墨西哥 Amis 保险公司广告

这支广告让人印象非常深刻。男子正在工作，突然间遭受猛烈的撞击，笔记本飞了，纸张飞了，水杯打了，男子摔倒。这样的场面让观众诧异。到底发生了什么恐怖的事情？是地震了吗？是爆炸了吗？其实这只是打的一个比喻，广告的结尾告知我们，十个人开车就会有七个人开小差，最终导致车毁人亡。单纯说买保险没有像开头打个比喻这样更让人感同身受。意外总是在不经意之中发生的，这种不负责任的开车，结果只有一个，坠入深渊。

4. 广告项目：路虎车广告

广告中并没有出现汽车模型，而是拍摄了四个小伙子在山间跳跃。他们跨越了潺潺的溪流，迈过落叶纷飞的森林，满地落叶随着他们的步伐在空中飞舞，广告不断变换着场景，一些看似危险的动作在慢镜头的回放下，显得如此飘逸，整个广告看下来非常放松，没有压力。这则广告一改过去常用的厚重宏大场面，走清新路线。创意者将四个小伙子比喻成汽车的四个轮子，通过描述四个小伙子在山间灵活的跳跃动作，来衬托路虎车的越野性能非常好。不是直接用轮子的转动展现车，而是找来替代品间接表现，让人更容易理解。

5. 广告项目：约翰走路广告

广告展现了"人鱼"在水里像鱼一样自由游动，并在水面上欢呼跳跃，当"人鱼"真正从海里走向陆地的时候，它们就进化了，变成了真正的人，广告借助"人鱼"来讲约翰走路这个品牌的建立，只有勇于探索，才能不断创新。

三　比喻的作用

比喻可以让人们了解事情的真相，使人物或产品更为形象，增加画面感染力。

1. 广告项目：急支糖浆广告

两女子背对背在餐厅吃饭。其中一女子感冒，不断咳嗽。另一女子关心地问她的情况。突然这个咳嗽的女子，变为一个粗犷的男性，长满络腮胡，说话声音哑哑的，看起来病得不轻。这位去关心别人的女子也开始大咳起来，瞬间变为一个憔悴的老人。最后广告提示人们：赶紧使用含中药成分的急支糖浆止咳，这种惨状就不会出现了。

2. 广告项目：洗发水广告

头发上的头皮屑，东西太小，很难描述。但戛纳国际创意节获奖广告，将这些头皮屑演化成僵尸，全身惨白，没有任何血色。而且，画面从不同角度拍摄，像恐怖片一样，让人看了头皮发麻。比如，从背后拍人，人是跪着蹲地下的。同时，画面加快节奏，这时人抬起头来，看起来像猿人爬一样，受众心里会非常畏惧。这样的诉求，让人更加注意自己的形象，毕竟谁也不想变成那样。

第三节　幽默型创意广告

一　幽默型创意广告定义

幽默型创意广告通过比喻、夸张、象征、寓意、双关、谐音、谐意等手法，运用机智、风趣、凝练的语言对社会生活中不合理、自相矛盾的事物或现象作轻微含蓄的揭露、批评、揶揄和嘲笑，使人在轻松的环境中否定这些事物或现象。

幽默型创意广告要充分考虑目标受众的心理，以商品或服务为核心诉求。从审美角度讲，广告就是要设计得妙趣横生，吸人眼球。

二　幽默型创意广告类型

（一）普通幽默

这类广告以通常的顺向思维的方式让人们感受广告中隐含的幽默。

1. 广告项目：百威啤酒广告

一个庄园主手拿一瓶啤酒，行走在庄园中。一队小蚂蚁发现他手中的啤酒后，抬来一个钉耙。有一只小蚂蚁用小屁股挪动了一下钉耙，把庄园主打蒙了，小蚂蚁们得到啤酒后，列队离开。广告把蚂蚁的小心机和恶搞的动作结合起来，非常幽默。

2. 广告项目：黄页广告一

一个中年男子裤子破了，然后他一直试图找地方躲藏。他面对着街，背靠着墙，却没想到他什么都看不见的墙面玻璃里面的很多人看到了他尴尬的动作。随后他来到电话亭，帮一个女生捡掉在地下的东西，又一次暴露了裤子破了这一事实。在电话亭内，他急匆匆地翻看黄页，打电话……广告剧情设计幽默风趣，让观众充满好奇，一直想看下去……

3. 广告项目：黄页广告二

一个正要洗漱的男子，双手沾满了泡沫，这时电话响起，男子急匆匆赶过去，在途中撞到了杂物，男子露出痛苦的表情。男子拿起电话，对方已挂断。当男子继续洗漱，满脸泡沫时电话再次响起。男子表情无奈，电话另一头，两个老人开怀大笑，很明显这是两个老人的恶作剧。

该广告用幽默诙谐的方式来表现电话黄页的便捷。广告开头场景吸引人，让观众有看下去的意愿。电话响起，男子窘迫的状态，营造了轻松的气氛，广告贴近生活，条理清晰。

（二）冷幽默

冷幽默用意图不明显的、克制的陈述方式，故意把复杂的事情说得很简单，把严肃的事拿来开玩笑。冷幽默的后半部分是让人猜不到的，但是好奇心会让人继续猜，使人注意力集中。在此过程中把产品不知不觉灌输到观众脑中，观众在期待的过程中就会不断关注产品。这样的广告不常见，顾客思考或看的时间越长，广告的价值就越大。

广告项目：健力士啤酒广告

广告表现了女权主义的特征，采用了西方广为流传的俗语"女人需要男人，就像鱼需要自行车"。一群开怀大笑的女性玩飞镖，喝健力士啤酒，放松心情，享受快乐。镜头切换，迎面来了一辆车，开车的也是女性。她拎着包下来，打算到酒吧畅饮一番……这些本来男人们喜欢做的事，女人们也很喜欢。广告找来一位不婚主义的女子做代言人，该女子一直坚持女子不用依靠男人生活。没想到该女子到 66 岁竟然嫁人了。广告巧妙地把格洛丽亚·斯泰纳姆的亲身经历作为创意点，幽默中带着嘲讽，轻松诙谐地用两性关系来暗喻健力士啤酒的黑与白。

1. 黑色幽默

（1）黑色幽默的来源

它是 20 世纪 60—70 年代美国重要的文学流派。1940 年，法国超现实主义作家布勒东出版了《黑色幽默选集》一书，但这个词到 20 世纪 60 年代才风行起来。1965 年 3 月，弗里德曼编了一本短篇小说集，收入 12 个作家的作品，题名为《黑色幽默》，"黑色幽默"一词由此而来。

（2）黑色幽默的定义

黑色幽默是一种绝望的幽默，是一种用喜剧形式表现悲剧内容的文学方法。尼克伯克曾举了一个例子，通俗地解释黑色幽默的定义和性质。某个被判绞刑的人，在临上绞刑架前，指着绞刑架询问刽子手："你肯定这玩意儿结实吗？"因此黑色幽默又被称为"绞刑架下的幽默"。黑色幽默作为一种美学形式，属于喜剧范畴，但又是一种带有悲剧色彩的变态的喜剧。[①]

广告项目：香菇肉酱广告

一个小徒弟给师父送饭，师父吃了后感觉味道很好。就问小徒弟饭中加的是什么佐料，小徒弟把酱拿出来后，师父看到肉，很生气，就要打小徒弟，小徒弟赶忙说这不是肉做的，这是素的。

该广告所运用的这种表现形式使观众感受到了该酱的美味，让观众忍不住咽口水，想品尝一下。广告有效地推销了该产品。

广告项目：Canal + 电视台广告

故事的前半部分节奏非常紧凑，大洪水马上来临，能撤退的人们正抓紧时间登上挪亚方舟。这时候发现独角兽走丢了，于是派出牧羊人去寻找。他历经艰险，跋山涉水，终于找到独角兽，但这时意外发生了。这也是故事的高潮部分。他异常惊讶，因为在辨认独角兽性别的时候，他发现两只独角兽都是公的，无法繁衍后代。

之后镜头回到男主人公讨好女主人公的场景，原来这是男主人公借女主人公身上的独角兽即兴讲出的这么一段故事。最后出现广告语：我们都爱编故事，来看 Canal + ，获取更多的故事。

2. 荒诞幽默

从词源的角度看，"荒诞"一词来自拉丁文 absurdus，意思是不合曲调

---

① 《黑色幽默》，百度文库，https://wenku.baidu.com/view/898d0cb73968011ca2009144.html，最后访问日期：2018 年 11 月 22 日。

（out of tune）或无意义（senseless），其前缀 ab 作用是加强语气，后缀 surdus意思是聋（deaf）或被蒙住（muffled）。它原本为音乐术语，意为乐曲不和谐、不协调，后来其含义延伸为不真实、不合理、不可理喻，再后来引申为人与人之间不能沟通或人与环境之间的不可协调。现代广告则是取其不和谐，不合乎理性或不恰当，明显地悖于情理，因而可笑、愚蠢这一定义。[①]

广告项目：丁家宜防晒霜广告

广告画面非常美，校园气息浓厚。男主人公跟随女主人公家宜到了住所，发现家宜是吸血鬼，为了追求幸福，希望永远和她在一起，但又担心家宜白天不能见光，男主人公愁眉不展。这时家宜立马拿出了丁家宜防晒霜。最后广告语出现：丁家宜新一代防晒面霜，含有美白成分人参活性细胞，配合双效防晒防斑祛斑因子，抑制黑色素生成，淡化已经形成的色斑，美白滋养肌肤，再厉害的阳光直射也不怕，吸血鬼的肌肤就是这样完美。

三　幽默型创意广告作用

（一）幽默型创意广告能让人摆脱抵触心理，放松警惕

幽默是一种愉悦的体验，幽默型创意广告要塑造让人们感兴趣的点。像麦当劳广告，婴儿在摇椅中，看到麦当劳的标志就笑，看不到标志就哭。这类广告构思简单，让人们很容易就记住了这个品牌。

（二）幽默型创意广告可以刺激人的欲望，有益身体健康

有数据表明，人们在心情愉悦的时候，会有更多的血液流入大脑，从而有益于身体健康。

（三）幽默型创意广告独特的美学特征和审美价值，促进广告信息的传播

幽默比较符合当代人的心理，当今时代的设计，已经摆脱传统单一思维的束缚而向多元化的沟通发展，并唤起受众的参与，其新颖而多样化的表现方法，体现了当代设计求新、求异、求奇的设计理念，是变化

[①] 《荒诞哲学》，百度百科，https：//baike. baidu. com/item/% E8% 8D% 92% E8% AF% 9E% E5%93% B2% E5% AD% 6/4424939？ fr = aladdin#1，最后访问日期：2018 年 11 月 22 日。

的、富有人性的设计风格，它可以减少人们的压抑和忧虑，给人轻松愉快的感觉。幽默型创意广告将深层寓意包含在风趣、机智和戏谑中，使人们在轻松愉悦的精神享受中不知不觉地接受对方观点。正如钱锺书先生所说："幽默是别有会心，是不论相距多大时空的莫逆于心，相视而笑。"①

（四）幽默型创意广告能淡化功利色彩

从美学上讲，创造幽默基本的前提是使心灵摆脱与事物之间的功利关系，尽可能使心灵处于自由的状态。幽默广告将创意主体的敏锐和巧思，通过轻松诙谐的情节表现出来，使广告充满浓郁的感情色彩和具有艺术的美感，从而淡化广告的功利色彩。

（五）幽默型创意广告提升广告的品位

幽默型创意广告是智慧的结晶，它具有艺术性、情趣性、思想性等特点。诙谐幽默的语言及夸张、戏剧性的情节，为商品树立了积极向上的形象，提升了广告的品位。

第四节　拟人型创意广告

一　拟人型创意广告定义

什么是拟人型创意广告？就是在广告中将事物的形象加入人的形象特征，赋予它们新的生命形式，使其人格化。此种方式可以拉近产品与人的距离，使得这种产品看起来异常亲切。人情味与幽默感，再加上生动的故事情节，使广告更赋有表现力。这类广告往往不直接宣传产品，而是从侧面来打动观众。

二　拟人型创意广告特点

（一）具有生动性、形象性，制作动态效果

1. 广告项目：相机广告

本身这类的事物，它的功用让人理解起来比较困难，但是把它比喻成

---

① 汪欣：《解读平面广告的幽默表现和作用》，豆丁网，http://www.docin.com/p-834679742.html，最后访问日期：2018年11月22日。

黑壮汉，就很容易被人理解。比如表现微距，就让黑壮汉趴在离蛋糕只有一厘米的地方，黑壮汉身体前倾，动作夸张，面无表情；比如表现内存满了，就让黑壮汉不停眨眼睛；比如拍个特写，黑壮汉就把他硕大的肌肉隆起；比如拍摄的速度慢，拍摄的主角跑了，黑壮汉就大发脾气。整个广告非常搞笑，黑壮汉代表的相机和摄影人小鲜肉形成了鲜明的对比。

2. 广告项目：Scotts 草坪广告

一只鹿在草坪中自由奔跑，感觉草坪又舒服又柔软，然后它把蹄子像鞋一样脱掉，就如同一个孩子一样。脱鞋以后，小鹿活蹦乱跳。最后广告语显示："这里实在是太棒啦！"这里选取的动物具有人的思维。鹿本身是食草动物，却没有去吃草，而是在草坪上玩，突出草坪的优点。

其实草坪这类主题，很难有好的创意，因为一般人不够熟悉。这则广告让人感觉非常暖心。小鹿的人格化特征深入人心，获得受众好评。

3. 广告项目：Google 广告

广告中把 Google 假设为一个男人，而且总是有求必应。帮助人们解疑，很有担当。人们总会问一些奇奇怪怪的问题，似乎在考察 Google 处理问题的能力。过去人们头脑中，对搜索引擎的印象一直是一种物态，不会存有什么感情。但现在它演变成一个老男人以后，人们终于知道自己所问的问题是什么水平。比如徒步到欧洲，又比如什么是比特币，Google 都能应答自如。当小孩问到一些敏感问题时，Google 会像一个大人一样教育他。人们会感觉 Google 也像人一样有责任感。当问及一个很幼稚的歌时，Google 的表情也是一脸无奈。还有同一类的问题，反复发问，比如问《泰坦尼克号》，问完了又问《泰坦尼克号》的画面，再问《泰坦尼克号》画面中的画面，Google 老男人总是很有耐心，热情解答……一个陌生的物，演变得像人一样，理解这样的广告，零难度。

（二）创意中加入搞笑的元素

1. 广告项目：Shera 天花板广告

泰国广告导演素森曾说："搞笑元素是为故事服务的，你得有打动观众的欲望。"这则广告讲述由于天花板质量不过关，一只壁虎从天花板上掉下来，另一只更是在伴侣不幸坠落身亡时，坚定地选择了跳下去。广告非常有创意，主要目的是想突出 Shera 天花板的持久耐用性，引导人们不要选取其他的低劣产品，避免遇到不幸的事情。

2. 广告项目：Napia 纸巾广告片《萌猪擦马桶》

一头幼猪用蹄子夹着纸巾擦马桶，让人感觉很新鲜，猪都像人一样聪明了，怎能不让人印象深刻。看惯了表现纸巾的柔软性、舒适性的广告，却没有看过猪能像人一样干活，这纸巾竟具有如此魔力。Napia 纸巾的广告让人印象深刻。

3. 广告项目：汽车广告

主人把满是泥浆的汽车停在路边，汽车不满，将泥浆甩到主人脸上。画面将汽车发脾气演绎得活灵活现，广告充满趣味性。

（三）借助卡通形象，模拟人的声音，营造幽默风趣的氛围

1. 广告项目：统一绿茶广告

统一绿茶中可爱的虫子形象给人们留下了深刻印象。虫子儿子问父亲："我们要到哪里去啊？我饿了！"父亲对儿子说："耐心等待，我们快到顶啦！"儿子说："我不能再等啦，我就喜欢这个！"父亲严厉地说："不要品尝，我们有我们的目标！快点！最顶上的是最好的！"然而这时，一个农夫把这片叶子的顶端摘了，小虫子顿时大哭："我要最顶上的！"然后小虫子就开始反复念唱："给我最好的树叶，给我最好的树叶……"

大家看这样的广告，就像看卡通片一样，心情舒畅。虫子的表情丰富多样，对话幽默风趣，简单准确地阐明了主题。单纯介绍产品，顾客一定很反感。加入戏剧化的故事，观众就能完全融入场景中，忘记是在看广告。

2. 广告项目：酷儿饮料广告

酷儿饮料广告设计了一款迷人卡通形象。"酷儿"每每喝完酷儿饮料，就会说一声："酷！"这种虚拟的小人，源于儿童形象。这种传播方式，老少皆宜，与受众互动频繁。

第五节　概念型创意广告

这类广告中的概念，可以是人从没听过的，也可以是人从没接触过的。它可以对一个人的人生有着重要的影响。或者这种概念带给人一种全新的体验，甚至让人终生难忘。比如有的广告推出买断记忆概念，人可以出卖自己最美好的记忆，广告中加入这种概念，犹如看科幻大片一样，可

以达到不可思议的效果。

1. 广告项目：汉堡王广告

Google 在 2017 年秋天推出了名为 Google Home 的人工智能管家。它可以用语言唤醒，并自动回答主人刚刚提出的问题，既聪明又受到大众的喜爱。

汉堡王广告一向推陈出新，在奥美公司的联合运作下推出了 15 秒的广告。因为电视广告的播出时间非常有限，没有办法把汉堡王的所用食材一一介绍清楚，就在广告中让推销员提出了一个问题："好吧，Google，什么是皇堡？"

话音刚落，Google Home 小管家就被唤醒了，开始自动搜索，硬是把 15 秒的广告变成了极为细致的专场解说。这则广告在首次放送的 48 小时内，获得 1000 万次的浏览量，登上了各大社交网站的热搜榜。赚得了相当于 3500 万美元的免费媒体报道，创造了原来 5 倍的品牌价值。

2. 广告项目：妈妈立体书广告

妈妈立体书可让人们记录怀孕经历，女人身体的变化在书的凹凸设计中全部展现出来。

画外音："怀孕和孩子的出生，是人的一生重要的体验。Bell-Net 产科学将带给你一个不一样的体验。它将给你一本神奇的书，来记录这次经历。它与妈妈的身体变化一起成长，妈妈怀孕第 40 周的变化是这样的，妈妈立体书的记录，可以用来以后给宝宝讲解成长经历。每一页的记录，帮助了解宝宝的成长状态。4 周左右的时候，血管和神经开始生长；26 周的时候，宝宝可以品尝母亲吃的食物；等到第 40 周，宝宝已经马上就要见到他的母亲。"广告语：在怀孕期间的记录，就是给宝宝最好的礼物。

同样是一款概念简单，但功能很妙的产品，每翻过一页，书的凸起程度都在发生改变，从而预示准妈妈的体型变化，帮助她们更直观和更简单地了解自己。好的设计，真的无须更多的语言表达，甚至不需要说明书。

3. 广告项目：广告牌广告

Misereor 是一个德国公益组织，致力于帮助第三世界摆脱贫困，于 1958 年成立。来自德国汉堡的创意代理商 Kolle Rebbe 以 POS 机为原型，帮助 Misereor 制作了一个可以刷卡的广告牌——Social Swipe，让人们的捐赠过程变得更简单。

创意的玄机在于刷一次卡，不仅切开了显示器上的面包和束缚双手的绳子，并且也实实在在地为贫困人群捐出了 2 欧元。当信用卡刷卡数据被验证后，广告牌中的面包就会被拿走，同时出现感谢话语，这种即视感，让人们觉得捐赠似乎立马见效。

4. 广告项目：博物馆推广广告

广告理念是将凡·高画上的卧室还原，做成实物的样式，相似度在 95%。比如将椅子做旧，模拟桌子上的蓝色花瓶。这种想法很新奇，人们还可以直接去体验住宿环境。博物馆收获了无数的粉丝，让人流连忘返。

5. 广告项目：洗手的"爱心粉笔"广告

在印度有些地方，小朋友一直保持着用手抓饭的习惯。而且，洗手不喜欢用肥皂，这样就会把很多细菌吃到嘴里，导致成千上万的儿童死亡。因此，ITC Savlon 开发了一种新产品，即专门为学龄儿童设计的"粉笔肥皂棒"。这则广告就展示了肥皂棒的使用方法。肥皂棒是将孩子们日常用的粉笔，融入白垩粉和皂粉，增加杀菌成分。这样，孩子们会在每天的学习中不知不觉使用肥皂棒，将粉末沾满双手。饭前洗手，将细菌也冲走了。这种肥皂棒被引进印度各个学校，登上了各大媒体的头条，这也引起了其他学校和民间组织的注意，得到了印度最大的学生午餐供应商之一 Akshava Patra 的认可，他们希望更多的学生能用上这样的肥皂棒，并且免费派送。

第六节　想象型创意广告

一　想象型创意广告定义

想象，是在已有知识经验的基础上，在头脑中建立新事物的形象的心理过程。想象是人所特有的一种心理活动，是在人类实践活动中产生、发展起来的，同时也是人类实践活动的必要条件。人们通过想象，可以丰富知识，理解事物，创造事物，预见行为。正如爱因斯坦所指出的："想象力比知识更重要，因为知识是有限的，而想象力概括世界上一切，推动着进步，并且是知识进化的源泉。"[1]

---

[1] 《广告创意中的想象》，百度文库，https://wenku.baidu.com/view/f20518ecb8f67c1cfad6b8f7.html，最后访问日期：2018 年 11 月 22 日。

二　想象的类型

想象可分为再造想象和创造想象。在现实中，人们对于客观存在的，但未曾遇到过的那些对象，凭着语言文字的描述或图示，会在脑中有关的表象基础上建立起相应的形象。这种依据语言的描述或图示，在人脑中形成相应的新形象的过程，叫作再造想象；不依据现成的描述，而独立创造新形象的过程，称作创造想象。这种东西完全是技术塑造出来的，如巧克力制成的大海，人造机器。它用来打造人梦中的东西，或者向往已久的东西。就像超现实艺术一样，完全是现实之外的，人的手和脚能长一块，头长在脚的上面，人脸的侧面和正面出现在同一个画面里。类似于大师毕加索的复像构成理论，将不同类别事物结合在一起，打造非常奇妙的视觉形象。

1. 广告项目：宜家床广告

让我们惊叹的还是那则宜家床广告。整个床漂浮在万米的云层中。床的感觉如此真实。女主人公从其中一个床上跳到另一个床上，姿态如此自然，就像在云中遨游。我们可以想象出床的舒适度，产品的优点不言而喻。特技让想象的空间和真实的空间同台上演，亦幻亦真。广告让人大饱眼福。

2. 广告项目：巧克力酱的广告

广告中，爸爸和儿子一同吃巧克力酱，爸爸以玩笑形式告诉儿子，巧克力酱有促进生长的作用。于是画面一转，儿子突然长大成人，并且秃了头发。这样的儿子开车去上班，车子在两辆大车中惊险前行，儿子像大人一样经历各种各样的事情，后来发现自己根本不在行。最后儿子对父亲说，自己的巧克力酱不吃了，让给父亲了，父亲的小聪明得逞。迅速变大是一件夸张又充满想象力的事情，整个故事充满幽默感。

3. 广告项目：Old Spice 广告

广告为表现主题，有时会用虚拟人物。这个人物往往是画面冲突中的一个主角，而 Old Spice 用了一个机器人。这个机器人与真人非常相像，但是不同的是机器人是由金属和线路组成的，所有的接缝都裸露在外边。

（1）系列广告一

女主角语："你是我见过的发型最帅的男人！"男主角机器人语："我

喜欢溜旱冰，还有意大利比萨饼。"女主角语："想不想出去走一走？"男主角机器人语："好的，我……"话还没有说完，这个时候男主角机器人所戴的面具掉了下来，剩下裸露的电路。女主角语："是不是想说我喜欢。"画面结尾出现广告语：让你从头到脚更像男人。故事的创意点在于使用了 Old Spice 香氛，看起来更像男人，更具有魅力，更能讨女人的喜欢。

（2）系列广告二

女主角语："哦，谁压到我啦？"男主角机器人语："对不起，但我起不来了。"女主角语："那你不用起来了！"

女主角在沙滩上躺着，突然被机器人砸在身上，刚开始是震惊的，但随后闻到机器人身上的味道，却又不想让他起身了，反映出了香水味道好闻，且对异性有着较强的吸引力。用机器人作为男主角，更能突出香水对异性的吸引力。此刻用幻想出来的人物，比用真人更适合。它是一个人内心的替代物，更适合称作影子。

4. 广告项目：饮料广告

广告把人的头部设计成一个魔方，可以自由地扭动，组合成各种形状。本来人的五官都不在正确的位置上，但是喝了一瓶饮料以后，五官开始自由移动，最终恢复了原来的面目。饮料的神奇魔力不言而喻，从另类到恢复正常，带给人们不一般的体验。

5. 广告项目：三星广告

广告讲述一只鸵鸟的奋斗史。众多鸵鸟中再普通不过的一只鸵鸟，因为使用了三星摄像机，视野变得与其他鸵鸟大不一样。它看到更多、更奇幻的场景。比如云层中的奇妙景象，这是它从来没有见过的。它浮想联翩，试图飞起来，但是它失败了。它没有放弃，一直不懈练习。一天太阳升起之后，它终于飞上了天。然而其他的鸵鸟只能在陆地上跑，远远地望着它。这只鸵鸟创造了奇迹。最后突出广告主题：我们能制造我们过去所不能制造的，所以你能做我们过去不能做的；竭尽所能做你想做的。

这则广告的成功之处就是塑造了典型动物，将现实与超现实融合在一起。

6. 广告项目：廉价航空公司广告

广告目的是让更多的人去坐廉价飞机，有证据表明澳大利亚有 77% 的人，一年坐飞机不会超过3次。

广告塑造了一只有着想飞起来的梦想的鸡。它不断努力尝试，屡屡失败后，流下了伤心的眼泪。但它没有灰心，当它看到飞机飞过的时候，它振翅起飞，终于飞到了高空。最后出现的广告语"加入飞行俱乐部，成就不一样的梦想"给人很大的启发。

三　想象型创意广告作用

想象型创意广告可以很好地引起人们的联想。古希腊的亚里士多德认为：一种观念的发生，必然伴随另一种与它接近的或相反的或类似的观念的发生。这种在空间上或时间上的接近、对比和类似的观念的联系，被称为三大联想律：接近律、对比律和类似律。但近来又发展为四大定律。一是接近律，即时间或空间上接近的事物容易让人产生联想。例如，到南极就会想到企鹅，端午节想到粽子、龙舟，炎热想到冰激凌、火炉，等等。二是对比律，即在性质或特点上相反的事物容易让人产生联想。例如，由白天想到黑夜，由寒冷想到温暖，由海洋想到陆地，由胖想到瘦，等等。三是类似律，即在形貌和内涵上相似的事物容易让人产生联想。例如，前面的那则鸵鸟广告就容易让人联想到奋斗的年轻人，在经历数次挫折之后，终于到达了胜利的终点，创造了奇迹。四是关联律，即在逻辑上有着因果关系的事物容易让人产生联想。例如，饥饿与就餐，贫穷与落后，酒后驾车与事故，等等。

第七节　夸张型创意广告

一　夸张型创意广告定义

夸张型创意广告以销售物品的卖点为基础，并对其进行夸张描述，从而最终使消费者对物品记忆深刻，达到销售的目的，实现广告的价值。

二　夸张的准确定位

这种定位在于找准一个点。这个点是在众多点中选取的，它最能体现产品的特色。或者说这个特色最能给观众留下深刻印象。描述刀刃非常锋利的广告，苍蝇飞到刀刃上，瞬间被一斩两半；描述辣椒酱辣的广告，蚊子享用完辣椒酱人的血，得意扬扬地飞走了，但在一瞬间就爆炸了，这种夸张既合情合理，又描述非常到位；有的小孩看到不肯喝牛奶的小孩，骨头非常脆，于是猛喝牛奶，再也不敢挑食。夸张型创意广告能起到很好的效果。

三 夸张型创意广告使用技巧

（一）运用艺术手法夸大或缩小指称对象的某一特征

比如描述魔法师的法力，魔法师用眼睛盯着叉子看就能把叉子弄弯，吃盘子就跟吃汉堡一样。广告把现实中本不可能的事情变成可能。再比如，一个穿皮草的模特走过，她突然感觉脖子被东西卡住，然后视频中出现很多动物，她身后是一摊血水……广告让人自然而然联想到虐杀动物，人物夸张的表情和广告夸张的结尾都给人以警示。

1. 这个特征可以是自身或者别人带来的状态的改变

广告项目：龟被环球牌腋下止汗喷剂和爽身粉广告

夏天，一个女子去餐厅吃饭，打扮得非常靓丽。但美女进入餐厅后，她腋下有一股难闻的气味，厨师表现出呼吸困难的神态，进而倒在地上，然后迅速找出防毒面罩戴在头上……然后，一只虫子飞过她的身边，接着倒地而亡……最后出现广告宣传产品——龟被环球牌腋下止汗喷剂和爽身粉。

2. 加大夸张的力度，可以让人们更进一步感受产品的功能强大，使广告的内容更充实

（1）广告项目：垃圾袋广告

广告的开头是一个男子踩在梯子上，装一个精致的吊灯。突然吊灯从男子的手中滑落，落到地上并冲破地面，继续下落到下一层。这一层是一家人围在一个长桌吃饭，吊灯冲破桌面和地面，继续下落到下一层。就这样，吊灯不断冲破障碍，一层一层下落。最后一位老太太优雅地拿出一个垃圾袋，接住了吊灯，并且丢到门外。夸张在这则广告中得到了很好的运用，一个吊灯可以穿过人类用钢筋水泥制造的地面，表现了吊灯下滑时的冲击力大，并突出了塑料袋结实这一特征。

（2）广告项目：纸尿裤广告

一家三口开心地在海边玩耍，妈妈在沙滩上舒服地躺着，婴儿高兴地奔向海里的父亲。当婴儿下海的时候，海水的水位慢慢地下降，一会儿海水全干了。原来是婴儿纸尿裤的作用。吸干海水本是不可能的事，广告从侧面运用夸张的手法显示出纸尿裤吸收性能好。夸张手法的运用让观众大为赞叹。

（3）广告项目：强力胶广告

一个老奶奶正悠闲地晃着躺椅，突然躺椅不动了，老奶奶表情愕然，睡不着了。然后去查看究竟，发现是强力胶粘住了躺椅，所以躺椅不动了。故事虽然简单，但是把强力胶的黏性大很好地表现了出来。

（4）广告项目：吸水纸广告

海上刮起大的风浪，一艘船摇摆不定。一卷纸，跑出窗外，滚到海里。然后船不动了，船长一看，海水都被纸吸干了。广告十分夸张地表现了吸水纸的吸水功能，让人捧腹大笑。

但此时应当注意，广告过于夸大吸水纸的作用，可能会走向另一个极端，即被误会成虚假广告。

3. 运用变形的表现手法

广告项目：男士香氛广告

一男士去应聘，在办公室里，面试官问他想成为什么样的人。该男士开始变形，头缩进衣服里。随后面试官也开始变形，头也缩到衣服里。然后他们钻进地毯，向对面的人物爬去，彼此交换成功。男士想成为面试官一样的人物，最后他被录取了。这一切都是因为他抹了男士香氛。

（二）夸张和烘托的联合运用

夸张和烘托在很多的广告中都有运用，烘托是一种对指称对象的存在环境和条件进行渲染，以衬托指称对象的某一特征的表现手法。运用夸张和烘托表现手法的影视广告，会产生很大的视觉、听觉冲击力。广告词相对来说高度凝练，吸引受众注意力。

1. 广告项目：雪碧广告

夸张和烘托的手法在碳酸饮料的广告中经常被用到。炎炎夏日，一群年轻人百无聊赖，喝了雪碧后，大家互相撞击。碰撞之后溅起一大片一大片清凉的水花，给人们带来一丝凉意。整个画面以一句简短的广告语结束：雪碧，透心凉，心飞扬。

2. 广告项目：UG 纸尿裤广告

镜头里两个女生在图书馆看书，走着八字步，像个鸭子一样，高一脚低一脚，非常难看。一群老年人迈着八字步锻炼，虽然留下的仅是背影，但是让人感觉很不舒服。同样，去地铁的一群人，样子极为难看，男女老少，摇摇摆摆，有的甚至拄着拐棍。这时广告语出现：你的小孩，也不希望长大了变成这样。最后回到广告主题：使用 UG 纸尿裤，孩子长大，就不会走路如此难看。整个广告既用了夸张的手法，也用了烘托的手法，能让观众产生共鸣，认准 UG 纸尿裤。

广告实际上打的是一个心理战。孩子是一家人的希望，所以家长会格外关注孩子成长中的不利因素。这也是广告成功的原因。

（三）夸张过程中带有荒诞的元素

广告项目：彩虹糖系列广告

彩虹糖这一系列的广告都比较荒诞、离奇，但很有吸引力。比如在关于彩虹糖是从哪掉出来的广告中，天空突然飘来一朵乌云，让人感觉非常压抑。然后女主就带着乌云去看病，接着乌云打了个闪，从云中掉下大量的彩虹糖。这时，乌云变得清澈透明，如同生病的人完全康复一般。彩虹糖才是乌云的病因。整个故事充满神奇色彩，让人想一探究竟。

另一则彩虹糖广告中，男主人公带狗散步，来到苹果园，但是苹果树上不长苹果，长的都是彩虹糖。人们从没见过这样的树，所以很好奇。

（四）夸张和对比的联合运用

广告项目：香水广告

在海边，一位美女溺水了，周围有一条鲨鱼，帅气的救生员不顾安危将美女救回。正常的逻辑思路是英雄救美，美女应该感谢。但就在救生员把美女救起来的时候，她突然看向远方，一个宇航员缓缓走来，美女推开救生员，跑向宇航员，让人非常意外。其实真正迷人的不是宇航员，而是他身上的香水。宇航员突兀的出现，为整个广告增加了趣味。宇航员与救生员的对比突出了香水的魅力之大。

（五）夸张自然融入故事

1. 夸张的故事中带着幽默

以泰国广告为例，因为泰国是一个带有神秘宗教色彩的东南亚国家，有着浓郁的地域风情，所以它的广告立足于自己国家的文化传统，并且借鉴广告发达国家的经验，形成了一种独特的表达方式。

泰国广告重视幽默创意，但与欧美内敛低调的幽默相比，泰式幽默比较夸张。泰国人善于从戏谑的角度看尽人生百态。连痛苦甚至死亡，都能透过幽默的三棱镜变得奇幻多彩。

（1）广告项目：泰国普利司通轮胎广告

一只小狗看见自己的女友偷情，黯然神伤地丢下叼着的两块骨头，狂奔到车水马龙的公路上，准备殉情。这时恰好来了一辆大货车，本来以为凄惨的一幕会上演，但奇迹出现了，小狗毫发未伤。原来飞驰的大货车用的是抓地力强、可随时急停的普利司通轮胎。

（2）广告项目：电池广告

店主人为招财猫换了新电池，随着季节的变换，招财猫一直在变换着衣服，但一直没有停止招手。后来，店里的机器人爱上了它，时间过得真快，它生出五只小宝宝，仍一直没有停止招手，电力着实惊人。广告通过夸张的手法和幽默的故事，将电池的持久耐用很好地表现出来，给人留下深刻印象。

2. 故事情节简单，通过安排一两个环节，人们可以清楚地知道产品的优点

广告项目：玉兰油沐浴露广告

一位女士俯卧着等待按摩服务，服务员刚踩到其背上就滑倒了，只因她的皮肤太光滑了。广告故事情节简单，运用夸张的手法，描述使用该款沐浴露的顾客的皮肤很光滑。

四 夸张型创意广告作用

首先，合理适度的夸张型创意能够引导受众的思维，激发受众无限的想象力。夸张型创意广告可以将所要表达的对象或者情感更加直观地展现出来。这样的表现形式，能够使受众更好地了解夸张背后蕴含的信息，有利于提高广告的理解度，增加广告的附加价值。

其次，夸张型创意广告可以帮人们养成良好的生活习惯，通过一个人们不希望看到的反例引导人们向着相反方向思考。

其一，事态描述夸张。

广告项目：戒烟广告

一位男士很喜欢吸烟，他的嘴里、手上、身上都弥漫着烟味，一天晚上，他正与女朋友拥抱、接吻，两个人都闭上了眼睛，尽情享受浪漫的时刻。此时，他的女朋友睁开眼睛，发现自己正在和一个烟灰缸接吻。男士的头变成了一个巨大的、存满灰尘的烟灰缸，女子脸色骤变……

其二，动作、语言夸张，这种夸张一般具有比较高的文化价值并极具推销力。

广告项目：正版带广告

公司中，两位同事聊天，其中一位同事对另外一位同事说昨天看了"泰坦……"，实际上是说看了电影《泰坦尼克号》，但因为使用的是盗版带，所以不停地在卡带。这位同事夸张的动作和语言，让观众牢牢记住买盗版带就容易出现这样的卡带现象。

最后，夸张可以让人身心放松，陶冶人的情操。

五　夸张型创意广告注意事项

首先，夸张要合理，要表现正确的价值观，不良价值观会将人带入歧途。

广告项目：大众汽车广告

故事中，一位领导正在表扬下属聪明能干，并说他很快就会晋升。接着镜头切换的一幕特别令人惊讶，下属直接把领导从窗台推了下去。广告把下属的不良心态表现出来，映射大众汽车更新换代速度之快。但是这种诱导人们犯罪的广告将迅速被取缔。

其次，夸张广告与虚假广告一墙之隔，夸张并不等于欺骗消费者，应当合理地把握尺度，借助想象，对广告作品中所宣传对象的某个品质进行艺术性的夸张。它首先要符合广告的感性形象真实性的原理，如果一个人对广告所提供的产品形象产生购买欲望并付诸行动，可是买回来的产品不是那么回事，如去屑洗发水不能去屑，那么这则广告的夸张艺术就是失败的。

再次，夸张手法的运用要能够给人一种"既在情理之中，又在想象之外"的感觉，要充分发挥想象力，创造独一无二的宣传效果。

最后，夸张要保证定位准确。针对不同产品的不同诉求，夸张应运用在最有卖点的地方。要分清主次，确保辅助元素不会喧宾夺主。所选的主体必须合理准确，能更好地突出商品的特征。

第八节　特异型创意广告

特异往往给人的感觉是特立独行，与众不同。它是指有一个东西与其他的事物不一样，在其他的事物中异常突出。像广告中塑造的大头娃娃形象，非常怪异。还有的小孩长着大人的身子，像大人一样开会上班，但是还保持着童真，看到女同事戴着的耳环，忍不住上去摸一把，穿梭在大街上，显得特别与众不同。

1. 广告项目：反对酒驾公益广告

整个广告塑造了一个奇异的人。这个人长得非常另类，丑陋不堪。他脸上堆积着厚厚的脂肪，看起来像一个球。并且胸部长了超级多的脂肪，可以保护他羸弱的胸腔不受车祸的撞击。大头加畸形胸腔，现实中谁也不想长成这个样子。只有这样，人们才能在车祸中侥幸生存。这是几位专家在实验室重新塑造的人物，颈部不再被折断，头部抗撞击性增强，人们用"前所未见""惊人"来形容这个重塑的人。这则广告给人以警醒，比简单的说教更容易让人们接受。

2. 广告项目：化妆品广告

广告将母亲的脸替换成一个光滑的椭圆球，画面非常另类，暗喻母亲使用了化妆品以后，脸上的皱纹消失了。

第九节　说明型创意广告

说明型创意广告是对人们不熟知的东西，进行一个详细的说明。

1. 广告项目：眼语书广告

其实这一种书是专门为渐冻人服务的，教渐冻人如何表达思想。渐冻人只要眨眨眼睛，就能写出想表达的意思。

2. 广告项目：台湾宜家系列广告

台湾宜家系列广告分为三步走：第一步，用画面陈诉遇到的困难；第二步，讲述新一代宜家产品的功效、价格；第三步，讲述产品使用后的效果。比如第一幅图，讲述有老人年龄大了，行动不方便，走路还要挂拐棍；第二幅图，讲述宜家双人沙发床上新了，价格只有 4990 元；第三幅图，讲老人躺上去非常舒心。

再比如第一幅图，讲述一男士遭遇分手，伤心欲绝；第二幅图，讲述宜家上新的杯子，是一个玻璃杯，价格便宜，才 19 元，重点是突出玻璃杯让人学会坚强；第三幅图，讲述男子买杯子后，情伤已治愈。

还有一则广告是第一幅图讲述外边电闪雷鸣，突然停电了，男女主人公都很紧张；第二幅图讲述他们买了宜家的蜡烛；第三幅图讲述男女主人公在烛火通明的屋子里，相互依偎。广告看起来像看图说话，但是生动有趣。

3. 广告项目：德国蓝色净水器广告

女子喝了被污染的水，犹如喝马桶里的水，这样的画面让人难以忍受，立刻有买净水器的冲动。二维替换的手法使得水杯变马桶非常容易，加上整个画面是动态的，尤其是脏水的流动渠道，这些在现实中是体会不到的，因为水管中的水是看不到的，但通过二维动画人们不仅能看到水的流动，还能知道受污染的严重程度，直观又形象。

第十三章　动画广告的创意

第一节　二维动画创意广告

一　二维动画的定义

二维动画在创作中吸取了漫画、速写、中国画等绘画艺术的特点，画面具有类似于绘画作品的平面装饰效果。速写是将现实生活中的形象提炼为简洁的线条，漫画是用夸张、幽默、诙谐的手法来描绘生活，二维动画吸取了这些特点，将现实生活中的形象概括和提炼，并进行夸张变形处理，用简洁而富有表现力的线条和轮廓来绘制艺术形象。

二　二维动画创意广告的技术特点

二维动画的特点在于在其动画制作过程中需采取一直沿用关键帧的办法，即要对现实中的对象进行长时间的观察和临摹，包括角色的形象、结构、习性以及习惯动作，之后充分发挥想象力进行艺术夸张，把每一个对角色形象的性格塑造有帮助的要素表现出来。此时的角色动作创作，在完成上述的艺术夸张的基础上，进行提炼，画出关键的特点动作。并在这些关键帧之间，根据角色的不同性格所需要的节奏，画出数量不等的中间画。这种创作办法，从生活出发，提炼并塑造出鲜明的性格，使角色动作实现手段更加科学有效。因此，在动画大规模工业化生产的形势下，关键帧的方法一直使用至今，即我们常说的二维动画。这种方法把自然界中不存在的事物，人为地幻想出来。虽然常常受到自然界中特定的自然形象的影响，但是这些形象既有别于自然物象，又与自然物象相似，有一定的动作状态和联系，既源于自然又高于自然，符合大自然的一些法则，符合人的视觉及知觉规律，因此很容易为观众所接受。用这种方法制作的影片，角色动作流畅，且个性鲜明，剧情发展节奏感强，使观众更容易感受到动画工作者想要传达的精神。

三 二维动画创意广告的优点

（一）制作简单，成本低，视觉效果一目了然

1. 广告项目：日本的尼桑汽车玛驰系列广告

车既小巧又灵活，非常适合用二维线条来表现。线条有粗有细，人们能从中体会到虚实、远近、高低、厚薄。更重要的是，二维线条带来了一定的韵律感，使广告作品更有表现力。

2. 广告项目：奔驰汽车广告

广告画出一个小车的外形，外加两个轮子，道路也是用一根线绘制而成的。画面简洁生动。然后将小车排成队，画面壮观，层次感强。还可以将小车排成数字，突出小车的性能好，想摆成什么样的形状，就扭转到什么样的角度。这种做法就像变魔术一样，让人惊叹。受众看此类广告犹如回到童年看动画片，十分有趣。

3. 广告项目：飞利浦电动剃须刀广告

广告提出："父亲节送老爸飞利浦电动剃须刀，他的下巴会因为你的爱而更光彩。"然后用二维线条勾画了一个老爸的下巴，线条纤细，非常醒目。画面非常干净，传达的视觉元素非常单一。

（二）艺术效果强

1. 二维动画经常杂糅很多艺术表现手法，比如夸张

动画中的夸张手法的运用则更是动作质量好坏的关键，如我们常见的汽车刹车的一刹那在动画中表现出的变形、人物从高处降到地上一刹那的变形等。夸张是动画产生喜剧效果的最重要的手法之一。人们看广告忍俊不禁的时候，就记住了广告。人物可以通过夸张变形表现疯狂的一面，也可以像小头爸爸、大头儿子那样表现喜剧化的一面。

铁路那则公益广告，小人各种自寻死路的方法，新颖又奇特，给人们带来很好的联想。鲜亮的色彩，卡通可爱的造型以及紧凑的节奏，带给观众强烈的视觉快感；幽默虚拟的形象，带给观众无限欢乐。过去我们在动

画片中看到的很多形象，如佩奇、乔治、米老鼠、唐老鸭，可以直接放在广告里用。借用原有的动画形象可以起到很好的附加宣传作用。

2. 二维动画创意广告有着很多现实拍摄所没有的艺术内涵

如 2007 年获得伦敦国际广告奖 Television/Cinema 部门金奖的《头发是女人的生命》，就是由 Production I. G 公司为花王洗头液商品制作的二维动画商业广告。广告对女性头发的飘逸的描述非常到位，并具有艺术性和观赏性。现在很多网络广告也喜欢用这种艺术形式，或配合漫画使用，如顺丰大当家广告。二维动画对网络的硬件要求少于三维动画。

广告项目：《气球也疯狂》

这是巴西广告公司为 MTV 做的一个创意宣传广告。用 1 颗钉子在 1 分钟内刺破 600 个气球，同时气球上连续的卡通图案，组成了一个有趣的动画电影。

这个广告用了独特的形式，不同于以往那些在一个平面内讲故事的动画形式，它选用很多气球，并在每个气球上画些图案，然后用针将其扎破，像手翻书一样连成一个故事。

视频中还播放着很有节奏感的音乐。一个个扎不完的气球暗示这个电视台会一直与时俱进，不会倒下。设计师在气球上提前画了整个动画需要用到的形象图案，所以气球在刺破后可以连成连贯的动画。整个音乐动画，可谓一气呵成，富有想象力和幽默感。

（三）任意性强

动画不像写实作品那样客观。在动画的世界里，人以外的任何有生命或无生命的东西，都被赋予了生命力，即使是没有生命的物体也能活动起来，能跑、能跳、能飞、能游，喜怒哀乐，变幻无穷。仅以广告为例，我们经常看到一件无生命的东西（如食品、机器及各种字形等），转瞬之间，变成了植物和各种动物等。只有动画才具备这种超现实的任意性，有千变万化的魔力，能时间、空间任意变幻，完全不受现实的制约，把动画设计者的丰富的想象力充分地表现出来。很多动作也是动画设计者设计的，外国导演通常要求在所有人们觉得最夸张的动作的基础上，再加大一倍的幅度。

（四）趣味性强

趣味可以说是动画的生命。虽然动画领域的一些新的尝试，已使它向着观念艺术和其他艺术形式更靠近了一些，但一般的传统的观念是把动画划为喜剧范畴的一部分。确切地说，动画表现的内容绝大部分是有喜剧元素的，所以人们把动画当成一种喜剧形式。让人们开心一笑是动画广告的目的。

广告项目：依云矿泉水广告

广告播放的音乐是 *We Will Rock You*。广告讲述了水娃娃的历险过程，经过下水道，遇到火……鱼儿在水娃娃体内游戏，随后又被煮熟，水娃娃遇到了另一个水娃娃，两个水娃娃相爱。广告讲述了一个爱情故事。最后历险结束，水娃娃又重新归入水中。

大部分人非常喜欢这则广告，原因有以下几点。其一，这则广告充满童趣。童声版的 *We Will Rock You*，展现了不一样的摇滚乐。水娃娃作为动画人物，可爱顽皮，活泼生动。一路前行，不畏困难。所以短短几分钟，便吸引人们的眼球。其二，该广告融合了多种表现手法，最突出的应该是拟人和比喻，将水比作一个水娃娃，并为其设计了一段冒险奇旅，体现了水娃娃的可爱，还体现了水的灵性，突出依云矿泉水适合饮用、纯天然的特点。其三，广告语"Live Young"反复出现，充分表现了水能带给人们生机与活力。

（五）概括性强

二维作品是经过艺术加工的作品，所以它带给人们的真实性会比其他的表现手法弱一些，很多时候并不能带给人们身临其境之感，它带给人们更多的是一种意象，是一种概括性的东西，可以扩大人们的想象空间，让人们体会象外之象。

（六）个性化

二维动画可以表现设计者内心深处的东西，这个东西也就是艺术品的灵魂，不同的艺术家做出的东西是不一样的。《三个和尚》的动画艺术形象别出心裁。

四 二维动画创意广告的缺点

二维动画创意广告也会有一些缺点，比如立体感不足。二维动画往往弱化场景的空间感和透视感，而强调前景和主体的表现力。这样就会比较平，没有凹凸有致的感觉。

第二节　三维动画创意广告

一　三维动画创意广告的定义

三维动画创意广告是利用三维软件根据广告情节需要，在计算机中建立一个虚拟的世界，技术人员在这个虚拟的三维世界中按照要表现对象的形状尺寸，搭建场景以及建立模型，根据要求为模型贴附一定的材质，赋予一定的灯光效果和摄像机运动效果，这些完成以后让计算机自然渲染，后期合成编辑达到预期动画效果的一种广告。

二　三维动画创意广告的优点

（一）在内容与形式上能给人更真实的感受，增强说服力

随着计算机三维数字影像技术的不断发展，三维动画技术越来越被人们所看重。因为三维动画比平面作品更直观，比二维动画更真实，所以更能给观赏者身临其境的感觉，大大增强广告的说服力。

随着计算机在影视领域的延伸和制作软件的增加，三维数字影像技术克服了影视拍摄的局限性，在视觉效果上弥补了拍摄的不足，在一定程度上电脑制作的费用远比实拍所产生的费用要低得多，同时为剧组节省时间。制作影视特效动画的计算机设备硬件均为 3D 数字工作站。影视三维动画既能表现简单的影视特效，又能表现复杂的影视三维场景。从简单的几何体模型如一般产品展示、艺术品展示到复杂的人物模型；从静态、单个的模型展示，到动态、复杂的场景如三维漫游、三维虚拟城市，这一切三维动画技术均可制作出来。实拍有危险性的镜头也可以用三维动画，无法重现的镜头可通过三维动画来模拟完成。这种表现手法简单易行，可操作性强。比如叶剑制作的古井贡酒广告，画面出现的是人物的背影，而且是腰以下部分和手拿着的古井贡酒礼盒。不用刻画正面的面部表情，对技术的要求就会降低很多。也没有很多的动作，只是上楼梯。礼盒是四方形的，制作相当容易。另外，像洗衣机内部结构复杂，观众理解起来费事，广告借助三维动画，就可将内部结构全方位展示给观众。

（二）能带来更大的表现空间

无论是在电影中还是在广告中，它的作用都是一样的。比如在《女儿

国》电影中，一张缺失的历史记录纸，却变成了一个活泼可爱的卡通形象，有手有脚，可以动，可以跟伙伴们玩捉迷藏，可以像变魔法一般把上面的字弹出去，可以上天入水无所不能，可以把台下小孩逗得咯咯直笑。它不再是冷冰冰的纸，它被赋予了更多的感情，自由自在，任性妄为。这个活灵活现的角色，成为推动情节发展的关键事物，是全剧的焦点。这就是三维动画的作用，它赋予了角色更多的内涵，包括内心的独白和外在的动作。比如健力宝的广告片中，三维做的那个红唇，可以跟苹果们一起跳舞，可以亲健力宝饮品。然后当它去亲吻饮品的时候，苹果们生气了。广告虽然很简单，却很有吸引力。再比如猪想吃饼干，而饼干在冰箱的上面。于是猪想尽办法，首先想到的是用书，用凳子，但失败了；其次采用荡秋千的方式去拿，也失败了；最后用钻机掘地三尺，还是失败了。饼干掉到地上，猪兴奋万分，但是瓶子倒扣在了猪头上，还是吃不到。整个广告诙谐幽默，感染力强。任何虚构的状态，三维动画技术都能表现出来。

（三）可以给人们带来更多的联想，在头脑中建构意象

一个工人非常疲惫，而且肚子非常饿。然而当挖掘机大臂抬起时，他发现上面有工友们放置的麦维他饼干，非常开心。广告除了对饼干进行宣传外还让我们联想到工人之间深厚的友谊。

（四）三维动画创意广告中的动画形象有时来源于卡通画，活泼可爱，感染力强

轻松熊是日本非常有名的卡通形象，因其可爱的外表深受大众的喜爱。广告中当有人想要拿起一颗糖果的时候，糖果里就会钻出一只轻松熊。为了保卫自己的糖果，轻松熊和自己的小伙伴一起拉住了糖果。这些轻松熊一起出场，让人感觉很可爱。

（五）可以把很多抽象的难以理解的东西做得很形象，易于人们理解

比如说病毒、细菌，就可以化作卡通的三维怪兽。怪兽的邪恶，就暗示这种病毒变异得很厉害。菊蓝抗流感胶囊广告，就用三维动画的形式来向人们介绍病毒的样子。近年来，三维动画创意广告呈多元化发展趋势，甚至有人用三维来做水墨动画。

（六）动画形象的变形能带来意想不到的效果

比如《肥版国家地理》将每个动物都变成了胖子，像球一样。长颈鹿

脖子变短，身子变圆以后，像一只鸡，喝水都很困难，一不留神一头栽到河道里；鸟的身体变成气球一般，飞行非常困难；一只老鹰飞回老巢，重心不稳，一头栽到鸟巢；鳄鱼长得跟刺猬一样，在河里游泳像一棵倒栽葱；球形豹逮球形羚羊，笨重不堪，最后一起在野地里乱滚。动物自身的比例被打乱以后，变得极为滑稽。而三维动画在此既颠覆了人们的视觉，又让人觉得这是被塑造的一个真实的世界。

（七）动画形象有连续性，可以加深人们印象

一些影视广告再现的形象是电影中的原形象，比如《捉妖记》里面的胡巴，顽皮可爱，被厨娘做成年糕的形状，但怎么蒸都蒸不死。然后胡巴化身为广告中的角色，并被妈妈教育浪费粮食是不对的。然后胡巴连一粒果壳也吞到了肚子里。最后出现广告语：浪费粮食可耻，《捉妖记》提醒你。借助电影形象来做广告的例子为数不少，往往能起到事半功倍的效果。同系列的公益广告也颇具意义。男女主角带着胡巴旅游，看到在旅游景点乱写乱画的现象，及时制止。胡巴提醒大家要文明旅游。胡巴做了很多好事情，比如节约用水。卡通动物建构的形象使生硬的广告变得有趣，人们模仿卡通动物行为，可以纠正坏习惯。

三 三维动画创意广告制作的几点要求

（1）三维动画创意广告如果场景设计不当，或者速度设计不当，可能会晃眼，观者看起来会不舒服。或者场景变化过快，也让人们适应不来。

（2）三维动画创意广告制作相对二维来说复杂得多，不仅需要动画师有很好的二维功底，还需要配置超强的硬件机器设备，机器差的先不说做三维动画，可能运行三维软件都成问题。

（3）三维动画创意广告制作包含的流程多，所以一个人很难去完成，动画公司做三维动画每个流程都会有分工。所以三维广告人员需要相互配合。而且从业年龄年轻化，团队有活力。

（4）三维动画技术虽然入门门槛较低，但要熟练运用需多年不懈的努力，同时还要随着软件的发展不断学习新的技术。它在所有影视制作形式中是技术含量最高的。由于三维动画技术的复杂性，最优秀的3D设计师也不太可能精通三维动画的所有技术。

（5）三维动画创意广告制作是一项艺术和技术紧密结合的工作。在制

作过程中，一方面要在技术上充分满足创意的要求；另一方面还要在色调、构图、镜头组接、节奏等方面进行艺术的再创造。与平面设计相比，三维动画多了时间和空间的概念，它需要借鉴平面设计的一些法则，但更多的是要按影视艺术的规律来进行创作。

四　三维动画创意广告的缺点

（1）三维动画创意广告制作周期相对较长。三维动画的制作成本与制作的复杂程度和所要求的真实程度成正比，并呈指数增长趋势。

（2）三维动画创意广告最终画面效果仅取决于制作人员的水平、经验和艺术修养，以及三维动画软件及硬件设施的档次。

（3）三维技术的发展甚至挑战受众的分辨能力，使受众的判断处于虚拟和现实之间，看不出是三维的造型还是真实的照片，具有一定的视觉迷惑性。

第三节　VR 技术的新应用

VR 技术作为虚拟现实增强技术，在医疗、建筑、广告、博物馆、航天、教育中的应用越来越多。

一般体验类项目广告运用比较多，广告中会有一定的主题。比如水世界主题，该主题就会选用海盗、美人鱼、水蛇等形象，搭建的平台为各类过山车，并让椅子周围喷射出水花，椅子不同程度摇动。射击类项目广告主题有简单有复杂，简单得像射击气球，复杂的是在场景中射击人。VR技术关键是给人们带来一定的空间感。它可以很好地开发人们的想象力，塑造多元形象。

第十四章　影视广告中价值观塑造

价值观，是基于人的一定的思维感官之上而作出的认知、理解、判断或抉择，也就是人认定事物、判定是非的一种思维或价值取向，从而体现出人、事、物一定的价值或作用。从更深层次讲，价值观影响人们的审美品位和情感、情趣。广告主有时也向受众传达某种价值观，期望在理念、行为、情感上与他们达成一致。这是一种更高层次的诉求方式，更容易打动消费者的内心。

一　影视广告中塑造价值观的原因

现在物品同质化现象越来越严重，以前的宣传思路很难吸引观众的注意。所以要从文化的内涵、文化的价值入手，增强广告的竞争力。有时要给消费者塑造新的理念，期待能给消费者留下一定的印象。像中国的广告在儒家文化的大背景下，表现的经常是重国、重家、重情的主题。广告中重视群体效应，画面中出现的经常是一类群体。做食品的广告往往出现的是中国一大家子人围着桌子，谈天说地的画面。

二　影视广告中塑造价值观的影响

（一）影视广告中好的价值观，人们会主动传播，继而形成良好的社会风气

社会主义核心价值观公益广告——梦娃系列中"有国才有家，勤为本，俭养德，诚立身，孝当先，和为贵，善作魂……"的广告语让人印象深刻。《康美之恋》的广告片中秀丽的风光、动听的音乐、舒适的色调、浓郁的民族风、唯美的爱情谱写青年人立志、创业、收获爱情的故事，广

告中的意境美得让人心醉。还有强调环保的广告，倡议建设美好家园，建立美丽中国。新时代中国特色社会主义文艺，要围绕"以人民为中心"，不断满足人民日益增长的美好生活需要，在此基础上着力建构跨文化的审美共同体，实现世界各民族之间"美美与共"。作家、艺术家只有深入生活、扎根人民，了解人民的情感及愿望，与人民感同身受，把人民对幸福生活的追求视为自己的追求，才能感知到时代的体温，触摸到时代的脉搏，将所见所闻、所思所想艺术化、审美化，创造出彰显中国力量与时代特色的精品力作。很多时候，这种让受众满意的创意，才是成功的创意。人民满意的作品，必然会从个人欣赏，演变为口耳相传，大家共享，从一人到众人，从一地到多地，在空间上不断延展。人民满意的作品，必然会从一代人的欣赏，演变为代代相传，代代共享，在时间上不断延长，必然会有持久的生命力。文艺工作者只有直面时代要求，心怀人民情感，才能创作出有生命力、传播力、吸引力、感召力的作品，才能让社会主义文艺形成高原，拔起高峰，长久繁荣。

1. 广告项目：央视做的公共场所禁止吸烟的广告

广告选用了很多世界名画。首先映入眼帘的是达·芬奇的《蒙娜丽莎》，蒙娜丽莎一脸嫌弃地挥走烟味；另一幅是《戴珍珠耳环的少女》，少女一不留神被熏晕过去；再一幅是塞尚的《水果盘、杯子、苹果》，所有的水果在烟熏下变质了；莫奈画的《撑阳伞的女人》中的女主角在闻到烟味以后，迫不及待领着孩子逃走了；莫奈的《日出·印象》中所有的优美景致，被烟熏之后，变得意境全无，一片灰暗；维米尔的《挤牛奶的女人》中的女主角一脸无助，把鼻子一扭；凡·高的《呐喊》中那个大声呐喊的人物表情极为夸张；《向日葵》中向日葵在烟熏下凋零。这些都反衬出戒烟行动势在必行。

2. 广告项目：球场救生员求职广告

这个广告设置了主人公求职的情境。求职竞争非常激烈，要从 1400 多人中挑选最优秀的，并且分组比试。广告中三位求职者被归为一组，只有一位将被录取。因此公司对三位求职者进行了三项测试，根据综合测评来决定录用哪一个。

测试一为面试官从进门开始，一直与求职者牵着手，而面试官的问题恰恰与这个动作有关，面试官问他这样牵手的舒适程度。这个问题看似普通，实际上从一些细节上体现出求职者对待身边人的态度，测试求职者的爱心。

测试二为面试官在面试过程中假装晕倒，前两个面试者对面试官不管不问，着急离开，而第三个求职者对面试官采取了急救措施，而面试官醒来第一句话是："你救了我，我需要给你多少钱？"虽然面试者没有回答，但是从这个测试中可以看到面试官主要想测试求职者的急救能力和个人品质。

测试三为在面试的时候，一名公司员工冲进来说有人要跳楼，当所有人都聚集到现场的时候，几乎都在旁观，第三名求职者帮助救援。而这个测试主要检测求职者的应急能力。

综合上述情况，第三名求职者被录取。

该广告就是考察人员的专业素质，包括待人接物、处理突发情况的能力。爱心、责任、义务缺一不可。面试者的沉着冷静也是很值得学习的。

(二) 不良的影视广告充满负能量，传播错误的价值观

1. 西方影视广告会有暴力镜头

一款游戏机广告，场面非常血腥。这种镜头过于残忍，让人不寒而栗，给儿童带来非常不良的影响。

2. 还有的西方广告充满着性暗示

一些让大众面红耳赤的联想镜头，也会给大众的三观带来颠覆式效果。更有甚者，赤裸裸的性器官也会以打比喻的方式出现在画面中，而且画面中人物不以为意，认为这是人的正常生理现象。为了突出冰激凌好吃，女子便舔着吃，慢慢品尝。最后冰激凌落到男子雕塑身上，女子重复上述动作。这种广告贬低女性人格及以性趣做文章，画面低俗不堪。

3. 广告的形象与价值观不符

唐僧的形象特征是谦恭儒雅、温柔敦厚、忠贞笃诚。而有一个饮料广告，将其变成时髦小哥，还唱着歌追女友，与原来的形象大相径庭。

4. 不良广告还会让人误入歧途，引起大众反感

某药酒的广告，称该酒"能补肾壮阳，年过三十不可不喝，年过四十非喝不可，是妻子关心丈夫的高档礼物"，给人一种不好的暗示，使人产生不好的联想。这必然会对青少年产生不良的影响。

不良广告揭示的社会现象，提倡的东西引起大众的反感。"剩女"是

这个社会的敏感话题。宜家有则广告遭到大众的强烈不满，原因是广告中有一句台词是"再不带男朋友回来就别叫我妈"。上演了一出逼婚大戏。广告前半部分母亲给女子甩脸色，后半部分女子带男朋友来家，母亲立马把家中布置一新，全部用了宜家产品，家里人感觉非常有面子。

广告蹭热点并不是什么新鲜事，就像宜家广告一样，它击中的正是当下中国单身群体的焦虑。这类特殊人群可能会带来父母的养老问题，血脉的延续问题。广告所传递的价值观，也处处体现着中国父母对儿女婚恋问题的担忧，打着所谓的"借势营销"旗号，而不注重社会影响，虽然广告的传播效果达到了，但观众的实际反馈不佳和社会评价不高。

尽管商家制作广告的本意并非如此，可任何事物，只要经由大众媒介平台转发或传播，就一定会形成某种影响，造成某种后果，对于倚重卖点和看点的广告来说，这种特性体现得尤其明显。而作为一种品牌营销渠道，想必宜家这条广告的影响力，已经达到了他们想要的效果，但从内容传播的角度来说，如果只顾蹭热点，而不顾广告传递的价值观会造成什么影响，得到什么评价，必然很难达到商业效果和社会效果的良性统一。

毕竟，一则广告好不好，不是看它名气有多大，吸引了多少眼球，而是看用户对它的实际评价如何、有没有差评、有多少差评。除此之外，我国《广告法》第九条早已规定：广告不得妨碍社会公共秩序或者违背社会良好风尚。市场的竞争，并非没有边界，品牌营销也不能突破法律和道德的界限任意妄为。一家真正在乎自身形象的企业，不会让一则广告砸了自家招牌，商家在借广告制造卖点时，应该以不违背社会公德和风尚为基准，以不违反相关法律为底线，不能随心所欲。说到底，广告传播是一种技术，但更是一门艺术，既然是艺术，就应该尊重现实、通达人心。

5. 不良广告引发现代富贵病

病例为：买了某某小区的住房，就会步入"豪门"成为"尊贵之王"；穿上某西服，就有"贵族气派"；喝了某种酒，就有"帝王风采"。这类广告助长了社会浮躁、奢华风气。

广告不仅是一种单纯的信息传播活动，更是一门雅俗共赏的现代视听艺术，广告文化也能带来妙趣和创意之美。建议广告公司主要落实好"三美"：形象美、幻象美、意象美。广告应在文化背景中创造良好的风气。

参考文献

1. 叶朗：《中国美学史大纲》，上海人民出版社，1985。

2. 朱立元：《当代西方文艺理论》，华东师范大学出版社，2005。

3. 陆绍阳：《视听语言》，北京大学出版社，2014。

4. 〔英〕罗伊·汤普森，〔美〕克里斯托弗·J. 鲍恩：《镜头的语法》，李蕊译，北京联合出版公司，2017。

5. 卢彩秀：《浅谈 USP 理论》，《时代经贸》2010 年第 9 期。

6. 闫承恂：《浅析广告创意的基本原则》，《艺术与设计》（理论）2013 年第 3 期。

7. 成敩涛：《浅谈影视广告创意的原则》，《电影评介》2007 年第 21 期。

8. 徐进、张海华：《论影视广告中的意境》，《艺术探索》2007 年第 6 期。

9. 李桦、董兵锋、王福甜、谭晓爽、彭恩：《新农村文化建设现状探析——以恩施市芭蕉侗族乡为例》，《科技创新导报》2015 年第 10 期。

10. 贺建平：《广告文化的认同》，《西南政法大学学报》2002 年第 1 期。

11. 连东：《试论宗教存在的原因和信仰宗教的原因》，《山西高等学校社会科学学报》2005 年第 12 期。

12. 魏东、白雪竹：《数字技术影响下的广告创意新趋势》，《现代传播》2011 年第 12 期。

13. 陆劲：《影视广告色彩的创意思维》，《新闻爱好者》（理论版）2008 年第 1 期。

14. 王东君：《浅谈通感现象在广告创意中的运用》，《美与时代》（上）2010 年第 7 期。

15. 裘晓菲：《节奏在动画中的重要性》，《民风》2008 年第 17 期。

16. 李洁、宋军：《影视广告动画创作中的节奏把握》，《包装工程》2005 年第 1 期。

17. 姜笑君：《浅谈儿童广告创意》，《商场现代化》2008 年第 53 期。

18. 黄丽燕：《浅析动物情趣广告的创意手法》，《大家》2012 年第 8 期。

19. 饶素芳：《试析广告中的动物符号》，《读与写》（教育教学刊）2007 年第 9 期。

20. 燕雁：《感人心者 莫先乎情》，《中国摄影》2017 年第 12 期。

21. 缪文海：《广告诉求策略：理性与感性的融合》，《江南大学学报》（人文社会科学版）2003 年第 5 期。

22. 佟迅：《〈牡丹亭〉、〈罗密欧与朱丽叶〉悲剧美学特征之比较》，《电影评介》2010 年第 12 期。

23. 严双林：《戏剧冲突的内涵到底是什么?》，《戏剧艺术》1979 年 Z1 期。

24. 刘瀚潞：《商业广告中女性形象的变化》，《吉首大学学报》（社会科学版）2014 年第 S2 期。

25. 周晓君：《探析新的读图时代包装装潢设计中女性形象的功能》，《包装工程》2009 年第 6 期。

26. 耿伟：《女性形象与当代广告设计》，《科技经济市场》2013 年第 4 期。

27. 姚建华：《浅议儿童食品的广告创意》，《科技视界》2015 年第 35 期。

28. 南政：《平面设计中的蒙太奇》，《装饰》2007 年第 7 期。

29. 晨风：《展示自然活力的动物广告》，《广告大观》2000 年第 4 期。

30. 马丽娜：《电视广告中的新男性形象分析》，《大众文艺》2014 年第 24 期。

31. 孙鑫：《央视春节公益广告〈梦想照进故乡〉篇——"让故乡成为有梦的地方"》，央视网，http://1118. cctv. com/2016/02/25/ARTI572bXeO 2XRGsP3AfcqFS160225. shtml。

32. 衢州影视广告：《衢州影视广告创意思维的方法》，飞天影视，http://www. qzfttv. com/content/? 223. html。

33. 雷超越：《浅谈逆向思维在广告中的应用》，人民网，http://media. people. com. cn/n/2015/0701/c397270 - 27237425. html。

34. 金常德：《佳喻生辉 妙语成金——比喻在广告写作中的作用》，道客巴巴，http://www. doc88. com/p - 6405225872810. html。

35. 汪欣：《解读平面广告的幽默表现和作用》，豆丁网，http：//www. do-
    cin. com/p-834679742. html。

36. 刘帅：《以女性形象美为创意的广告》，郑州长城科技中等专业学校网，
    http：//www. henau. net/html/c64/2012－10/29336. htm。

37. 相喜伟、刘志甜：《解读广告创意中童话的运用》，中国论文网，
    https：//www. xzbu. com/7/view－2983156. htm。

38. 李娜：《广告创意》，百度文库，https：//wenku. baidu. com/view/b78e5e
    62f5335a8102d220a0. html。

39. 冠树：《音乐在影视广告中的作用》，应届毕业生网，http：//www. yjbys.
    com/discuss/721474. html。

40. 楼婍泌：《准备好纸巾　可口可乐等一众品牌为母亲节准备了催泪广
    告》，梅花网，http：//www. meihua. info/a/63212。

41. 《蒙太奇技巧的分类有哪些?》，360 问答，https：//wenda. so. com/q/136
    9447613069453。

42. 《蒙太奇——影视广告中的视觉语言》，道客巴巴，http：//www. doc88.
    com/p－8126030702841. html。

43. 《色温》，百度文库，https：//wenku. baidu. com/view/729b3b590640be1e
    650e52ea551810a6f524c8a4. html。

44. 《轩尼诗 X. O "感官之旅" 新广告片全国首映》，搜狐网，http：//
    www. sohu. com/a/61812981_104675。

45. 《台湾公认的 "最会说故事的人" 拍了这几支广告……》，微信公众平
    台，https：//mp. weixin. qq. com/s? _ biz ＝ MzA3MTE0NDEwOA% 3D%
    3D&idx ＝3&mid ＝2652418346&sn ＝771330b1aa4e7b051e57a60bdf592b03。

46. 《有些营销广告，比电影还会讲故事》，微信公众平台，https：//
    mp. weixin. qq. com/s? _biz ＝MzA3ODE5MjMzNQ% 3D% 3D&idx ＝1&mid
    ＝208663259&scene ＝6&sn ＝8f66112afc5dca9e860028653758b501。

47. 《情景交融型广告文案》，豆丁网，http：//www. docin. com/p－15310424
    33. html。

48. 《关于 "戏剧冲突"》，道客巴巴，http：//www. doc88. com/p－79433535
    39924. html。

49. 《黑色幽默》，百度文库，https：//wenku. baidu. com/view/898d0cb73968

011ca2009144. html。

50. 《荒诞哲学》，百度百科，https://baike. baidu. com/item/% E8% 8D% 92%
E8% AF% 9E% E5% 93% B2% E5% AD% A6/4424939？ fr = aladdin#1 。

51. 《广告创意中的想象》，百度文库，https://wenku. baidu. com/view/
f20518ecb8f67c1cfad6b8f7. html。

图书在版编目（CIP）数据

中外影视广告创意：元素、原则与方法 / 陈海英著
. -- 北京 ：社会科学文献出版社，2019.5（2023.2 重印）
ISBN 978 - 7 - 5201 - 4246 - 5

Ⅰ.①中… Ⅱ.①陈… Ⅲ.①影视广告 - 创意 Ⅳ.
①F713.851

中国版本图书馆 CIP 数据核字（2019）第 023597 号

中外影视广告创意：元素、原则与方法

著　　者 / 陈海英

出 版 人 / 王利民
责任编辑 / 周　琼
文稿编辑 / 张　弦
责任印制 / 王京美

出　　版 / 社会科学文献出版社 · 政法传媒分社 （010）59367156
　　　　　　地址：北京市北三环中路甲 29 号院华龙大厦　邮编：100029
　　　　　　网址：www.ssap.com.cn
发　　行 / 社会科学文献出版社（010）59367028
印　　装 / 唐山玺诚印务有限公司

规　　格 / 开　本：787mm × 1092mm　1/16
　　　　　　印　张：16.5　字　数：270 千字
版　　次 / 2019 年 5 月第 1 版　2023 年 2 月第 8 次印刷
书　　号 / ISBN 978 - 7 - 5201 - 4246 - 5
定　　价 / 79.00 元

读者服务电话：4008918866